DuMont Schnellkurs

ALTES ÄGYPTEN

Piotr O. Scholz, geboren 1943 in Biala, Polen, studierte in Warschau, Heidelberg, Berlin, Marburg und Bonn Archäologie des Mittelmeerraums, Urgeschichte, Klassische und Christliche Archäologie, Kunstgeschichte, Religionswissenschaften, Orientalistik und Evangelische Theologie. Er nahm an Ausgrabungen und Feldforschungen in Ägypten, Sudan, Äthiopien und im Vorderen Orient teil und promovierte an der Universität Bonn mit einer Arbeit über die frühchristlichen Spuren im meroitischen Reich. Er habilitierte sich an der Universität Innsbruck mit einer Schrift über die Ikonographie des Geburtsmythos in Ägypten und im christlichen Nubien. Seine intensive Beschäftigung mit den Kulturen um das Rote Meer kommt in zwei wissenschaftlichen Reihen, »Nubica. Jahrbuch für koptische, meroitisch-nubische, äthiopische und verwandte Studien« und »Bibliotheca nubica et aethiopica. Schriftenreihe zur Kulturgeschichte des Raumes um das Rote Meer«, zum Ausdruck, die er seit 1985 herausbringt. Neben populärwissenschaftlichen kulturgeschichtlichen Publikationen (»Abu Simbel«, 1994, »Der neue kurze Froet«, 1999, »Sehnsucht nach 1001 Nacht«, 2002) veröffentlicht er zahlreiche Studien im internationalen wissenschaftlichen Bereich. Als apl. Professor für außereuropäische Kunstgeschichte lebt er in Lodz und Eckernförde und lehrt ebenfalls an der Universität Innsbruck.

DuMont Schnellkurs

ALTES ÄGYPTEN

Eine kurze Kultur- und Mentalitätsgeschichte

Piotr O. Scholz

DUMONT

Impressum

Umschlagvorderseite von links nach rechts und von oben nach unten:
Königin Nefertari, die große Gemahlin Ramses' II., Grabmalerei aus ihrem Grab im Tal der
Königinnen (Nr. 55), ADEVA, Graz / Ramesseum, der Gedächtnistempel Ramses' II. in Theben
West, Piotr Scholz (PS) / Horus aus einer hieroglyphischen Inschrift in Deir el-Bahari, Tempel
Thutmosis' III., Prof. Dr. Jadwiga Lipinska, Warschau (Lip.) / Goldmaske Tutanchamuns, ÄMK,
JE 60672 / Hatschepsut, bemalter Kalksteinkopf aus ihrem Totentempel in Deir el-Bahari, ÄMK
JE 56256, 56262 / Uschebti und Metallsarkophag eines hohen Beamten namens Amenophis
(18. Dyn.), ÄMK, JE 88902 / Holzplastik Echnatons (H. ca. 26 cm), wahrscheinlich aus einem
Privatschrein in Amarna, ÄMB 21836 / Wandmalerei aus dem Grab Ramses' II., der König
zwischen Anubis und Osiris, PS / Sogenanntes Fayum-Portrait, Beispiel für die letzte Phase der
Mumienbildnisse, die, hellenistisch geprägt, bis in römische Zeit in enkaustischer Technik als Ta-
felbilder (hier 34x17 cm) hergestellt wurden, ÄMK CG 33243 / Abu Simbel, großer Felstempel Ramses' II., rechte Seite vom Betrachter aus gesehen, PS / Hinterlegt: Pyramiden von
Giza, PS
Umschlagrückseite von oben nach unten:
Bemalte Kalksteinscheibe (Ostrakon) mit einer Tänzerin, die im Begriff ist, einen Überschlag zu
machen. Die Nähe der Amarna-Zeit ist spürbar, weshalb die Datierung in die ramessidische
Zeit möglich erscheint. Museum Turin / Das moderne bemalte Haus in Qurna bezeugt die Pil-
gerreise der Bewohner nach Mekka, zugleich läßt diese Bemalung eine alte Tradition spüren,
die in keiner Weise durch den Islam legitimiert ist, PS / Sphinx von Giza mit der dahinter sicht-
baren Chephren-Pyramide, PS
Frontispiz:
Ramses II. wird durch die Götter Thot und Horus zum höchsten Priester geweiht, ein wichtiger
Ritualakt der sogenannten (sakralen) Reinigung, aber auch der Vergöttlichung des regierenden
Königs, manifestiert auf den Tempelwänden des NR. Karnak, Foto: PS

Originalausgabe
© 2002 DuMont Literatur und Kunst Verlag, Köln
© 1996 DuMont Buchverlag, Köln
3. Auflage 2004
Alle Rechte vorbehalten
Satz und Layout: DuMont Buchverlag, Köln
Druck und buchbinderische Verarbeitung: Rasch, Bramsche

Printed in Germany   ISBN   3-8321-3424-7

Inhalt

Vorwort 7

Allgemeine Grundlagen 10
- Land und Leute 10
- Das Niltal 11
- Die Bodenschätze 12
- Pflanzen- und Tierwelt 18

🐦 *Mnemosyne: Schriftkunst und Sprache* 22

Mythos und Religion 26
- Am Anfang war die Ma'at 26
- Jenseitsmythos und Jenseitsglaube 37
- Das sakrale Königtum – Die Brücke zwischen Himmel und Erde 41
- »Der Eine und die Vielen« – Die Götterwelt 47
- Ritual und Kult 54
- Priester und Volk 55

Mensch und Lebensformen 56
- Mensch und Umwelt 56
- Alltag 57
- »Krieg und Frieden« 79
- Feste, Spiele und Vergnügungen 81
- Speisen, Kleider und Düfte 83
- Spuk, böse Mächte und Abwehr 85

❔ *Die »Schöne«. Stellung, Bedeutung, Einfluß* 86

Geschichte als Fest 90
- Mythos, Geschichte und Zeit 90
- Vor- und Frühzeit 91
- Das Alte Reich 94
- Erste Zwischenzeit, Verfall und ›Anarchie‹ 98
- Das Mittlere Reich – Aufstieg und Regeneration 99
- Zweite Zwischenzeit: Die Fremdherrschaft 103
- Das Neue Reich – Das »Goldene Zeitalter« 104
- Die Spätzeit 115

👫 *Die Amarna-Zeit und ihre Ikonizität* 124

Inhalt

Die Kunst als ›Schlüssel‹   126

- Ägyptische »Kunst«,
  Schlüssel zur Kultur- und Mentalitätsgeschichte?   126
- Ägyptische Ikonizität und ihr Wesen   127
- Die ägyptische Architektur   135
- Literatur   145
- 👫 *»Film« im Alten Ägypten*   148

Von Weisheit und Erkenntnis   150

- Astronomie oder Astrologie?   150
- Mathematik und Geometrie   152
- Geographie und Kartographie   153
- Mineralogie, Metallurgie und Technik   154
- Botanik und Zoologie   155
- Medizin, Pharmazie und Chemie   156
- Gelehrte oder Priester? Der große Imhotep   157

Begegnung mit dem Abendland   160

- Geburt einer Wissenschaft   160
- Ägypten und die »Welt der Bibel«   162
- Ägypten, Kreta, Ägäis und die »Seevölker«   164
- Ägypten und Griechen   165
- »Aus Ägypten kamen sie ...« –
  Gnosis, Alchemie und andere Geheimwissenschaften   167
- »Zauberflöte« – Der Zauber hält an   172
- Psychogramm einer Kultur oder nur einer Erinnerung?   175

Anhang
Zeittafel   176
Museen mit ägyptologischen Sammlungen (Auswahl)   176
Kleine weiterführende Bibliographie   178
Im Buch verwendete Abkürzungen   185
Sach- und Ortsregister   185
Personenregister   187
Bildnachweise   192

Vorwort

»Und hier war das gefaßt,
was nie verborgen war und nie gelesen:
der Welt Geheimnis, so geheim im Wesen,
daß es in kein Verheimlicht-Werden paßt.«
Rainer Maria Rilke, »In Karnak wars«

Über kein anderes Reich der Alten Welt wurde so viel erzählt, geschrieben und gefilmt wie über das alte Land am Nil, das Land der Götter und Pharaonen. Fachgelehrte unterschiedlicher Prägung und Herkunft, Journalisten, Romanciers, Sensationsautoren und sogar esoterische Visionäre greifen zu den farbigen Stoffen, aus denen nicht nur Märchen, sondern auch wahre Geschichten gemacht sind. Die einen sahen und sehen ihre Pflicht darin, Zeugnisse der Vergangenheit zu sammeln und sie zu ordnen, die anderen versuchten und versuchen, daraus ›Stories‹ zu machen oder glauben sogar, die mit den Jahrhunderten verlorengegangenen Geheimnisse neu deuten und lösen zu können.

Alle ihre Schriften bilden eine umfangreiche, fast unübersichtlich gewordene Bibliothek voller Wahrheiten und Imaginationen. Auch wenn es ein leichtes wäre, das bereits Gesagte zu einer weiteren Kompilation zusammenzutragen: Etwas Neues ließe sich auf diese Weise nicht sagen. Warum also nicht die Erkundung einer in vielen Aspekten noch unerschlossenen Vergangenheit wagen? Dann gilt es, einen Zugang zu der Mentalität von damals zu suchen, der bisher durch die Dialektik der Neuzeit verstellt war.

Nicht die isolierte Betrachtung einzelner Aspekte der altägyptischen Kultur – die Frage nach dem »Was« ihrer Hinterlassenschaften –, sondern erst die vielseitige Beschäftigung mit dem Denken, Empfinden und Glauben der Menschen – die Frage nach dem »Wie« ihrer Ausdrucksweisen – kann zu einer Vergegenwärtigung der Mentalität im Alten Ägypten führen. Strukturen zu begreifen, um sie dann in unsere Sprache zu ›übersetzen‹, darin liegt die Herausforderung.

Ihr hat sich auch die mit 200 Jahren noch junge wissenschaftliche Disziplin der Ägyptologie zu stellen, die sich einer mehrtausendjährigen Hochkultur gegenüber sieht. Die Geheimnisse, die im Verborgenen ruhen, erschließen sich uns jedoch nicht, indem wir sie der Vergangenheit entreißen. Vielleicht lassen sie sich ihr aber entlocken, wenn wir das Alte Ägypten als einen Kosmos würdigen. Der Schnellkurs kann das Tor zu einer zurückliegenden Welt immerhin einen Spalt weit öffnen und einen ersten Blick wagen: auf die Menschen des Alten Ägypten, ihre Götter und ihre Lebenswelt.

Vorwort

Aus dem Dialog zwischen Wort und Bild soll sich ein Diskurs über ihre Kultur- und Mentalitätsgeschichte entwickeln, der anerkennt, daß das Alte Ägypten und seine geistigen Inhalte auch einen entscheidenden Einfluß auf unsere abendländische Kultur genommen haben. Die Verdi-Oper »Aida« und die Glas-Pyramide vor dem Louvre sind u. a. ein plakativer Beweis für eine Faszination, deren Spuren labyrinthisch in eine alte Welt zurückführen.

Wer von dem Schnellkurs ein reallexikonartiges Buch erwartet, muß enttäuscht werden. Hier wird vielmehr ein Versuch unternommen, ein synthetisierendes Wissen über das Phänomen der altägyptischen Kultur mit neuen, diskussionswürdigen – nicht von allen geteilten – Ansätzen in eine essayistische Form umzusetzen und mit wenig bekanntem oder sogar unbekanntem Material zu illustrieren. Dieses individuelle Konzept bringt es mit sich, daß Wiederholungen von Bildern, die man so oft mit Ägypten assoziiert – etwa die Darstellung der Nofretete (heute im Ägyptischen Museum, Berlin) –, nach Möglichkeit vermieden bzw. durch andere, weniger bekannte ersetzt werden. Auf diese Weise soll der Schnellkurs auch eine imaginäre Reise zu Plätzen und Orten ermöglichen, die selten oder kaum besucht werden.

Schließlich darf nicht vergessen werden, daß ein solches Buch zwangsläufig Beschränkungen in Umfang und Gehalt unterliegen muß. Daher kann der Autor nie alles nahebringen, was vermittelnswert wäre. Ob es am Ende dennoch gelingt, in die ›Mitte‹ Ägyptens vorzudringen, kann nur der Leser entscheiden. Sollte ihn jedoch die ›Lichtgeschwindigkeit‹, mit der in diesem Kurs das Alte Ägypten durcheilt wird, zum Anhalten und Verweilen anregen, dann haben sich die Hoffnungen des Autors erfüllt.

Danksagung

Für einige seltene, bisher unveröffentlichte Bilder möchte ich Museen und Kollegen danken, insbesondere (in alphabetischer Reihenfolge) dem Liverpool Museum (National Museums & Galleries on Merseyside) und seinem Keeper of Antiquities, Dr. Piotr Bieńkowski, sowie Frau Professor Dr. Jadwiga Lipińska, der Leiterin der Altertumsabteilung des Nationalmuseums in Warschau, die die Bilder von Ausgrabungen des Tempels Thutmosis' III. in Deir el-Bahari zur Verfügung gestellt und ihre Zustimmung zur Veröffentlichung einiger Objekte aus dem Bestand des Museums gegeben hat. Dank sei auch denen, die ungenannt bleiben möchten, für mühsames Korrekturlesen, für Abbildungen aus Privatsammlungen und für ihren geduldigen Beistand in der Zeit des Zustandekommens dieses Schnellkurses.

Vorwort

Vorwort zu der zweiten Auflage

Nachdem der Schnellkurs seit zwei Jahren vergriffen ist, hat man sich zu einer Neuauflage entschlossen. Es ist dem Verlag zu danken, daß er aus diesem Anlaß einer Überarbeitung und geringfügigen Erweiterung durch Hinzufügung von altägyptischen Orginaltexten (in dt. Übersetzung) sowie einer Aktualisierung zugestimmt hat. Die Literatur über Ägypten ist seit Erscheinen der ersten Auflage sowohl im wissenschaftlichen als auch im populären Bereich weiter angewachsen, Sammlungen wurden erweitert, neue sind hinzugekommen. Dem allem Rechnung zu tragen war in diesem Rahmen kaum möglich. Einige bibliographische Nachträge bzw. Streichungen wurden durchgeführt, alles wurde durchgesehen und soweit nötig sinngemäß verbessert.

Für den Benutzer

Abkürzungen: Häufig verwendete Begriffe und Worte werden abgekürzt. Ein Abkürzungsverzeichnis findet sich im Anhang.

Namen: Die altägyptischen Namen werden im laufenden Text in der üblichen, meist griechisierenden Schreibweise verwendet; nur im Register findet sich daneben auch die vereinfacht transkribierte altägyptische Form der Namen (z.B. Cheops = Chufu). Moderne Namen folgen den urkundlichen Angaben, z.B. Johann Ludwig Burckhardt und nicht John Louis u.ä. Sie stützen sich meist auf Warren R. Dawson & Eric P. Uphill, Who was who in Egyptology, London ²1972; ³1995 (s. Bibliographie)

Chronologie: Die überwiegenden Daten betreffen Ereignisse, die vor der Zeitwende stattfanden. Deshalb wurde auf den Zusatz »v.Chr.« verzichtet. Wo Daten sich auf Geschehnisse unserer Zeitrechnung, d.h. nach Christi Geburt, beziehen, wird dies ausdrücklich kenntlich gemacht. Eine Ausnahme bilden die Lebensdaten von Personen und Autoren der Neuzeit, deren zeitliche Einordnung unmißverständlich ist.

Die Regierungsdaten und die Chronologie des Alten Ägypten folgen der Einteilung des ägyptischen (griechisch schreibenden) Priesters Manetho in 30 Dynastien, die durch die Berechnung von Jürgen von Beckerath festgelegt wurden. Soweit in einigen Fällen Angaben auf der Grundlage anderer Datierungsversuche gemacht werden, ist das ausdrücklich kenntlich gemacht.

Quellen und Zitierungsweise: Auf Anmerkungen wurde grundsätzlich verzichtet. Dennoch werden wichtige Zitate in abgekürzter Form kenntlich gemacht (z.B. Gen. = 1. Buch Moses des Alten Testaments, Genesis).

Bildnachweise: Alle Abbildungen ohne Angaben von Bildquellen stammen aus dem Archiv des Autors. Trotz intensiver Nachforschungen konnten die Urheberrechte nicht in jedem Fall ermittelt werden. Wir bitten gegebenenfalls um Mitteilung.   Piotr O. Scholz, Sommer 2002

Die Ägypter schufen einen der genialsten **Kalender**, dessen sich noch Nikolaus Kopernikus bediente. Er umfaßte ein Jahr von 365 Tagen mit 12 Monaten zu je 30 Tagen und fünf Zusatztagen. Die Monate waren in drei Dekaden unterteilt; je vier Monate bildeten eine Jahreszeit: »Überschwemmung«, die ca. am 15. Juni begann, »Winter« und »Sommer«. Die Tage bestanden aus 12 Stunden des Tages und 12 der Nacht, die je nach Jahreszeit von unterschiedlicher Länge waren. Schaltjahre kannte der Kalender nicht. Um ein Datum festzulegen, schrieb man etwa: Jahr 3 der Regierung des Horus N. N., 4. Monat des Winters, Tag 12.

1 Nilgottheit auf dem Sockel des Kolosses Amenophis' III. in Theben West

Land und Leute

Das Alte Ägypten (griech. *Aigyptos*, lat. *Aegyptus*, ägypt. *ha-ku-ptah, hiku-ptah*, »Wohnsitz des KA des Ptah«) wird gewöhnlich mit den Worten des griechischen Historikers Herodot als »Geschenk des Nils« bezeichnet. Die Ägypter selbst nannten es *Kemet*, das »Schwarzland«, was auf die Farbe des fruchtbaren Schlamms im Kontrast zu den umliegenden »roten Wüsten« zurückzuführen sein könnte. Die Nachbarn im Osten sprachen von *Misraiym*, eine Bezeichnung, die sich nicht nur in der Bibel, sondern auch im heutigen arabischen Namen *Misr* widerspiegelt.

Bei näherer Betrachtung des gesamten Landes (**2–4**) erkennt man jedoch, daß zu Ägypten mehr gehört als nur das von S nach N verlaufende Flußtal: nämlich auch die geheimnisvolle Wüste. Prägend für das Leben waren die jährlichen schlammreichen Überschwemmungen des Nil (die heute als Folge des Assuan-Staudamms ausbleiben), die über Jahrtausende die Fruchtbarkeit des Bodens gewährleistet hatten. Sie bestimmten sogar die Kalenderrechnung und die Daten der Geschichte.

Der heilige Nil, dessen Kräfte der Schöpfung und des Wasserelements als androgyne Gottheit Hapi (**1**) personifiziert, verehrt und angebetet wurden, bestimmte den zyklischen Lebensrhythmus des Landes und seine klassische Teilung in die »beiden Länder«, das obere »einarmige« (vom S bis Memphis) und das untere »vielarmige« (von Memphis bis Damietta im O und Rosette im W).

Geographische Vorstellungen, wie wir sie haben, sind mit den altägyptischen nicht identisch. Die Topographie der Ägypter war eine quasi sakrale, die mythisch bedingt war und nur im kosmogonischen Sinne verwendet werden konnte, z. B. als Ort eines Gottes (etwa Memphis als der des Ptah, Karnak als der des Amun etc.).

Im Norden bildet das Mittelmeer die natürliche Grenze des Landes. Von seinen Ufern gab es Verbindungen nach Kreta, in die Ägäis und nach Pa-

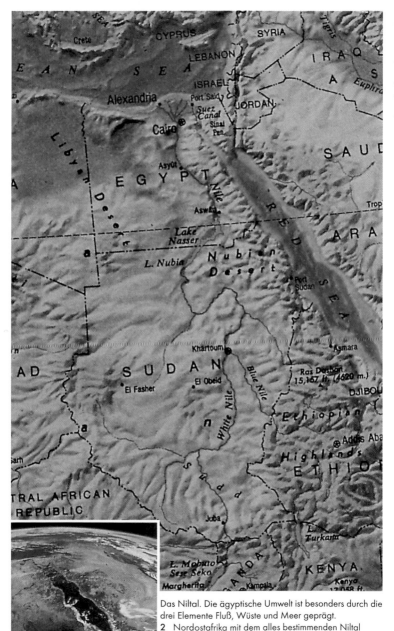

Das Niltal. Die ägyptische Umwelt ist besonders durch die drei Elemente Fluß, Wüste und Meer geprägt.
2   Nordostafrika mit dem alles bestimmenden Niltal
3   Raum um das Rote Meer aus dem All gesehen

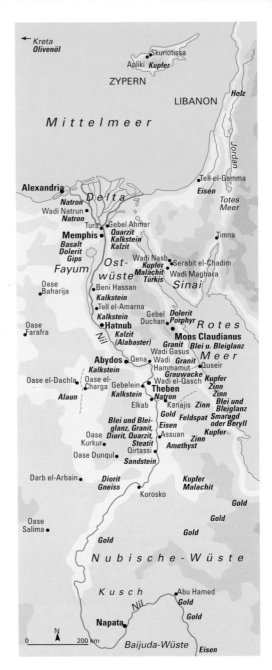

4 Für die Versorgung des Reiches standen zwar lokale Bodenschätze zur Verfügung, jedoch nicht in ausreichendem Maß. Daher rüsteten die Alten Ägypter immer wieder zeitlich begrenzte Expeditionen in die Nachbarländer aus.

lästina. Letzteres kommt darin zum Ausdruck, daß die Ägypter für das Meer die semitische Bezeichnung *Jam* übernahmen. Die Schiffahrt überließ man jedoch überwiegend den Fremden, besonders den Syrern und Phönikern. Die Ägypter selbst fürchteten die offene See und vermieden, sie zu befahren, was die aus dem 3. Jt. datierende Erzählung »Der Schiffbrüchige« belegt. Später kamen über das Meer nicht nur die gefürchteten »Seevölker« (5), sondern auch die fremden Eroberer, die Assyrer, Perser, Griechen und Römer.

Im Süden breitete sich das weite Land der »Südländer«, der »elenden Kuschiten« (7) aus, das man heute mit Nubien gleichsetzt. Von dort her kommt der Nil, mit dem sich für die Ägypter die Vorstellung vom »Anfang allen Lebens« verband,

5 Seeschlacht-Darstellung an der N-Wand von Medinet Habu, des Totentempels Ramses' III. (1187–56). Die sogenannten Seevölker sind durch ihre Haartracht kenntlich gemacht. Französischer Stahlstich, um 1890

»Sei gegrüßt, Nil, hervorgegangen aus der Erde, gekommen, um Ägypten am Leben zu erhalten!«
ÄHG, 500

Der **Nil** (griech. *Neilos*), ein Strom (ägypt. *jotru* = Fluß) von 6741 km Länge, wird gespeist vom Wasser der riesigen Seen Ostafrikas (Victoria-, Albert-See), des äthiopischen Hochlands (Tanaa-See) und den äquatorialen Regenfällen; seine zwei Zuflüsse, der Weiße und der Blaue Nil, vereinigen sich beim heutigen Khartoum im Sudan zu einem Strom. Seine Wassermenge von 120 m³/Sek. scheint gering zu sein, sie steigt jedoch im August infolge der Regenfälle im Quellgebiet bis auf das 50fache, ca. 5000–6000 m³/Sek., an. Dabei führt der Nil fruchtbaren Schlamm mit, der sich in einer im Jahresdurchschnitt etwa 1 mm dicken Schicht in den Überschwemmungsgebieten ablagerte. Heute bleiben diese Sedimente innerhalb des Stausees (Nasser-See) bei Assuan zurück. Die Hochwasserperiode von Mitte Juni (Beginn des Kalenders) bis November zeichnet sich durch ca. 50 Tage ansteigenden und ca. 80 Tage zurückgehenden Wasserstand aus. In dieser Zeit erlebte man eine von Grün in Rot wechselnde Färbung des Flusses, die heute ausbleibt, früher aber auch Einfluß auf die Farbsymbolik hatte.

6 Die Insel Elephantine mit den im S gelegenen Ruinen des Chnum-Tempels, der sich über den Resten des früheren Satet-Tempels ausbreitet und von den Deutschen seit Jahren ausgegraben wird.

»Soviel wir wissen, ist der Ägypterkönig Necho der erste gewesen, der den Beweis dafür (daß Libyen/Afrika vom Meer umflossen wird) erbracht hat. Als er nämlich aufhörte, an dem Kanal zu graben, der vom Nil ins Rote Meer führt, sandte er plötzlich Männer zu Schiffe aus und erteilte ihnen den Befehl, zurück durch die Säulen des Herkules zu fahren, bis sie in das nördliche Meer (Mittelmeer) und so nach Ägypten zurück gelangten.«

Herodot,
»Historien« IV, 42

7 Südvölker mit den Gaben ihrer Länder. Fragment einer Wandmalerei aus dem Grab des Sobekhotep (Zeit Thutmosis' IV.), Theben, BM EA 922

weshalb der S für sie auch »vorne« bedeutete, W für »rechts« und O für »links« stand. Traditionell wird die Südgrenze, die ursprünglich beim 1. Katarakt zu lokalisieren war, seit dem NR in Höhe des nördlichen Wendekreises des Krebses nahe dem heutigen Abu Simbel angesetzt. Zwar unterlag sie im Lauf der Zeit vielen Verschiebungen, aber das änderte nichts an der großen Bedeutung der Insel Elephantine (griech. Syene) mit ihren alten Tempeln und Ruinen (**6**).

Richtung Osten verliefen seit Menschengedenken wichtige Verbindungswege zu den Nachbarn und deren Rohstoffen und Bodenschätzen auf der Halbinsel Sinai, über die auch eine Landverbindung zum Vorderen Orient bestand, die man die »Wege des Horus« nannte. Das Rote Meer war möglicherweise Ausgangspunkt für Reisen zu den südlichen Küsten Afrikas, wenn nicht sogar für die erste Umseglung des Kontinents unter Pharao Necho II.

Demgegenüber ist der Westen eine Wüste mit wenigen Oasen (Charga, Dachla, Farafra, Baharija, Siwa). Von alters her hatte sich hier ein Kulturraum besonderer Art gebildet, dessen libysch-nomadische Ethnien von den Ägyptern *Tjehenu*, später *Meschwesch* (berb. = Herren) genannt wurden. Aus den *Tjehenu* rekrutierten sich lange hoch geschätzte Söldnertruppen (**8**), die schließlich ihre eigenen Herren als sogenannte libysche Dynastien (ca. 950–750) auf den Thron der »beiden Länder« brachten. Sie bestimmten die Politik der Spätzeit gerade im Delta-Gebiet besonders nachhaltig. Man kann also nicht von einem isolativen Charakter der ägyptischen Kultur sprechen, weil seit den frühesten Zeiten intensive Außenbeziehungen zum heutigen Sahara-Raum im Norden und zum Vorderen Orient im Nordosten bestanden und das Land eng in die kulturellen Entwicklungen des nordostafrikanischen Raums eingebunden war.

Die ökologischen Bedingungen in der fernen, aber schon faßbaren Frühzeit (ca. 6./5. Jt.) scheinen grundsätzlich nicht wesentlich anders als heute gewesen zu sein. Gewisse klimatische Veränderungen sind jedoch zu beachten. Die Wüsten des Ostens und Westens glichen früher mehr einer Savanne als einer vegetationsleeren Einöde. Mensch und Tier fanden dort ausreichende Voraussetzungen für eine karge nomadische Existenz. Neue archäologische Funde und Felsmalereien in der Ostsahara belegen dies ebenso wie altägyptische Berichte und Bildgeschichten über Reisen und Jagdvorhaben in den »roten« Regionen des Landes. Die Flora und Fauna der Frühzeit war in vieler Hinsicht anders und reicher als gegenwärtig (s. S. 18ff.).

An der Bedeutung des Nils für die Herausbildung und Existenz der über Jahrtausende andauernden ›hydraulischen‹ Kultur des Unteren und Oberen Ägypten ist nicht zu zweifeln. Dennoch darf man die weiteren kulturellen Räume, aus denen Rohstoffe und Völker ins Niltal gelangten,

Trockenzone, charakterisiert durch sehr geringe Niederschlagsmengen (Ausnahme Küstengebiete) sowie hohe Tages- und niedrige Nachttemperaturen (besonders in Wüstengebieten). Die relative Luftfeuchtigkeit beträgt im Jahresdurchschnitt in Kairo weniger als 50%, in Assuan ca. 32%. Sie kann in der Zeit des Chamsin (heißer Wüstenwind) im Frühjahr sogar bis auf ca. 2% sinken.

8 Libyer als Söldner: libysch-ägyptische Truppe aus dem MR, gefunden in Assiut. Bemaltes Holz, ÄMK (JE 30986). Die Beziehungen Ägyptens zum Westen und damit zu den Libyern sind noch immer schwierig nachzuvollziehen. Das liegt nicht nur an der historischen Ethnologie, sondern auch an der spärlichen Quellenlage, besonders für die Frühzeit, die sich dank intensiver Oasen-Forschungen allmählich aber zu verbessern beginnt. Was seit dem MR übermittelt worden ist, ist meist einseitig aus ägyptischer Sicht dargestellt. Die Libyer, den Ägyptern ethnisch nahe verwandt – was auch in Kleiderattributen zum Ausdruck gebracht wird (z.B. Phallustasche, Tierschwanz) –, waren Nomaden und damit kampferprobt. Ihre Waffen waren Pfeil und Bogen. Im Lauf der Geschichte gehörten ihnen unterschiedliche Ethnien an, mit denen die Ägypter seit dem MR viele Kriege führten.

Kulturgeschichtlich handelte es sich bei der **Pfannengräber-Kultur** wahrscheinlich um nomadisierende Wüstenbewohner, die, vom Ägyptischen Reich bezahlt und organisiert, für die Grenzen und die Sicherheit der Straßen Verantwortung trugen. Ihre Dienste wurden bis in die byzantinische Zeit in Anspruch genommen; zu ihren Nachfahren gehören die Beǧa, die noch heute in den Ost-Wüsten anzutreffen sind.

9 Der »siegreiche König« auf dem Königsrock des römischen Kaisers als Pharao in Esna (Latopolis), ein kanonisch festgelegter historischer Topos, der schon in der Frühzeit entstand und in dem der König immer »siegreich« war

nicht unbeachtet lassen, weil deren Hinterlassenschaften für Ägypten prägend wurden.

Die Einflußnahme von Völkern auf die ereignisreiche Geschichte Nordostafrikas geschah häufig im Zuge der Einwanderung verschiedener Ethnien (u. a. der Semiten) und erfolgte nicht nur durch kriegerische Auseinandersetzungen, sondern auch durch Anwerbung von Söldnern (Libyer, Kuschiten bzw. *Nehesju*) oder durch die ›Wüstenpolizisten‹, die sich aus den *Medjawi* (= Beduinen bzw. »Leute der Pfannengräber-Kultur«) rekrutierten.

Chronologisch gesehen, kamen neben den verwandten Völkern – Libyern und Kuschiten – auch Semiten, Perser, Griechen und Römer in das Land am Nil. Dieser Prozeß war auch mit der Islamisierung (640 n. Chr.) nicht abgeschlossen, sondern dauerte weiter an. Ägypten war immer eine afroasiatische Brücke für Waren, Völker und Ideen; dabei blieb jedoch seine unverwechselbare Einzigartigkeit bestehen.

Eine lange und andauernde ethnische Isolation, von der zuweilen gesprochen wird, ist nicht denkbar. Das Außergewöhnliche bleibt jedoch, daß trotz wechselnder Ethnien sich das Autochthone, Konstante und Kontinuierliche in diesem Land stetig wieder durchsetzte. Über Jahrtausende blieb die von *allen* Herrschern getragene Idee des Reiches, »wir, die Ägypter – und die Fremden«, prägend. Diese Idee überlebte in vielen unverwechselbaren und kanonisch gewordenen Bildern, die die Ägypter und die der Vernichtung preisgegebenen »Fremden« zeigen (9).

Bei jeder Betrachtung erweist sich der ausschlaggebende Charakter Ägyptens als der eines Agrarlandes mit einem hierfür beinahe idealen Klima und einem großen Überschuß an landwirtschaftlichen Produkten, was noch die Römer dazu veranlaßte, von Ägypten als der Kornkammer des Imperiums zu sprechen.

Die imposanten Relikte der Vergangenheit lassen fragen: Wo wurde das Rohmaterial zur Erbau-

Rohstoffe aus der Wüste

10 Steinbrüche in der arabischen Wüste (Mons Claudianus) – eine von unzähligen Rohstoffquellen für die ägyptische Bautätigkeit – dienten noch den Römern für ihre Prachtbauten am Tiber. Vom Mons Claudianus und anderen Steinbrüchen in der Umgebung von Wadi Hammamat gingen die Transporte zu den Häfen am Roten Meer, von denen später per Schiff eine mühsame Verbindung zum Mittelmeer bestand.

ung von Tausenden und Abertausenden von Denkmälern gefunden, und wie brachte man es an seine späteren Standorte?

Die gebirgigen Wüstengebiete lieferten das Steinmaterial (10), das man schon seit der Zeit der Pyramidenbauer auch von weit her auf Kanal- und Flußwegen herbeigeschafft hatte. Gleichzeitig wurde nach den verschiedensten Bodenschätzen gesucht, nicht nur auf eigenem Gebiet, sondern mit Hilfe organisierter, weitreichender Expeditionen auch regelmäßig in der asiatischen und afrikanischen Nachbarschaft. Sie dienten dem nie zu stillenden Bedarf Ägyptens an unterschiedlichen Gesteinen (Kalkstein, Alabaster, Sandstein, Granit, Diorit, Basalt, Quarzit), Metallen (Gold, Silber, Kupfer), Edelsteinen (Achat, Amethyst, Karneol, Chalcedon, Obsidian, Lapislazuli) und Rohstoffen wie Hölzern, Weihrauch, Tierfellen und Elfenbein.

Man behandelte die Explorationsgebiete jedoch nie als Kolonien. Dies hätte weder den Vorstellungen noch den Grundbedürfnissen der Ägypter entsprochen. Die Ferne und das Fremde erschienen ihnen grundsätzlich furchteinflößend und waren ihnen verhaßt. Eine irdische und jenseitige Existenz war für sie nur in Ägypten möglich. Man wünschte sich deshalb nichts mehr als die Rückkehr zu den »Stätten des verjüngten Lebens«, und man wollte auf jeden Fall in Ägypten begraben werden, selbst dann, wenn man sein Leben in der Fremde ließ. Deshalb lautete schon bei dem

11 Fragment aus dem sogenannten botanischen Steingarten Thutmosis' III. im Karnak-Tempel (links, PS). Deutlich sind (von links nach rechts) *Euphorbia*, *Iris atropurpurea*, *Mimusops*, *Iris albicans*, *Centaurea* und *Dipsacus* zu erkennen.

12 Fragment einer Fußbodenmalerei aus Tell el-Amarna (nach den Umzeichnungen von v. Bissing, rechts) mit Papyrus, Lattich und Cyperus.

13 Wiedehopf in der Grabmalerei (Chnumhotep) in Beni Hassan (nach Newberry, oben) und heute in der Natur

»Schiffbrüchigen« der erflehte Segen: »*Du wirst deine Kinder umarmen und dich in deinem Grabe verjüngen.*«

Pflanzen- und Tierwelt

Bildhafte Überlieferungen erzählen seit der Frühzeit von der vielfältigen Tier- und Pflanzenwelt, die die Gewässer, das Land und die Luft belebte. Zu den repräsentativsten Darstellungen dieser Art gehören der sogenannte botanische (Stein-)Garten im Karnak-Tempel Thutmosis' III. (**11**), die Fußbodenmalereien aus Tell el-Amarna (**12**), die Grabmalereien in Saqqara, die einen großen Reichtum an Fischen und Wassertieren wiedergeben, die Grabmalereien aus Beni Hassan (**13**) mit einmaligen Vogeldarstellungen und unzählige Szenen von Niljagden in Privatgräbern des MR und NR mit ihrer beispielhaften Vielfalt an Wasserpflanzen und -tieren. Manche der wiedergegebenen Tierarten sind noch heute vorhanden, andere wurden schon im Altertum (z. B. Löwen, Elefanten, Nilpferde und Nashörner) oder in der Neuzeit (z. B. Antilopen, Gazellen, Geier, Krokodile) ausgerottet oder in südlichere Regionen verdrängt.

Neue Arten kamen hinzu: das Pferd in der Hyksos-Zeit, das Kamel (*Camelus dromedarius*), wahrscheinlich schon in der Frühzeit bekannt, kam seit dem 7. Jh. in Gebrauch, das aus Asien importierte Haushuhn breitete sich seit etwa 1300 aus.

Die heute zahlreichen Wasserbüffel brachten die Araber nach dem 7. Jh. n. Chr. ins Land am Nil, wo sie heimisch geworden sind.

Papyrus und Lotos

Zu den ungewöhnlichen Neuheiten gehören weitläufige Zuckerrohrplantagen, die man in der Zeit des Sezessionskriegs in den USA (1861–65) in Ägypten anlegte, wobei man leider viele alt-ägyptische Tempel zerstörte, um Baumaterial für die Zuckerraffinerien zu gewinnen.

Neu sind auch die Eukalyptusbäume, die man wegen ihres schnellen Wachstums seit dem 19. Jh. anpflanzte. Maulbeerbäume und Jute, die seit 1926 eingeführt wurde, ergänzen die Pflanzen des Landes. Mais und Reis gehören – früher noch unbekannt – zu den heute im Niltal verbreitet angebauten Nutzpflanzen.

Auch Wasserhyazinthen, die aus Südamerika eingeschleppt wurden, gab es früher nicht. Sie verstopfen heute fast 80% der Kanäle und sind zur Plage des Niltals geworden.

Die Agrarlandschaft des heutigen Ägypten unterscheidet sich – nicht nur wegen der ausbleibenden Überschwemmungen, sondern auch wegen des veränderten landwirtschaftlichen Anbaus und einer anderen Flora – von der vor 7000 Jahren. Deshalb muß man sich Flora und Fauna des Alten Ägypten anders vorstellen, als sie sich heute dem Reisenden präsentiert. Solch ein anderes Bild kann aber nur entstehen, wenn man sich der ökologischen Umwälzungen bewußt wird und die Bedeutung der Pflanzen- und Tierwelt für die alten religiösen und weltanschaulichen Vorstellungen berücksichtigt.

Zu den besonderen Veränderungen gehört, daß die für »die beiden Länder« symbolträchtigen Pflanzen Lotos (Wappenpflanze Unterägyptens, 16) und Papyrus (Wappenpflanze Oberägyptens, 14) kaum noch vorkommen und deshalb nicht mehr landschaftsprägend sind.

14 Papyrus im Garten des traditionsreichen Winter-Palace-Hotels in Luxor wird heute wieder in einigen sogenannten Papyrus-Instituten für kommerziell-touristische Zwecke angebaut und erfreut sich großer Popularität.

15 Steinbock (D. 6,7 cm), in Steatit modelliert, aus der Zeit des NR (Liv., 56.20.255). Er bezeugt den Tierreichtum der Steppen und Wüsten, der Jagdgebiete des mythischen Seth, aber auch der Könige.

16 Fragmente der Wandmalereien (Kalkstein) aus dem Tempel Thutmosis' III. in Deir el-Bahari (Lip.) in Form von Lotosblüten, die besondere Bedeutung im religiösen und kultischen Leben hatten.

Landeskunde

17 Noch heute finden sich in Ägypten viele Palmsorten (hier: Dattelpalme), die Früchte, aber auch Blätter für verschiedenes Flechtwerk und schließlich Brennmaterial liefern.

18 Flechtwerk aus Papyrus (Korb, Liv., 1973.1.554b) und Sandalen aus Palmblättern (Liv., M 11898)

Auch viele der Tiere, die die Hieroglyphen als Bedeutungsträger aufgenommen hatten (s. S. 22ff.) gibt es heute nicht mehr, etwa den heiligen Ibis – seinen Platz in der Landschaft nimmt heute der Kuhreiher ein –, der dem Gott Thot den Kopf lieh, den Mantelpavian und schließlich auch den Falken, der zur Seltenheit geworden ist.

So ergeben sich viele Unterschiede zwischen damals und heute. Die wichtigsten Pflanzen und Tiere, die die Ägypter sammelten und jagten, um sie zu kultivieren, zu züchten und auch zu verehren, sind heute meist nicht mehr anzutreffen.

Grundlage der Ernährung waren Emmer (eine Dinkelart) und Gerste, hinzu kamen Hülsenfrüchte wie Linsen, Saubohnen und Erbsen, erweitert durch noch heute bedeutsame Zutaten wie Knoblauch, Zwiebeln, Porree, Rettich und Kürbisgewächse.

Früchte lieferten Palmsorten (besonders die Dattel- [17], Dum- und Argunpalme) sowie die traditionellen Obstbäume des Vorderen Orients: Sykomore, Feige, Christusdorn, Mimusops, Balanites und Weinstock.

Seit dem NR baute man auch Ölpflanzen wie Sesam, Saflor und den Ölbaum an, die die bekannten ölhaltigen Gewächse Rhizinus, Bockshornklee und Benölbaum ergänzten. Daraus gewonnene Öle wurden auch als Duftstoffe verwendet.

An Nutzpflanzen kannte man Flachs, später auch Baumwolle. Aus verschiedenen Binsenarten, v. a. dem vielseitigen Halfagras, wurden die unterschiedlichsten Hausgeräte und Bekleidungsstücke geflochten (18). Zahllose Blumen, seit prähistorischer Zeit auch als Grabbeigaben verwendet, belebten mit ihrer Farbenpracht und ihrem Duft das Land, z. B. Kornblumen, Rittersporn, Mohn, Stockrosen, Narzissen, Kornwucherblumen und Lilien.

Viele Pflanzen gelangten nicht erst in der Neuzeit, sondern in altägyptischer Zeit in das Nilland, so die im Vorderen Orient verbreiteten Tamarisken, Nilakazien und verschiedenartigste Kräuter. Genau festzulegen, wann dies geschah, ist schwierig. Dank der Wiedergabe dieser oder jener Pflanzen (11, 12) in historisch unterscheidbaren Darstellungen kann man es jedoch zeitlich eingrenzen.

Für die Tierwelt verdanken wir unsere Kenntnisse sowohl Darstellungen (19) als auch unzähligen mumifizierten Resten (20) und modernen archäologisch-anthropologischen Untersuchungen an Knochen. Man muß annehmen, daß es neben einheimischen Tieren auch ›Exoten‹ aus dem Süden gab, besonders Affenarten, z. B. die grüne Meerkatze, die wahrscheinlich die zoologischen Gärten der Könige bereicherte. An den Ufern des Flusses traf man Zugvögel, die schon damals in Ägypten ihre Brutstätten errichteten.

Unter Tausenden von Vögeln lassen sich Sporkiebitze, Seeadler, Nilgänse, Graufischer, Enten, Kraniche, Wattvögel und einige Geierarten erkennen. In den Fluten tummelten sich Nilhechte, Welsarten und viele andere Fische, deren Wanderungen heute durch die Staudämme verhindert werden. In der Neuzeit traf man noch einige Antilopen (Oryx- und Säbelantilopen), Straußenvögel und Hyänen an; Großwild (s. o.) gab es nicht mehr. In den Dörfern hielt und mästete man zahlreiche Nutztiere (Esel, Hunde, Katzen [20], Rinder, Geflügel [21]).

Landeskunde

19 Schminkpalette in Form eines Jagdhundes (Steatit) aus der Zeit des NR. Sie bezeugt die lange Domestizierung des Hundes, der seit dem AR auch in vielen Grabmalereien zu sehen ist.

20 Mumifizierte Katze, die als heiliges Tier mit der Göttin Bastet, deren Heiligtum sich in Bubastis befand, verbunden war (L. 41 cm, Spätzeit; Liv., 42.18.2)

21 Rinderherden in der fragmentarisch erhaltenen Wandmalereien aus der thebanischen Nekropole (Grab Nebamun, um 1400; heute BM Nr. 37976). Man beachte die beinahe perspektivisch wirkenden, sehr realistisch dargestellten Rinder, die dem Grabherrn vorgeführt werden.

22 Stein von Rosette aus schwarzem Basalt (H. 114 cm, B. 72 cm, D. 28 cm; heute im BM) mit den drei Schrift-Registern (von oben) Hieroglyphisch, Demotisch und Griechisch

Seit der epochalen Leistung Jean François Champollions (1790-1832; **282**) sind die Hieroglyphen, wie der Titel des populären Buchs von Karl-Theodor Zauzich betont, »ohne Geheimnis«. Das Geheimnis der altägyptischen Bildschrift entlockte der Vater der Ägyptologie der zweisprachigen Inschrift des Steins von Rosette (**22**). Der Vergleich des hieroglyphischen Textes mit dem griechischen ermöglichte ihm den Durchbruch bei der Entzifferung der altägyptischen Schrift. Er erkannte nämlich, daß die Personennamen von Kleopatra und Ptolemaios im ägyptischen Text durch Kartuschen (franz. cartouche, »Zierrahmen, Patrone«) hervorgehoben wurden und daß die Zeichen Lautwerte haben (**23**).

Hieroglyphen (griech. »heilige Schriftzeichen«) sind prinzipiell als monumentale Schrift zu begreifen. Deshalb findet man sie auf den Tempelwänden, in Wandmalereien (**24**) bzw. im Holzrelief und auf Sarkophagen (**25**). Sie waren nicht die einzige Schriftform, die die Ägypter verwendeten, was schon der Stein von Rosette mit seinen drei Schriftarten deutlich macht. Hieroglyphen waren jedoch die ältesten medialen Formen und Grundlage aller weiteren ägyptischen Schriften, die eine Art von Kursiven darstellten: die hieroglyphische Kursive, die u. a. in Totenbüchern verwendet wurde, das Hieratische, mit seinen paläographischen Unterschieden und später das Demotische als letzte ägyptische Schriftform (**26**), die noch im Hellenismus neben den nur sakral benutzten Hieroglyphen fortlebte. Die Hieroglyphen wurden

Rᶜ (Sonne)   wśr (Schakalkopf)   Maʿat (Ideogramm)   Sohn des Rᶜ

23 Kartusche Ramses' II. aus einem Architrav des Luxor-Tempels   śtp (Axt)   n (Wasser)

Der Name liest sich somit: Weserma'atre-setepenre (= einer der Namen Ramses' II.). In wissenschaftlich korrekter Umschrift sieht dies folgendermaßen aus: Wśr-m3ᶜ.t-Rᶜ-śtp-n-Rᶜ

Die Ente hinter der Kartusche steht für »Sohn des«. Damit bedeutet der Zusatz nach der Kartusche »Sohn des Re«.

bis in die Zeit des römischen Kaisers Decius verwendet, der sie im Tempel von Esna benutzte.

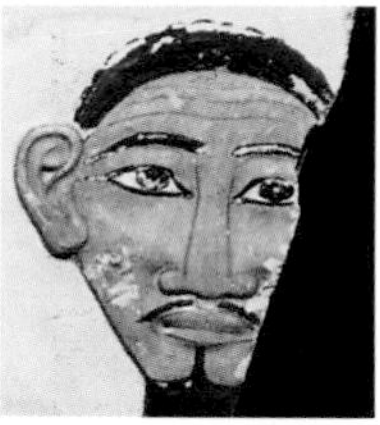

24 Hieroglyphe *ḥr* (Gesicht) aus den fragmentarisch erhaltenen Wandmalereien des Tempels Thutmosis' III. in Deir el-Bahari

Neben den Hieroglyphen und ihren Kursiven wurden auch andere Schriften und Sprachen bekannt, spätestens seit dem MR und besonders durch fremde Söldner, die immer Bestandteil der ägyptischen Armee waren. So kann nicht erstaunen, daß sich in Abu Simbel auf einem der Kolosse die älteste griechische (karische) Inschrift aus dem 6. Jh. befindet. In der Amarnazeit benutzte man für diplomatische Kontakte Keilschrift, seit der hellenistischen Zeit schließlich das Griechische, das auf Tausenden von Papyri und Ostraka belegt ist. Die Einheimischen sprachen koptisch, eine Sprache, die bis heute bei den ägyptischen Christen als *lingua sacra* liturgisch gepflegt wird. Die schriftliche Fixierung dieser letzten

25 Holzsarkophag mit hieroglyphischen Texten aus Beni Hassan (MR). Liv. 55.82.112

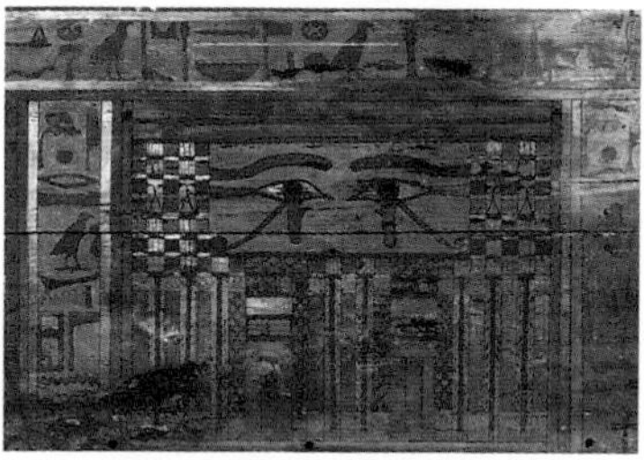

Stufe der altägyptischen Sprache erfolgte nicht mehr auf der Basis der Hieroglyphen, sondern auf der des griechischen Alphabets, das man um acht Zeichen für Laute, die das Griechische nicht kennt, erweiterte. Die Anfänge des koptischen Alphabets sind im 2./3. Jh. zu suchen. Mit den Textfunden in Nag Hammadi aus dem 3. Jh. n. Chr., die nicht weniger sensationell waren als die hebräischen und aramäischen in Qumran, gewann das Koptische an Interesse.

Ägyptisch-koptisch, wie man heute die alte Sprache am Nil korrekt bezeichnet, manifestierte sich in besonderer Weise durch die Hieroglyphen. Falls sie eine semiotische Verwandtschaft aufweisen, so nur zur chinesischen Schrift, die auch aus piktographischen Zeichen hervorging. In ihrer langen Entwicklung von über 5000 Jahren haben die Hieroglyphen mindestens zwei Bedeutungsebenen herauskristallisiert: Auf erster Ebene standen einige Zeichen immer noch für das, was sie darstellten – so z. B. Sonnenscheibe 𓇳 (23), Wasser 𓈖, Haus 𓉐 – oder zumindest für das, was sie relativ einfach andeuten konnten – z. B. menschliche Beine und Füße 𓂻 für »kommen«, Papy-

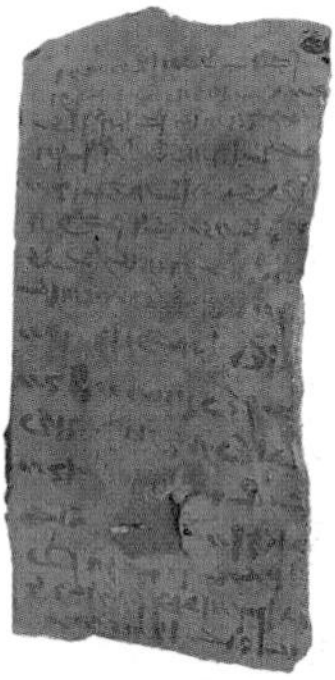

26 Ein Brief auf einer Scherbe (Ostraka) in der demotischen Kursive. Liv. 1978.291.309

russtengel 𝄐 für »grün« usw. Auf zweiter Ebene übernahmen diese und auch andere Zeichen zusätzlich Lautwerte. Sie bildeten quasi ein Alphabet, das uns aber keine gesicherte Aussprache des Altägyptischen erlaubt. So war es möglich, das gleiche ›Wort‹ auf zwei verschiedenen Wegen zu zeichnen oder zu schreiben. Dabei konnten Worte nach der Art eines Rebus gebildet werden, d. h., man konnte ›mit den Dingen‹ schreiben.

Es handelte sich also um ein System, das für die Ägypter ausreichend und plausibel war, auch was die Ausprache anbelangte (Vokale zu schreiben, ist nur nötig, wenn man die Sprache nicht kennt). Heute sieht das jedoch anders aus: Dasselbe Wort, derselbe Name werden unterschiedlich ausgesprochen. So kann und wird z. B. Nofretete als Nefertari, Nofretiri, Nefertiti gelesen bzw. gesprochen. Begründet liegt dies in den unterschiedlichen Transkriptionen: Sie können an die Muttersprachen der jeweiligen Ägyptologen angelehnt oder durch die historischen Umschriften bei den Nachbarvölkern der Alten Ägypter, den Semiten und den Griechen, beeinflußt sein.

Eine wissenschaftliche Umschrift, z. B. nčr für 𐤒 (netscher, »Gott«) ist auch nicht ohne weiteres zu lesen oder zu schreiben. Das liegt am komplizierten phonetisch-diakritischen Zeichensystem, das u. a. wegen seines latinisierenden Grundduktus unvollkommen ist, besonders für nicht indogermanische Sprachen.

Erfahrungsgemäß war auch im Alten Ägypten die Entwicklung der Schrift durch die steigenden Anforderungen an die Mitteilungswerte bedingt. Administration, Religion und ihre Kodifizierung führten zur Entstehung einer Literatur, die im MR klassischen Charakter erreichte. Das hatte zur Folge, daß auch weitere Kombinationen von Zeichen entstanden, die wegen ihrer Doppelfunktion Probleme verursachten und heute begreiflich gemacht werden müssen. So z. B. die sogenannten Determinative, Zeichen, die den Sinnbezug des Wortes bestimmen: ◠◠ »Fremdland«, ⊗ »Ort«, können in anderen Fällen auch gelesen werden, d. h. nicht mehr determinierend wirken.

Die Existenz von über 1000 Zeichen gegenüber 28 Alphabets- und 35 Doppelkonsonanten-Zeichen läßt erkennen, welche orthographische Vielfalt sich bot. Einen ›Duden‹ gab es nicht. Zwar lassen sich hier und dort quasi periodische Unterschiede erkennen, aber es sind keine festen Regeln. Deshalb beinhaltet das große »Wörterbuch der Aegyptischen Sprache« von Adolf Erman und Hermann Grapow auch verschiedene Schreibweisen des gleichen Wortes (27). Seit der Entstehung dieses »Wörterbuches« in den 1920er Jahren sind neue Materialien hinzugekommen, die zwar teilweise von Dimitri Meeks im »Annex lexicographique« (Paris seit 1980) gesammelt werden, die aber bewußt machen, daß es kein vollständiges Wörterbuch der altägyptischen Sprache gibt und geben wird, da jedes Jahr neue Materialien mit sich bringt, die ständiger Einarbeitung bedürfen.

Neben den orthographischen Varianten gab es auch stilistische und ästhetische Kriterien, die nicht weniger wichtig waren. So entschied die Symmetrie über den Aufbau einer Inschrift, ob sie von oben nach unten, von links nach rechts, zwei oder dreizeilig usw. geschrieben werden sollte. Insgesamt handelte es sich um ein in seiner Perfektion ausgeklügeltes System, das manchmal sogar den Bereich des Geheimen und der Magie berührte, weshalb es uns heute stellenweise verklausuliert erscheint.

Grundsätzlich aber bildete die ägyptische Schrift eine geniale Grundlage für Literatur wie bürokratische Administration, die den Schreiber als wichtigsten Repräsentanten der altägyptischen Kultur hervorbrachte.

Die Vignette für die »Mnemosyne« stellt das Ideogramm der Schreibkunstgöttin Scheschat dar. Sie scheint Erinnerung und Schicksal zu bestimmen und wird von Horapollon (II,29) mit den Musen und sogar mit den Moiren verglichen.

27 S. 259, Bd. I (1926) aus dem klassischen »Wörterbuch der ägyptischen Sprache«, herausgegeben von A. Erman und H. Grapow

w3ḥ		das Grün (von den Pflanzen, die die Flurgöttin bringt) 10. Gr.
w3ḥ		Name eines Gewässers im Totenreich 11. Totb.
w3ḥj		belegt seit M.R. Säulenhalle 12, besonders von der Empfangshalle des Palastes 13.
w3ḥḥ		(vermutlich gemin. Form des Verbums w3ḥj). sich freuen über einen Ort (mit ḥr 14 oder m 15). Pyr.; M.R.
w3ś		Art Szepter der Form (verschieden von dem Szepter d῾m) 16.
w3ś·t		Art Kleid für ein Götterbild 17. Gr.
w3ś·t		als Bez. eines fuchsköpfigen Schutzgottes 18. Gr.
w3ś·t		I. Name des thebanischen Gaus (Gau IV von Oberäg.) 19. Seit A.R.
		II. die Stadt Theben 20. Seit M.R.

28 Typische, auf unzähligen Papyri, später auch auf Sarkophagen erhaltene mythische Darstellung des erschaffenen Kosmos. Auf dem Boden liegt der Erdgott Geb, über dem sich die Himmelsgöttin Nut beugt. Zwischen den beiden die Personifikation der Ordnung und kosmischen Harmonie, die Ma'at mit der Sonnenscheibe in einem Sonnenboot, flankiert von ihrem Ideogramm und der Uräusschlange. Papyrus des Nespekaschuti (21. Dynastie), LP, E 17401

29 Spätzeitliche Stele (Holz mit bemalter Gipsschicht, H. ca. 30 cm) der Dame Tentperet (ca. 7. Jh.) mit Horus-Re. Die Sonnenscheibe (Re) manifestiert ihre Kraft und Allgegenwärtigkeit durch die Strahlen, die hier eindrucksvoll kenntlich gemacht sind. LP

Ein Blick auf die Umwelt, in der sich eine Kultur so dauerhaft etablieren konnte, erfordert in erster Linie die Frage nach ihrer Geschichte. Sie begann für die Ägypter in der Vorzeit mit den Göttern. Deshalb muß jeder, der die Grundlagen dieser Kultur begreifen möchte, lernen, den Mythen (= erzählte Geschichte) zuzuhören. Sie lebten in einer sakralen Wirklichkeit mit mythisch begründeten Manifestationen fort, die keinen Unterschied zwischen der Erfahrung realer Ereignisse und dem Traum oder der Phantasie kannten. Diese sakrale Wirklichkeit offenbarte sich als eine im Universum verankerte Folge von kausalen Gesetzen, als deren personifizierte Manifestation die Göttin Ma'at (**28**) galt. Sie war als Ordnungs- und Harmonieprinzip aus dem dies- wie jenseitigen Leben nicht wegzudenken, weil sie real und existentiell empfunden wurde.

Eine solche Sicht zwingt dazu, sich den heutigen Säkularisierungstendenzen zu entziehen, die es im Alten Ägypten nicht gab: Ihr Aufkommen brachte das Ende des Reichs und seiner kulturellen Eigenständigkeit. Die Ägypter kannten deshalb auch kein Wort für Religion, weil sie zwischen »heilig« und »profan« nicht zu unterscheiden brauchten. Für sie gab es nur eine allumfassende kosmische Einheit, in der sich ihnen in allem, was geschaffen war, die Transzendenz Gottes offenbarte. Dies bezeichnete der rumänisch-amerikanische Religionswissenschaftler Mircea Eliade als *Hierophanie* (Erscheinung des Heiligen). Die Vielzahl und Vielfalt ägyptischer Götter in astraler (z. B. Re/Sonne [29], Nut/Himmelsdecke [28]), tierischer (z. B. Amun/Widder [30, 31]) oder pflanzlicher (heilige Bäume als göttliche Orte) Gestalt entsprach deshalb nichts anderem als den unzähligen Aspekten des göttlichen Ganzen. Erik Hornung nannte das pointiert »der Eine und die Vielen«. Um das intellektuell zu erfassen, muß man in der Tiefe der Mnemosyne, der Rückerinnerung, suchen, die uns zu den Ägyptern und ihrem »Sitz im Leben« führt.

Entgegen der Meinung des französischen Strukturalisten Roland Barthes über die »Alltagsmythen« waren die Legenden am Nil in ihrer Aussage lebendig. Sie allein bildeten die Brücke zwischen Gott und Mensch, zwischen dem Numinosen (Göttlichen) und seinen irdischen Manifestationen. Emma Brunner-Traut hob deshalb die Bedeutung der »gelebten Mythen« hervor. Sie erlauben nämlich nicht nur, die altägyptische Götterlehre als wesentlichen Teil des Mythos zu begreifen, sondern offenbaren auch die unerschütterliche Überzeugung von der Existenz der Götter als universeller Wahrheit, losgelöst von allen Zeitformen irdischer Erfahrung. Götter waren eine immer anwesende, allwissende, nicht zu hinterfragende Wirklichkeit. Das Wesen der ägyptischen Religion war nicht durch eine entartete Mythologie bedingt, sondern durch die allumfassende universalistische Vorstellung einer Sakralität, die den »mythisch Denkenden« (Ernst Cassirer) in seiner irdischen Realität als Teil des Universums bestimmte.

Aus diesem ganzheitlichen Bewußtsein des ›mythisch Denkenden‹ heraus ergaben sich allumfassende Verflechtungen, die alle Erscheinungsformen des diesseitigen Lebens bedingten und erfaßten. Dies konnten die einfachsten Handlungen des Alltags sein oder die Anliegen der Architektur, Literatur, Medizin oder gar der ›Wissenschaften‹.

30, 31 Fragmente der Wandmalereien aus dem Tempel Thutmosis' III. in Deir el-Bahari mit der Darstellung des Gottes Amun; oben mit der Federkrone, die als Zeichen seiner ursprünglichen Eigenschaft als Wind-, bzw. Luftgott zu deuten ist; unten als widderköpfiger Gott am Bug seiner heiligen Barke. Diese Gestaltungsform ist wahrscheinlich in der Zeit des MR aus dem Süden (Kusch) eingedrungen und wurde seitdem zum Zeichen des Gottes Amun und seiner Universalität. Diese Vorstellung scheint sich bis in die christliche Ikonographie als »Lamm Gottes« erhalten zu haben.

Religiöse Vorstellungen

Wie exakt die Angaben der **Jenseitsitinerarien** waren, erstaunt noch heute die Naturwissenschaft. So berechnete man für die Sonnenreise mit ca. 39 000 km, was mit dem tatsächlichen Erdumfang von 40 009,6 km fast übereinstimmt.

32 »Jenseitsführer« aus dem Grab Thutmosis' III., der sich in der oval gestalteten Sargkammer befindet. Hier die 12. Stunde: »Der Name der Nachtstunde, in welcher sich dieser große Gott verwandelt, ist ›die Vollkommenheit Res schaut‹. Die geheimnisvolle Höhle der Dat, bei welcher dieser große Gott geboren wird, daß er hervorgehe aus dem NUN und sich niederlasse am Leib der NUT. Dies ist gemacht wie diese Vorlage, die gemalt ist auf der Ostseite des Verborgenen Raumes in der Dat. Es ist nützlich für den, der es kennt, auf Erden, im Himmel und in der Erde.« (auszugsweise nach Hornung, Ub, 182f.). Tal der Könige (Grab Nr. 34)

All diese Erscheinungsformen spiegeln sich in dem, was man heute in der Religionswissenschaft als Ritual, Zauberei, Magie oder Kult bezeichnet. Diese Termini sind jedoch künstlich, da sie nicht berücksichtigen, daß es im damaligen »Sitz im Leben« solche Trennungen nicht gab. Die Ägypter dachten ganzheitlich, und deshalb handelte es sich immer um fließende Übergänge, in denen man – etwa, um heilen zu können – erst Gebete sprach, magische Formeln zeichnete oder schrieb und dann ›medizinisch‹ vorging. Grundsätzlich war man jedoch davon überzeugt, daß die Erfüllung des Lebens nicht im Diesseits, sondern in einer jenseitigen Zukunft stattfinden werde. Dafür benötigte man die »Häuser des Westens« (die Gräber), das Wohlwollen der Götter und die einfachen Führer. So entstanden die ältesten Jenseitsführer, die Unterwelts- und Totenbücher (**32**), als Itinerarien »der nächtlichen Sonnenfahrt«, die man sogar als Vorbilder für die später entstandene irdische Kartographie ansehen könnte. Diese Sicht war konsequente Folge des allumfassenden Prinzips eines Kosmotheismus, der dem Wesen des ägyptischen Mythos viel näher steht als die Bezeichnung Polytheismus. Die damit gemeinte Vielgötterei der ägyptischen Religion war nebensächlich, man könnte sie sogar als eine höhere Metapher für die unzähligen Aspekte des Einen Gottes, des Sonnengottes, bezeichnen.

Der »Kosmotheismus« (von Jan Assmann eingeführter Begriff) basiert auf dem geheimen Wissen über das Universum, über seine Mechanik und den Prozeß seiner Erhaltung. Die Welt als Teil des Universums konnte nur durch das ständige Sonnenanbetungsritual erhalten bleiben, sonst drohte das Chaos. Die In-Gang-Haltung der Welt war deshalb, dank des kosmotheistischen Wissens, eine sich in ständiger Bewegung befindliche Notwendigkeit. Sie bedingte alle kultischen Handlun-

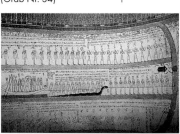

gen, deren Zentrum der Tempel als Abbild der sich im Kosmos abspielenden Kräfte war. Die Essenz dieses Wissens ist im Mythos verborgen, der durch Rituale, durch ständige Wiederholung festgesetzter kultischer Handlungen, in mannigfaltiger Weise sichtbar wurde. Hierzu gehörten Wort, Musik und Bild als Grundlagen eines ›Gesamtkunstwerks‹, das man nur in seinen immer zahlreicher bekannt werdenden Fragmenten nachvollziehen kann. In einem erhaltenen koptischen Text aus Nag Hammadi aus dem 4. Jh. n. Chr. wird richtig festgestellt: »*Dieses Land (Ägypten), einst der Sitz der Religion, wird nun der göttlichen Gegenwart beraubt sein ... Von der ägyptischen Religion werden nur Fabeln übrig bleiben und beschriftete Steine ... Den Frommen wird man für verrückt halten, den Gottlosen für weise und den Bösen für gut.*« (Codex VI, 8, 70)

Diese späte, fast prophetische Sicht offenbart die Schwierigkeit, mit der jeder konfrontiert ist, der sich dem Wesen einer vergangenen Welt nähern will. Um die ursprüngliche Weltanschauung zu erfahren oder zu erspüren, sind wir auf die Überlieferung des vergessenen oder verdrängten Mythos angewiesen (im Sinne von C. G. Jung). Die Mythen sind voller Bilder und Götter, die für etwas anderes als für das vordergründig Sichtbare stehen. Ihre äußere Form, die wir zu erkennen glauben, gleicht einer entarteten Mythologie, wenn man nicht bereit ist, nach den dahinter verborgenen Inhalten zu fragen, die den wahren Sinn ausmachen.

So wird seit Jahrtausenden erzählt, wie die Welt entstanden ist; wer aber glaubt, eine einheitliche

33 Prachtvoll gestalteter Skarabäus aus dem Schatz des Tutanchamun (H. 9 cm, B. 10,5 cm; ÄMK, JE 61886). Dieser Anhänger aus Gold ist mit Einlagen aus Karneol, Türkis, grünem Feldspat, Lapislazuli und Kalzit ausgestaltet. Seine Mitte bilden drei hieroglyphische Zeichen »Neb-cheperu-Re« (von unten nach oben gelesen), die den Thronnamen des Tutanchamun wiedergeben.

Atum kann als Demiurg verstanden werden. Dieses Verständnis, das auf Plato (Tim. 41a), der Ägypten bewunderte, zurückgeht, bedeutete ursprünglich »Handwerker, Baumeister« und wird mit der welterschaffenden Gottheit gleichgesetzt.

Der **heilige Mistkäfer** (*Scarabaeus sacer* [33]) galt den Ägyptern als ein Wesen, das aus sich selbst entstehen konnte, weil sie beobachtet hatten, daß die jungen Käfer aus der Dungkugel hervorkamen. Aus dieser Vorstellung entstand das Amulett in Form eines Mistkäfers, das ein Symbol der ständigen Erneuerung aus sich selbst war. Seine Rückseite wurde in eine Fläche ausgearbeitet, die sich für Siegel, magische Formeln von übelabwehrender Wirkung gut eignete, was den universellen Charakter dieses Amuletts bestimmte. Noch im frühen Christentum galt der Skarabäus als *bonus scarabaeus* als Zeichen der Auferstehung.

Religiöse Vorstellungen

Kosmische Mythen

Königtum-Mythos

Neunheit

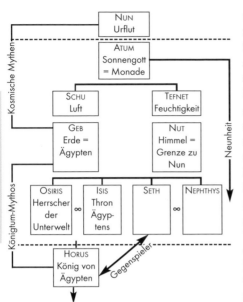

```
            NUN
           Urflut

          ATUM
        Sonnengott
        = Monade

   SCHU              TEFNET
   Luft            Feuchtigkeit

   GEB               NUT
   Erde =          Himmel =
   Ägypten        Grenze zu
                     Nun

OSIRIS    ISIS    SETH    NEPHTHYS
Herrscher Thron
der    ∞  Ägyp-      ∞
Unterwelt tens

          HORUS
        König von      Gegenspieler
         Ägypten
```

34 Schematische Darstellung der Urgötter (Neunheit), die als Grundlage der Schöpfungslehre anzusehen ist.

35 Der Bennu, der Vogel des Ursprungs in Gestalt eines Reihers, sitzt auf dem Ben-Ben-Hügel (Pap Ani, BM, N° 10.470). Er wird zum Vorbild des Phönix, den man später als Mischung zwischen Adler und Pfau wiederzugeben sucht (so im koptischen Bereich, LP). Hier entstand auch die spätere Auferstehungssymbolik, die zweifelsohne in der Verbindung des Bennu-Vogel-zu Osiris zu suchen ist.

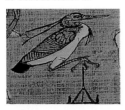

und homogene Darstellung nach Art der biblischen zu finden, wird enttäuscht. Die Ägypter kannten viele verschiedene, lokal bedingte Lösungen, die sich in ihren Augen jedoch nicht widersprachen, sondern sich als ein immer anderer Aspekt des Gleichen ergänzten. Deshalb gibt es eine ganze Reihe von Mythen, die leider nur in Form verstreuter Anspielungen oder späterer Texte überliefert sind. Das, was von diesen Mythen geblieben ist, überliefert eine Vorstellung vom Anfang aller Dinge und einen Versuch, »das Erste Mal« die Wege des Werdens, des Gestaltannehmens (ägypt. cheper [33]), festzuhalten.

Im Zentrum dieser Entstehungsberichte stand wie bei vielen Mythen dieser Art der Schöpfergott Atum als Urvater, als Demiurg (s. S. 29), der die Bildung des Kosmos und den Beginn allen Lebens aus dem Nicht-Sein, aus dem Ur-Ozean (Nun) entstehen ließ. Durch den Urschrei des »großen Gakkerers« begann die ›Auseinander-Setzung‹ in der Scheinbarkeit der Trennung einer untrennbaren Dualität, die aus zwei Aspekten des Einen bestand: aus Luft (= Trockenheit) und Feuchtigkeit, Himmel und Erde, Licht und Finsternis, Geburt und Tod, weiblich und männlich: »*Alle Wesenheiten erhielten ihr Dasein, nachdem ich (Atum) erschienen war ... Kein Himmel war und keine Erde ... Ich ganz allein*

erschuf jedes Geschöpf ... das erste wurde mein Weib ... Ich kopulierte mit meiner Hand, und Schu (Luft) entsprang meinem Niesen ... Tefnet (Feuchtigkeit) spie ich aus ... Dann zeugten Schu und Tefnet Geb (Erde) und Nut (Himmel) ... Geb und Nut zeugten Osiris, Seth, Isis und Nephtys ... die schließlich die Bewohner der Insel hervorbrachten.« (Pap. Bremner-Rhind).

So ist die Neunheit (**34**), der älteste und primäre Götterkreis, als Erhöhung der Pluralität (= drei) durch Pluralität (= drei) anzusehen.

36 Umzeichnung nach der Darstellung im Sethos-Grab (Tal der Könige, Nr. 17). Es handelt sich um den Himmelskuh-Schöpfungsmythos, der in seiner Struktur sogar etwas älter als der der Götter-Neunheit zu sein scheint. Die Kuh (genauer: ihr Bauch) stellt die Himmelsdecke dar, auf der sich die Sonnenbarke bewegt.

Sie stellt damit die absolute Vollkommenheit dar, die durch die Zahl neun ausgedrückt wurde (3 x 3). Erst die Trinität und nicht Dualität versinnbilicht das ägyptische Verständnis von Pluralität. Die Ägypter erfaßten ihre Kosmogonie in vielen mythischen Bildern und Vorstellungen, zu denen der aus dem Nun, aus der Uferlosigkeit auftauchende Urhügel Ben-Ben (**35**), die Himmelskuh (**36**) oder das Erscheinen des Sonnenkindes in der Lotosblüte (**37**) gehörten. Auch die in außerägptischen Mythen verbreitete Vorstellung von einem Ur-Ei als Anfang der Schöpfung war den Ägyptern nicht fremd. Durch die Vielzahl der mythischen Bilder wurde versucht, die ägyptische Schöpfung als von Anbeginn an fast vollkommen durchdacht darzustellen. Sie beinhaltete deshalb die »planende Ein-

37 Das Sonnenkind als Tutanchamun (die amarnäischen Züge sind noch deutlich spürbar), aus der Lotosblüte geboren, knüpft an die Vorstellung der Geburt des Sonnengottes aus einer Lotosblüte an, die aus den Fluten des Urozeans Nun aufstieg (Holz, bemalt, H. 30 cm, ÄMK, JE 60723).

Herz drückt im ägyptischen Sinn alle unsere Gehirnfunktionen aus und versinnbildlicht Denken, Fühlen, Wollen und Erkennen. Es ist also das Symbol des Menschen schlechthin. In den Szenen des Jüngsten Gerichts wird das Herz des Menschen gegen das Ma'at-Zeichen aufgewogen (**38**, evtl. auch der Feder, **56**).

Dualität als Voraussetzung der schöpferischen Einheit läßt sich nur mit dem Komplementaritätsprinzip der modernen Physik vergleichen (Nils Bohr) und besagt, daß sich zwei inkompatible Merkmale (Neutronen und Protonen) auf eine Qualität beziehen. Deutlich wird das etwa an den Paaren Isis-Osiris, Horus-Seth...

Religiöse Vorstellungen

Religiöse Vorstellungen

38 Beim »letzten Gericht« wird das Herz als Träger aller menschlichen Eigenschaften gegen die Ma'at aufgewogen. Papyrusmalerei.

»Man macht dort keinen Unterschied zwischen arm und reich,/ sondern es kommt nur darauf an, daß man ohne Fehl befunden wird./ Waage und Gewicht stehen vor dem Herrn der Ewigkeit,/ keiner ist davon befreit, Rechenschaft ablegen zu müssen. »Totengericht«, Inschrift aus dem 4. Jh. (nach Assmann, Tod, 104)

39 Eine typische Darstellung der rituellen Übergabe der Ma'at durch den König als Hohenpriester auf einer Tempelsäule in Medinet Habu

Isfet ist die komplementäre Seite der Ma'at, also das Gegenteil von Gerechtigkeit, Ordnung und Harmonie. Sie repräsentiert somit Unrecht, Gewalt, Chaos. Durch einen immer neuen »Vernichtungszug« des Königs (kultische Handlung) mußte sie beseitigt werden, um die Ma'at verwirklichen zu können. Dabei geht es um einen kontinuierlichen Prozeß und nicht um eine einmalige Handlung.

sicht« (*Sia*), den »wirkenden Ausspruch« (*Hu*) und den allumfassenden »Zauber« (*Heka*).

Davon erzählten viele mythische Texte, die im Lauf der Geschichte immer zahlreicher wurden und die den Schöpfergott sagen ließen: »*Ich habe vielerlei Vollendetes getan ... Ich habe die große Flut geschaffen ..., ich habe jedermann wie seinesgleichen geschaffen und nicht befohlen, daß sie Unrecht tun.*« (Hornung, Verfall, 416).

In dieser Äußerung Gottes wurde nicht nur die letzte Stufe der Schöpfung, der Mensch, der aus dem »Auge Gottes«, aus seinen Tränen, entstand, sondern auch sein »sündiger« Charakter, das »Herz« angesprochen. Dieser Aspekt schien die ägyptische Literatur seit der sogenannten Ersten Zwischenzeit zu bestimmen und fand sein Urbild in dem mythischen Osirianischen Zyklus (Osiris-Isis-Horus-Seth-Nephtys).

Mit ihm wurde auch die Brücke zwischen Göttern und Menschen geschlagen. Der Mensch wagte sogar, einen »Vorwurf an Gott« zu richten und den Sinn der Schöpfung in Frage zu stellen. Er klagte an: »*Die Ma'at ist*  *hinausgeworfen, Unrecht ist im Beratungssaal. Die Pläne Gottes hat man verwirrt, ihre Weisungen vernachlässigt man. Das Land macht eine Krankheit durch ... Es bringt Not, einem Ungebildeten zu antworten. Eine Rede zu kritisieren, schafft Feindschaft. Das Herz nimmt die Wahrheit nicht an, die Widerrede auf ein Wort erträgt man nicht, denn ein Mann liebt nur seine eigene Ansicht. Jedermann verläßt sich auf Krummes, rechtschaffende Rede ist abgeschafft.*« (Brunner, Weisheit, Nr. 24).

Es ergab sich also eine Situation, in der man nach Regeneration, nach einer Erneuerung der Schöpfung suchte. Unheil und Unrecht mußten immer wieder von neuem beseitigt werden. Diese Auf-

gabe fiel dem König zu, dem irdischen Abbild des himmlischen Horus. Er »gründet die Welt aufs neue, wie bei der Schöpfung« (Ramses II. in einer Inschrift aus Tanis), so wird er zum Garanten der Ma'at, dem zentralen, mit der Schöpfung untrennbar verbundenen Phänomen der ägyptischen Erkenntnis, Wahrheit und Ordnung. Der König bietet deshalb in Tempel-Szenen den Göttern die Ma'at (39) in Gestalt einer kleinen Statuette dar, um ihnen und der Welt zu demonstrieren, daß alles in »Ordnung« ist. Durch die ihr innewohnende Ma'at allein könnte die Schöpfung vollkommen sein, gäbe es nicht auch die Isfet.

Wie kommt das Böse in die Welt? Wollte man konsequent ägyptisch vorgehen, würde man das »Böse« als den dualen Aspekt des »Guten« erklären müssen. Das bezeugt die mythische Erzählung vom Brudermord des Seth an Osiris. Seth verkörperte das feindliche Prinzip der Unordnung, des Bösen, aber nicht das des Chaos, was ihn zum besonderen ›Mitspieler‹ der Ma'at machte. Er wurde zum Zeichen für die »ungelösten« Probleme der Schöpfung, weshalb er auch in der undefinierbaren Gestalt eines phantastischen Tiers (40), aber auch als Nilpferd erscheinen konnte (72); in der Unterwelt dagegen wurde Seth zum Urbild des Drachentöters, der die Feinde der Ordnung überwand und vom Sonnengott fernhielt. Zugleich avancierte er zur Personifikation abnormer, zügelloser und zielloser Naturgewalten; er verkehrte wahllos sowohl mit Frauen als auch mit Männern, blieb jedoch unfruchtbar und zeugte keine Nachkommen, wogegen sein Bruder Osiris sich noch nach seinem Tod mit Isis vereinigen und seinen »Rächer« Horus zeugen konnte. Damit wurde der Mythos von Seth und Horus zum Hintergrund der immer wieder aufflammenden Streitigkeiten um die

40 Horus als Drachentöter (rechts), in Anspielung auf den Mythos des Kampfes zwischen Horus und Seth; späte Darstellung aus dem 5. Jh. n. Chr. in einem aus Sandstein gefertigten Fenstergitter (LP, N° CE 4850)

41 Heilige Krönungszeremonie an Ramses III., vollzogen durch Horus und seinen mythischen Gegenspieler Seth, hier mit einem nicht näher definierbaren Tierkopf dargestellt (links), Plastik aus Assuangranit (H. ca. 170 cm), gefunden in Medinet Habu. ÄMK

Die **Apophis-Schlange** bewohnte das Jenseits und bedrohte die Sonne bei ihrer »Nachtfahrt«. Sie war deshalb eine immerwährende Gefahr für die Schöpfung. Man könnte in ihr eine Verkörperung des Chaos sehen.
Uroboros (ägypt. *sed em ra*), Schlange, deren riesiger Leib die Welt schützend umschlingt; sie wurde zum Vorbild vieler magischer und gnostischer Spekulationen (42).

42 Uroboros (griech. »Schwanzbeißer«, ägypt. sd mr3, »Schwanz im Maul«) umschlingt das von der Himmelskuh und von den Horizontlöwen (die die Sonne schützen) getragene Sonnenkind (Umzeichnung aus dem Papyrus der Her-Uben, 21.–22. Dynastie). Die Schlange galt wegen ihrer Häutung als Sinnbild des sich immer wieder erneuernden Lebens zwischen Zeit und Ewigkeit, der untrennbaren Verknüpfung von Anfang und Ende und damit als Symbol der Zyklizität. In dieser Verbindung wird Uroboros zum universellen Bild des Kosmos. Was er umschlingt, ist die geordnete Welt (der Ma'at), was sich außerhalb befindet, ist Chaos. Die Geschichte des Motivs scheint so alt zu sein wie Ägypten selbst, was Veränderungen und Erweiterungen im Lauf der Zeit nicht ausschließt. Sein Fortleben reichte über die Spätantike hinaus und findet sich noch in der alchemistischen Symbolik.

Rechtmäßigkeit der Horusherrschaft in der Welt. Zwischen Versöhnung und Zähmung wurde die eruptive und unberechenbare Kraft des »zauberreichen« Gottes in Bahnen gehalten. Das diente dem Gleichgewicht des Kosmos, der immer wieder von der Apophis-Schlange gefährdet wurde, und des Reichs, das seine Feinde von Angriffen abhalten mußte. Daraus folgt, daß sich das Böse, die Übel der Welt, nicht ein für alle Male beseitigen ließen, sondern immer wieder überwunden werden mußten.

Aus der allumfassenden Überzeugung der ständig wiederkehrenden Aktivität des Bösen erwuchs die Notwendigkeit, den Kampf mit dem Bösen von neuem aufzunehmen. Wie neugeboren kam die Sonne aus dem Körper der Uroboros-Schlange (**42**), des »Schwanzbeißers«. Die regenerativen Kräfte der Nacht lieferten den Menschen den Schlaf, der den lebenden Wesen scheinbare Verjüngung spendet. Die Zeit wurde bei diesem Vorgang in keiner Weise zur Umkehr bewegt, weil die Ägypter den Ablauf der Zeit nicht anders empfanden als wir. Sie sahen aber theoretische Voraussetzungen für eine Umkehr der Zeitachse (den Weg vom Greis zurück zum Kind) im Jenseits gegeben. Demzufolge versuchten sie, beste Voraussetzungen für den Jenseitsweg zu schaffen, um der dortigen »Verkehrtheit« Rechnung zu tragen. Die Notwendigkeit von Regenera-

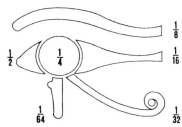

43 Udjat-Auge (Umzeichnung nach Hornung)

Das »**heilige Auge**« (**43**) ist das durch Seth verletzte Auge des Horus, das Thot, der göttliche Arzt, nicht vollständig wiederherstellen konnte. Das kann man an seinen Teilen, die zugleich Schriftzeichen für die Bruchteile des Scheffels waren, erkennen: Ihre Addition ergibt kein Ganzes, sondern nur 63/64.

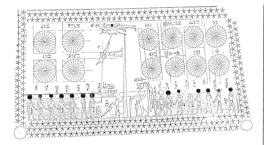

44 »Die ägyptische Astronomie« in den unvollendeten Wandmalereien des Senenmut-Grabes (T 353 in Deir el-Bahari), des Vertrauten der Königin Hatschepsut (Fragment mit der Darstellung der nördlichen Himmelsdecke). Ohne auf Einzelheiten eingehen zu können, muß der Unterschied zu den gewohnten astronomischen Bildern des Abendlands hervorgehoben werden. Die Ägypter bedienten sich einer mythischen Sprache, die immer noch interpretatorische Schwierigkeiten verursacht. Trotzdem zeugen die Darstellungen von sehr exakten Beobachtungen und Kenntnissen, die die Selbständigkeit der ägyptischen Astronomie gegenüber dem vorderasiatischen Wissen über die Himmelsharmonie nachweisen.

tion spiegelte sich in der ganzen ägyptischen Kultur wieder. Die Erneuerungsidee, die z. B. durch unzählige Skarabäen (**33**) und Udjat-Augen (das Heile, **43**) symbolisiert wurde, war prägend für die ägyptische Mentalität und ihren alltäglichen Bezug zur Natur. Man beobachtete das Verschwinden und Wiederkehren ebenso wie das Aufkeimen und Vergehen der Vegetation. Die Kenntnisse über Sonne, Mond und andere Himmelskörper konnten auch im Jenseits hilfreich sein, den richtigen Weg zu finden. Deshalb sind die Achsen der Grabkammern der Pyramidenzeit streng nach N ausgerichtet und weisen in Richtung des Polarsterns. Die Sterne und ihre Bilder, die man auf die Wände und Decken der Gräber malte (**44**), galten als Tabellen der Dekane, die die Stunden bestimmten. Noch im NR waren sie zugleich Zeichen der Regeneration.

Die ikonischen Zeichen, die für Verjüngung und Erneuerung standen, sind kaum zu zählen. Symbol hierfür war u. a. der Lotos, dessen Blüte sich immer wieder schließt und öffnet (**16**), aber auch Frösche, die nach Überzeugung der Ägypter aus dem Schlamm geboren wurden. Noch unter den Christen galten sie als Auferstehungssymbole, weshalb froschartige Öllämpchen populär waren. Zu nennen sind auch Eidechsen, die ihren Schwanz ersetzen können, sich häutende Schlangen, desgleichen Tiere der Wüste wie Antilopen, Hasen und sogar Igel (**45**) als Symbol des fast alles bewegenden Phänomens der Erneuerung, weil sie im

45 Fayence in Gestalt eines Igels aus der Zeit des MR. Er gehörte zu den beliebten Grabbeigaben und besaß eine im magischen Sinne schützende (apotropäische) Funktion. Außerdem wird der Igel mit der Wiedergeburt assoziiert.

Religiöse Vorstellungen

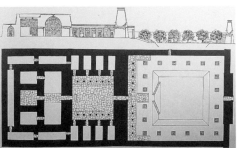

46 Eine ideale Vorstellung eines ägyptischen Tempels (nach Michałowski) mit den symmetrisch angelegten Kammern und Räumen auf beiden Seiten des in das Sanktuarium führenden, leicht aufsteigenden Ganges (vgl. Tempelanlagen in Medinet Habu, Deir el-Bahari usw.)

47 Die symmetrisch angelegten Pfeiler (NR) in der Karnak-Anlage spiegeln zugleich den ägyptischen Aspekt der Dualität durch die Wappenpflanzen des Landes, Papyrus und Lotos, wider.

Reich des Todes, als das die Wüste galt, überdauern konnten.

Die Überzeugung von der Wirksamkeit dieser regenerativen Kraft des Jenseits und nicht, wie es vordergründig scheinen mag, die Ausrichtung auf Tod und ewige Dauer war für das Denken der Ägypter entscheidend. Wie ihre Götter wollten auch sie die Schwelle des Todes durch Verwandlung überwinden. Ihre Gottheiten waren nicht unsterblich wie die des Olymp, sondern »unbegrenzt wandlungs- und erweiterungsfähig« (E. Hornung), was in ihren oft verwirrenden mannigfaltigen Erscheinungen zum Ausdruck kommt. Aus dieser beinahe alles implizierenden mythischen Überzeugung ergaben sich weitgehende Konsequenzen für die real existierende Welt, die Vorstellungen vom Jenseits und vom ›Staat‹. Sie alle befanden sich immer in einem Spannungsfeld, das aber nur als komplementäre Einheit (s. S. 31) begriffen werden darf. Es konnte nichts vollkommen sein, weil es erweiterungsbedürftig war und bleiben mußte. Deshalb vermied man auch die auf den ersten Blick harmonisch wirkenden Symmetrie (**46**, **47**). Die Gesetze der Symmetrie wurden zwar streng, aber nicht absolut eingehalten. Erweiterung als Ausdruck der unvollendeten Schöpfung war zum Prinzip erhoben, dem wahrscheinlich auch die Tempelbauten folgten.

Diese phänomenologischen Voraussetzungen der Erfaßbarkeit des Universums und des Menschen sind Grundlagen für das Verstehen der weiteren Elemente der mythischen Vorstellungen, die untrennbar mit ihren sichtbaren Manifestationen verwoben waren und nur als Einheit zu begreifen sind. So sind die Jenseitsvorstellungen, deren Manifestationen man heute überwiegend begegnet, z. B. in den alles überragenden Pyramiden, Abbild des kosmischen und des irdisch-menschlichen Geschehens.

Jenseitsmythos und Jenseitsglaube

Es ist unsere Gewohnheit, so vom Totenglauben und Totenreich im Alten Ägypten zu sprechen, als ob diese Phänomena mit unseren Vorstellungen vom Ende des Lebens gleichzusetzen wären. Doch für den mythisch denkenden Ägypter galten offenbar andere Voraussetzungen. Jeder Verstorbene wollte zu Osiris gelangen, um damit der Göttlichkeit des Königs teilhaftig zu werden. Die Jenseitsvorstellungen – im ägyptischen Sinn der Erweiterung – entwickelten sich durch die Jahrtausende zu einer immer genauer begründeten Sicht auf jenseitige Vorgänge, die zu Vorstellungen vom »Letzten Gericht«, von der Hölle als »schwarzem Loch«, aus dem es kein Entrinnen mehr gibt, und vom »Elysium«, dem Zustand der Glückseligkeit, führten. Daraus resultierten auch das ethische und soziale Verhaltensmuster, weil dieselbe Ma'at sowohl das diesseitige also auch das jenseitige Leben bestimmte.

Grundlegend hierfür dürfte die ägyptische Ansicht gewesen sein, daß der Tod nur eine »Verwandlung des Menschen« bedeutet. Der König als göttliches Wesen hatte sich allerdings mit einer anderen, jenseitigen Wirklichkeit auseinanderzusetzen als seine Untertanen. Er stieg zum Himmel auf und wurde eins mit seinem göttlichen Ebenbild (**48**), der Mensch dagegen blieb auf seinem Weg durch die Unterwelt immer noch der Erde verhaftet. Deshalb sind bei den überlieferten Hinweisen auf ägyptische Jenseitsvorstellungen grundsätzlich zwei Kategorien zu unterscheiden: die, die der allgemeinen Sphäre der Menschen zuzurechnen sind, und jene, die exklusiv für den König gedacht waren.

Wenn man sich das Jenseits der Ägypter vorzustellen versucht, darf nicht außer acht bleiben, daß es auch eine schreckliche Vorahnung vom Tod als einem Verschwinden im Nichts gab. Das konnte

48 Ramses I. zwischen dem Sonnengott und dem »Herrn des Jenseits« in den Wandmalereien seines Grabes im Tal der Könige (Nr. 16)

49 Grabwandmalerei mit der Trauerbarke des Begräbniszuges zum Westufer, dem Ufer der untergehenden Sonne, auf dem man das Weiterleben nach dem Tod als gewährleistet erachtete.

»Die Zeit, die man auf Erden verbringt, ist nur ein Traum./ Aber ›Willkommen, wohlbehalten und heil‹ sagt man zu dem, der den Westen erreicht hat.« (nach Assmann, Tod, 195)

Religiöse Vorstellungen

50 Die Scheintür aus Holz, Zeit des Unas (5. Dynastie) im Grab des Ika (heute ÄMK, JE 72201) vermittelt zugleich eine Vorstellung von der frühägyptischen Holz-Lehm-Architektur, Vorbild der sich später etablierenden Steinarchitektur im Bereich der Grabbauten.

51 Typische Opfergrabkammer mit Nische, in der die Bildnisse des Verstorbenen mit seiner Gemahlin aus dem Felsen herausgehauen wurden (zu sehen ist nur noch die Sitzbank), hier in den Felsgräbern von El-Kab in Oberägypten, nordöstlich von Edfu. Die Gräber wurden im MR und im NR errichtet.

52 BA-Vogel in der Wandmalerei des Sennedjem-Grabes (NR) in Deir el-Medina. Er wird meist mit der griechischen Psyche verglichen.

z. B. durch Ertrinken geschehen – deshalb scheute man Seereisen –, aber auch wenn man nicht in Ägypten begraben werden konnte oder durfte. Diese Ausnahmen änderten aber nichts an der alles dominierenden Vorstellung vom Jenseits. Die Ägypter führten ihr Leben in der Art eines ›Rentensicherers‹, wobei sie ihre ›Pension‹ in der regenerativen Funktion des Jenseits sahen. So sprach der weise Ani: »*Statte deinen Platz im Friedhof wohl aus, und die Sargkammer, die deinen Leichnam bergen wird. Stell dir das vor Augen als eine Pflicht, die zählt. Wer es so macht wie die großen Alten, die jetzt in der Unterwelt ruhen: Kein Tadel kann den treffen, der so handelt. Es ist gut, dich zu rüsten; wenn dann ein Bote kommt, dich zu holen, so soll er dich bereit finden, an deinen Ruheplatz zu gehen; dann sage: ›Ja, hier kommt einer mit, der sich auf dich vorbereitet hat.*‹« (Brunner, Weisheit, Nr. 10, 95–104).

Das Grab als Zugang zur Unterwelt wurde zum »Haus des Westens«, zu einem besseren als sein diesseitiges Vorbild. Man wollte es ›später besser haben‹. Das Konzept und die Einrichtung der »Häuser

des Westens« versinnbildlichte die Zukunftsvision des Ägypters, zugleich liefert es uns eine Vorstellung vom tatsächlichen irdischen Leben, seinen sozialen Strukturen, Sitten, Freuden und allen menschlichen Belangen.

Das Grab, »das Haus des Westens«, sollte mit seiner Opferkammer (**51**) und durch den BA-Vogel (**52**), der sich vor der Beisetzung von dem Leichnam trennt, die ständige Kommunikation zwischen dem »zu seinem KA«, also ins Jenseits gegangenen Menschen und jenen, die noch im Diesseits wirkten, gewährleisten.

Die drei Seelen – BA, KA, ACH – werden immer noch kontrovers diskutiert. Dem klaren BA-Begriff steht KA gegenüber, zu verstehen als geistiger »Doppelgänger« (**64**) der irdischen bzw. himmlischen Gestalt (so formt der Gott Chnun auf der Töpferscheibe sowohl die Gestalt als auch ihr KA). Es handelt sich um das geistige und jenseitige Abbild des Indviduums, das Spiegelbild des schöpferischen Kontinuums, das der ewigen Reproduzierbarkeit entspricht – heute könnte man es den Genen gleichsetzten. Der schlimmste Fluch, ›sein KA soll von ihm entfernt sein‹, mag diese Auffassung bestätigen. ACH, als »verklärter Ahnengeist« (J. Assmann), kann als Lichtgeist, als Partikel der himmlischen Unsterblichkeit und damit als Bindeglied zur Sicherung der Ewigkeit verstanden werden.

Der Leichnam mußte, um das »Haus des Westens« mit »Leben« erfüllen zu können, sorgfältig bewahrt werden, was später zu seiner Mumifizierung führte (**75**). Die Mumie lag in einem Sarg. Die Grabkammer blieb den Besuchern unzugänglich. Nicht so die Opferkammer mit dem sogenannten Serdab, in der stellvertretend für den Verstorbenen dessen durch das Mundöffnungsritual belebte Plastiken standen. Diese Statuen waren also keine Denkmäler, sondern »belebte« Figuren, namentlich bekannte Personen. Einer lebt, wenn sein Name genannt wird – ohne Namen existierte man nicht.

Für die im Jenseits Weiterlebenden wurden neben formalen Bedingungen auch alle anderen Voraussetzungen geschaffen, die das Sein in jener Welt ermöglichen und verbessern sollten. Man nahm in die Räume des »Hauses des Westens« alles mit, was für ein gutes Leben unerläßlich war. Grabausstattungen wurden Spiegelbilder des irdischen Lebens. Ungeplünderte Privatgräber enthielten ein vollständiges Inventar: Neben Hausausstattung fanden sich Geräte für den

Ursprünglich fand eine sorgfältige **Beisetzung** des Leichnams in Hokker- bzw. embryonaler Position statt, erst um 2700 nahm man die Bestattung in geflochtenen Körben vor, später in Holz- und Steinsarkophagen, die schließlich um 2000 antropomorph gestaltet wurden. Sie wurden mit Texten und Bildern versehen, die bis in die Spätzeit in Zusammenhang mit der Grabausstattung und der Huldigung an Osiris standen. Das **Mundöffnungsritual** diente in erster Linie der Belebung und Beseelung der plastischen Werke, später auch der Mumien. Als Opferritual schon in archaischer Zeit vorhanden, lebte es bis in die römische Kaiserzeit, in der es auf einem Papyrus aus dem 2. Jh. n. Chr. in 75 Szenen dargestellt wurde.

53 Beispiele für Uschebtis aus der Zeit zwischen der 19. und 26. Dynastie aus Ton und glasiert (Fayence). Liv.

Uschebtis sind kleine Diener-Figurinen, die die Aufgabe hatten, im jenseitigen Leben alle schweren Arbeiten zu übernehmen; deshalb ihr Name: »Hier bin ich« (um dir, Herr, zu dienen).

54 Der Grabherr vor dem Opfertisch sitzend, AR. Die Gaben werden aufgezählt.

55 Strafende Göttin (mit Messer) vor Gefangenen, denen ihre abgeschlagenen Köpfe vor die Füße geworfen wurden (6. Abschnitt des ›Höllen‹-Buches im Grab - Ramses' VI., Tal der Könige Nr. 9)

persönlichen Gebrauch, Kleider, Speisen und Getränke, Möbel, Geschenke (oft des Königshauses) aus Gold und Silber, aber auch kultische Gegenstände, wie z. B. Uschebtis (**53**), und Totenbücher. Aufgrund dieser Hinterlassenschaft läßt sich das Leben im Alten Ägypten relativ gut rekonstruieren. Dabei darf man nie vergessen, daß für die Ägypter das andere, jenseitige Leben viel wichtiger und wertvoller war als das dieseitige. Dennoch sind die Grabbeigaben wohl Abbild dessen, was man in Ägypten kannte und schätzte.

Um die Verfügbarkeit über den gewünschten Wohlstand zu gewährleisten, bediente man sich einer magischen Sicherung durch Bild und Wort an den Wänden der Gräber. Deshalb sind in Mastabas des AR Opfergaben aufgezählt, die Tausende von Broten, Bier- und Weinkrüge, Ochsen, Gänse erwähnen und zeigen (**54**). Im NR kommen Szenen dazu, in denen die Landarbeiten von der Aussat bis zur Ernte (**91, 99**), Jagdszenen und die Weinherstellung (**98**) in Bildern festgehalten wurden, um in magischer Weise die weitere Ernährung zu sichern. Das alles geschah neben den diesseitigen Vorkehrungen für die immer erneuerungsbedürftigen Opfergaben durch Stiftungen des Verstorbenen. Die Stiftungen, die aus der Erbmasse des Verstorbenen ausgeklammert blieben, wurden von einem Totenpriester verwaltet.

Einige Jenseitsbereiche des ›Privatmanns‹ leben in der abendländischen Tradition fort. Dazu gehören sowohl das »Jenseitsgericht« (**56**) – Vorbild für das Jüngste Gericht –, Vorstellungen von der Hölle (**55**), aber auch von der Erlösung vom Tode.

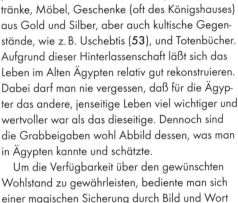

Diese Gedankenwelt resultiert aus dem Osirianischen Mythos, der im Lauf der Zeit an Bedeutung gewann. Osiris war der Herr des Jenseits und Vorsitzender des Jenseitsgerichts, dem noch Anubis, Thot, der die Sünden

aufschrieb, die
42 Beisitzer und
die vier Söhne des
Horus angehörten
(138). Das Herz
des Verstorbenen
als Träger seiner

menschlichen Eigenschaften wurde dabei auf die
Waagschale gelegt und gegen die Ma'at als
Maß der Gerechtigkeit und Wahrheit auf-
gewogen (38, 56).

Dem Urteil konnte sich niemand entziehen.
Wenn jemand wegen seiner Sünden verurteilt
wurde, erwartete ihn die Hölle, die mit Vernichtung, Ausradierung aus der Erinnerung der
Menschheit, Auflösung des Individuums und un-
beschreiblichen Qualen gleichzusetzen war. Diese
»Verdammten«, wie sie von den Ägyptern genannt
wurden, mußten an engen, dunklen, erbärmlich
stinkenden Orten ausharren, ihren Urin trinken,
Exkremente essen und wurden von flammenden
Schwertern zerstückelt. Die Berichte sind voll
grauenhafter Bilder, die später von den antiken
und judeo-christlichen Kulturen übernommen
wurden und über Jahrhunderte die Literatur
beeinflußten (so auch die *Divina comedia* Dantes).

Solche Höllenqualen blieben dem König als
göttlichem Wesen, als Sohn des Re, erspart. Sein
Ableben gestaltete sich anders, er nahm eine Sonderstellung ein, die mit dem Verständnis des sakralen Königtums zusammenhängt.

Das sakrale Königtum –
Die Brücke zwischen Himmel und Erde

Der König, als ein Gott gleichgestelltes Wesen,
nahm eine Sonderstellung ein und unterlag
deshalb einer anderer Bewertungen als seine
Untertanen. Sein Jenseitsweg gehörte aus diesen
Gründen auch zur staatstragenden Idee des
Reichs und unterschied sich wesentlich von den
allgemeinen Jenseitsvorstellungen des Volks.

56 Jenseitsgericht vor dem
thronenden höchsten Richter
Osiris, vor ihm die Waage,
die von Anubis bedient wird.
Links davon steht Thot, der
das Urteil aufzunehmen hat.
Grabmalerei aus der Oase
Dachla, Massauka, römische
Zeit

57 Umzeichnung des heute
nur noch sehr schlecht sichtbaren Reliefs aus dem Luxor-
Tempel, das die Vereinigung
des Gottes Amun (in Gestalt
des Königs) mit der Auserwählten (hier die Mutter Amenophis' III, Mutemuja) zeigt.
Es handelt sich dabei um eine
Manifestation der göttlichen
Legitimation des regierenden
Königs, der durch den Ge-
burtsmythos, dessen Haupt-
szene hier festgehalten ist,
seine göttliche Herkunft
bestätigen läßt.

58 König Mykerinos (Menkaure) in Begleitung der Göttin Hathor (mit Kuhhörnern und Sonnenscheibe) und der Gaugöttin (mit der Gaustandarte); ÄMK, JE 46499

59 Eine von unzähligen Statuetten des Osiris als Herrscher über das Jenseits mit den königlichen Attributen Wedel, Zepter, Bart und Krone. Bronze (H. 23 cm) aus der 26. Dynastie. Liv. M 11396

Die legitime Machtausübung des ägyptischen »Gott-Königs« findet ihre Begründung in dem Dogma vom sakralen Charakter der Herrschaft. Die Institution des sakralen Königtums wurde während der mehr als 4000jährigen Geschichte des Niltals niemals in Frage gestellt. Der ägyptische König, Pharao (semitisch: »das größte Haus«) genannt, war Gott und Mensch zugleich. Eine Begründung dafür findet sich im sogenannten Geburtsmythos des Gott-Königs: Der Mythos, der im NR auf Tempelwänden bildhaft erzählt wurde (57), berichtet von der Auserwählung einer irdischen Königin durch Gott Amun(-Re), von der Zeugung und Anerkennung des göttlichen Kindes als Sohn der Sonne und legitimer Thronerbe der »beiden Länder«.

Der König gewährleistete als Mittelpunkt der Welt und des Lebens durch seine kultische Allanwesenheit Harmonie und Ordnung (Ma'at) des irdischen Seins. Eine solche Evidenz wurde durch die Lebendigkeit des Bildes möglich: der opfernde Priester war nur ritueller Stellvertreter des – im kultischen Sinne – handelnden Königs, dessen ikonische Anwesenheit als real empfunden wurde.

Die Königsmythen lieferten das logische Verständnis sowohl für den Pharao als Gottessohn als auch für eine ewige Inkarnation des göttlichen Herrschers Osiris, dessen Sohn Horus zum Herr über die »beiden Länder« geworden war. Der König galt also als irdischer Horus (58). Zugleich wurde er aber zu Osiris (59), wenn er die irdischen Gefilde verließ. So war der regierende König/Horus gleichzeitig der mythische Sohn seines Vaters (Kamutef-Prinzip, s. S. 50). Der Dualität, die der König repräsentierte, waren keine Grenzen gesetzt. Er versinnbildlichte sowohl Horus als auch Seth, aber auch die beiden Schutzgöttinnen: die oberägyptische geiergestaltige Nechbet und die unterägyptische Kobraschlange Uto. Die mythisch bezeugte Programmatik schlug sich in den Königsnamen und der Titulatur nieder. Alle Königsnamen sind nicht nur theomorph – z. B. Amenemhet

(= Amun ist der Erste),
Amenhotep (= Amun ist
zufrieden) –, sondern sie
wurden seit prähistori-
scher Zeit gleichzeitig mit
dem Horusnamen als
Thronnamen »Horus im
Palast« (147) ausgestat-
tet, was sich vortrefflich
in der Narmer-Palette
(60) manifestiert. Die
Tier-Aspekte des Königs,

noch um die des Löwen (Sphinxplastiken [159,
174]) und Stiers (»der starke Stier«) erweitert, gehen auf uralte, archaische Formen zurück, die bis
heute in einigen afrikanischen Gesellschaften als
Machtinsignien vorkommen. Diese Bilder und Attribute charakterisieren den König als archaisch-my-
thische Institution. Spuren dieser Attribute finden
sich in der rituellen Königsbekleidung, die ihn eher
den Göttern als seinen Untertanen gleichstellt. So
trug der Herrscher einen rituellen Bart, einen Lö-
wen- bzw. Stierschwanz und sogar ein Pantherfell.
Zu den wichtigsten äußerlichen Insignien gehörten
die Kronen, die Weiße von Oberägypten und die
Rote von Unterägypten, die später zur sogenannten Doppelkrone wurden (62). Auch der geboge-
ne Hirtenstab und die »Geißel« (ursprünglich handelte es sich vermutlich um einen Fliegenwedel)
gehörten zum offiziellen Bild des Königs (61). Die
gottähnliche Natur des Pharao umgab ihn mit einer Aura magischer Wirkung, alle seine Handlungen unterlagen festen Regeln und wurden zu Be-
deutungsträgern, die in erster Linie den Göttern
und erst dann den Menschen erkennbar waren.

Nach der Auserwählung und Thronbesteigung
begann der König, der »niemals schläft«, sich Tag
und Nacht um das Wohlergehen des Landes zu
kümmern. Dazu gehörten nicht nur die Erweiterung der Tempelbauten, sondern auch die Errichtung der eigenen »Stätte der Dauer«.

60 Die Narmer-Palette aus Schiefer (H. 64 cm, B. 42 cm, ÄMK, JE 32169) stellt das hervorragendste Dokument der Vereinigung der »beiden Länder« dar. Auf der einen Seite erscheint der dominierende König in der Weißen Krone beim »Erschlagen der Feinde«, auf der anderen Seite in der Roten Krone bei der Prozession in den Horus-Tempel.

61 Die monumentale Plastik Ramses' II. im ersten Hof des Karnak-Tempels, später usurpiert durch Pinodjem I. aus der 21. Dynastie

62 Der König in der Doppelkrone der »beiden Länder« in Begleitung von Göttinnen, die seinen sakralen Charakter unterstreichen. Bemaltes Relief, Medinet Habu

Lobgesang an König Ahmose (1550–24): »Der Horus ›Groß an Verkörperung‹, die beiden Herrinnen ›Vollkommen an Geburt‹, Goldhorus, ›der die beiden Länder verknotet‹, König von Ober- und Unterägypten Neb-pehti-Re, Sohn des Re, den er liebt, Ahmose, der ewig lebt. Des Amun-Re lieblicher, geliebter Sohn, sein Erbe, dem sein Thron gegeben wurde; der verkörperte Gott in Wahrheit, der die Arme ausspannt, kein Falsch ist an ihm. Macht, die es dem Sonnengott gleichtut, Sproß des Geb, sein Erbe, der jubelt in Herzensweite; Abkömmling des Re, den er geschaffen hat, Bewahrer, den er auf Erden eingesetzt hat.«
ÄHG, 232

Zwar legitimierte nur die Gottessohnschaft zum Herrscher, dies schloß aber eine Regentschaft anderer nicht aus. So erfreute sich z. B. die »große königliche Gemahlin« eines großen Einflusses, ohne jedoch als Horus/Osiris zu fungieren. Daher ließ Hatschepsut, nachdem sie den »Thron der beiden Länder« bestiegen hatte, sich als männlicher Herrscher darstellen.

In mythischem Sinn, nach dem Vorbild der Vater/Osiris – Sohn/Horus Nachfolgerschaft, galt die erbliche Sukzession als Idealfall. Über sie wurde in erster Linie nach dem Mutterprinzip entschieden, das die Mutter als die von Gott auserwählte Gemahlin begriff. Gab es keine Söhne, sondern nur Töchter, was häufig bei sehr früh verstorbenen Pharaonen vorkam, übernahmen die Schwiegersöhne die Nachfolge. Weil für keinen der zahlreichen Prinzen die Auserwählung zum Horus ausgeschlossen werden konnte, wurden alle in gleicher Weise erzogen und ausgebildet. Neben dem Studium von Schrift und Literatur unter der Aufsicht ehrwürdiger Lehrer übten sie sich in Leibesübungen, in Jagd und Kampf. Die Übernahme der königlichen Funktion glich einem kultischen Vorgang, der mit Gebet, Hymnen und Ritualen die Göttlichkeit des Pharao auf Erden hervorhob. Wie aber ist diese Göttlichkeit, von der die Quellen sprechen, zu verstehen?

In der Göttlichkeit des Königs verwirklichten sich die mythischen Vorstellungen, von denen de facto alles, was im Alten Ägypten stattfand, abhing. Zum Verständnis bietet sich ein Vergleich aus dem christlichen Kulturkreis an. Es handelt sich dabei um die seit fast 2000 Jahren andauernde Diskussion über die Natur Christi: Ist sie nur göttlich oder göttlich und menschlich zugleich? Diese Frage kann man ohne weiteres auch bezogen auf die Natur des ägyptischen Königs stellen. Dabei muß uns aber bewußt sein, daß der Ägypter diese Frage nicht einmal formulierte, geschweige denn darüber spekulierte. Damals gab es noch keine Trennung zwischen Sakralem und Profanem, sondern nur eine Glaubensüberzeugung, deren rudimentäre Formen bis in mittelalterliche Vorstellungen vom »gottgewollten Königtum« fortwirkten.

Der Pharao war der Garant für die immer gefährdete Harmonie, die ausschließlich durch ihn gewahrt werden konnte. Nur die Kontinuität seines »Königseins«, das zugleich untrennbar mit seiner irdischen Erscheinung als inkarnierter Horus-Re verbunden war, vermochte das Reich zu sichern. Die Verletzbarkeit der kosmischen Ordnung verursachte bei den Ägyptern eine dauerhafte Angst vor der Isfet, dem Chaos. Die Worte des Propheten Neferti (18. Jh.), die im NR sehr populär wurden, drükken das überzeugend aus: *»Was geschaffen war, ist zerstört. Re kann mit der Schöpfung von vorn anfangen. Das Land ist ganz zugrunde gegangen ohne einen Rest, nicht einmal das Schwarze unter dem Fingernagel ist übriggeblieben von dem, was er (Re) bestimmt hat.«* (nach J. Assmann).

Deshalb war die Königstheologie, die in keiner Weise einer Ideologie gleichgesetzt werden kann, eine unentbehrliche, alles bedingende Überzeugung, ein Dogma. In der Existenz und den sich ständig erneuernden und erweiternden Leistungen des Königs als des kontinuierlich vorhandenen »Sohns der Sonne« manifestierte sich eine Größe und Güte, die alles in der Welt und sogar die Welt selbst bedingte und sicherte. Aus einem solchen Verständnis des sakralen Königtums ergaben sich weitreichende Konsequenzen, die das gesamte Erscheinungsbild der altägyptischen Mentalität und Kultur prägten und bestimmten.

Die altägyptische Phraseologie war auf den König bezogen und bedarf einiger Erklärungen. Wenn der Herrscher als Gott oder als Sohn der Götter bezeichnet wurde, dann kam darin nicht unbedingt seine Identität mit diesem oder jenem Gott zum Ausdruck, sondern eine Wesensgemeinschaft. Der König war also nicht Seth, sondern im Kampf »wie Seth«; er war nicht Hapi, sondern

63 Die stillende »Gottesmutter« Isis im Relief des Mamisis im Bereich der ptolemäischen Tempelanlage in Dendera

64 Doppelstatue Amenemhets III. (12. Dynastie) als Nilgott Hapi aus grauem Granit (H. 160 cm), seit dem MR besonders beliebter Ausdruck der königlichen Macht über die »beiden Länder«, denen er Fruchtbarkeit spendet, die sich hier durch die Fische des Nils manifestiert. ÄMK, JE 18221

65 Teil der Fassade des großen Tempels Ramses' II. von Abu Simbel mit den zwei rechten Kolossen, die den König als Sonnengott (Hekatawj, Re-Harachte) zeigen. Sie trugen die Namen Meri Amun und Meri Atum und manifestierten die Göttlichkeit des Königs nach außen.

66 Der Pharao nimmt den Tribut der Fremden entgegen: die abgeschlagenen Hände der gefallenen Feinde. Relief an der äußeren Tempelwand von Medinet Habu aus der Zeit Ramses' III.

sorgte »wie Hapi« für die Ernährung des Landes (**64**). Das hinderte ihn jedoch nicht daran, mit einigen Göttern, insbesondere mit dem Sonnengott Re, eine Personalunion einzugehen. Beiworte wie »Sonnenkönig, Sonnenscheibe der Menschen« verdichteten sich seit dem MR bis zur völligen Identität des verstorbenen Königs mit der Sonne: »*Ich bin du, und du bist ich, dein BA ist mein BA, dein Lauf ist mein Lauf durch die Unterwelt*«, spricht der Pharao zu Re. Im NR strebte der lebende König diese Identität an, die in den Tempel von Abu Simbel durch die steinerne Verewigung des Sonnengottes Ramses II. (**65**) in den monumentalen Plastiken ihren Höhepunkt erreicht hatte. Sein Glanz ›überflutete‹ alles und alle. So wie das Licht die Finsternis vertreibt, so vertrieb auch er die Feinde des Landes. Der solare Aspekt des Wirkens des Pharao wurde beinahe der Schöpfung gleichgestellt. Er siegte, triumphierte, nahm den Tribut der Fremden entgegen (**66**), wurde zum erfolgreichen Jäger und Kämpfer, strebte die Herrschaft über »alle Länder und alle Fremdländer« an, errichtete Pyramiden, Tempel, Obelisken, Stelen und Statuen und erweiterte alles ständig, ohne je an ein Ende zu gelangen. Man möchte beinahe sagen, der Weg zur Erweiterung des Bestehenden war sein Ziel. Dieses Prinzip läßt sich signifikant in der Entwicklung der Königsgrabanlagen des NR feststellen: von den bescheidenen, mit kleinen Räumen ausgestatteten unterirdischen Anlagen bis zu den riesigen Grabpalästen der Ramessiden.

Das zweite zentrale Prinzip der Erneuerung trat im entscheidenden Sed-Fest zu Tage. Nur wenigen Königen war es während ihres irdischen Daseins vergönnt, dieses Ereignis zu erleben, das nach 30 Regierungsjahren zum ersten Mal stattfand. Deshalb feierten es die meisten erst in der jenseitigen Existenz. Auch noch mit dem Eintritt in das Jenseits blieb der Wunsch nach einer ständigen Erneuerung der Regierungsfähigkeit erhalten.

Letztlich unterstand alles der Ma'at, vor der auch der König für die Harmonie zwischen Reich und Natur, für die Gerechtigkeit gegenüber den Schwachen und als höchster Priester für die richtige Ausübung des Kults verantwortlich war. Eine solche Aufgabe erlaubte es den ägyptischen Königen nicht, zu Despoten zu werden und die Bürokratie zu einem erstarrten Verwaltungsapparat verkommen zu lassen. Die Priesterschaft kam erst relativ spät und nur kurz an die Macht, sie konnte sich nicht auf Dauer durchsetzen. Die Institution des ägyptischen sakralen Königtums ist eine der ältesten Staatsformen in der Geschichte der Menschheit und überdauerte nicht nur das Reich der Pharaonen. Es setzte sich auch bei den Fremdherrschern – Persern, Griechen und Römern, die sich in Ägypten als einheimische Könige darstellen ließen durch, um dann die Sakralität der abendländischen Herrscher zu bestimmen (**68**).

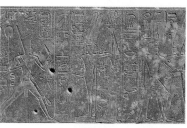

67 Ein Block aus rotem Granit aus der zerstörten »roten Kapelle« der Hatschepsut in Karnak mit der Darstellung des rituellen Laufs zur Erneuerung der Kräfte des Herrschers im Rahmen seines nur ihm zustehenden Sed-Festes

»Der Eine und die Vielen« – Die Götterwelt

Seit alters her sprechen ägyptische Bilder und Texte von Gott und Göttern. Die Ägypter bezeichneten mit dem Wort nčr (sprich: *netscher*, bzw. *nātschir*) jeden beliebigen Gott, ohne jedoch auf andere Namen und deren Attribute zu verzichten. Die ägyptischen Götter stimmten im Gegensatz zu den griechischen nicht mit den kosmischen Elementen überein, die sie verkörperten. So hieß Erde z.B. t', ihre göttliche Verkörperung dagegen Geb (**28**). Die sogenannten Ortsgottheiten wurden im Lauf der Zeit immer universeller. So gab es auf der Insel Elephantine (**6**), die lange als die südliche Grenze Ägyptens galt, seit archaischer Zeit Sanktuarien des Gottes Chnum und der ›Kataraktengöttin‹ Satis, zugleich aber kennen wir schon in Memphis Belege für die Popularität dieses Götterpaars.

68 Die kanonische Königsikonographie, die den Herrscher beim »Erschlagen der Feinde« zeigt, hat sich seit der Narmer-Palette (**60**) kaum verändert. Hier ein römischer Kaiser als Pharao, Relief am Esna-Tempel

69 Der Krokodilgott Sobek, dessen bekanntestes Kultzentrum in Kom Ombo (zusammen mit Haroëris) lag, wird hier als der lebensspendende Beschützer Amenophis' III. in einer Alabaster-Plastik (H. 256 cm), die erst 1967 bei Gebelen gefunden wurde, dargestellt. Luxor-Museum (N° 155)

Serapis ist eine klassische, spätägyptische synkretistische neue Göttergestalt, die unter dem Einfluß des Hellenismus sowohl die ägyptische Tradition des Osiris als auch die des griechischen Zeus in sich untrennbar vereinigt hat.

Es entstand eine gewisse Gleichzeitigkeit im Sinne der ägyptischen Dualität: Die Götter waren sowohl lokal als auch universell. Sie konnten als Personifikationen von Orten, Gauen, Bezirken, aber auch von Gestirnen, Bäumen, Tieren, des Nils, der großen Seen und schließlich sogar von Abstraktionen vorkommen. Mircea Eliades Begriff der »Hierophanie« (s. S. 27) erscheint daher recht zutreffend, wenn auch nicht komplex genug. Hierzu sei auf die Personifikationen von numinosen Kräften hingewiesen, etwa auf die planende, in die Zukunft schauende »Einsicht« (Sia), den schaffenden »Ausspruch« (Hu), den man mit dem wirkenden »heiligen Wort« zu vergleichen suchte, und schließlich den »Zauber« (Heka) als der Erfüllung, der gestalterischen Kraft des Wortes. Diese anthropomorphen Personifikationen mußten nicht notwendig in einen Sonderkult münden, was zur Folge hatte, daß es im Alten Ägypten Götter gab, die keine Tempel und keine Priester hatten, was jedoch niemanden hinderte, sie in Tempelreliefs oder in Sarkophagmalereien darzustellen.

Unter den Personifikationen sind auch zoomorphe Göttergestalten zu finden, z. B. der Krokodilgott Sobek (**69**) oder zahllose Vogelgottheiten. Andererseits ist festzuhalten, daß einige Naturerscheinungen niemals oder erst sehr spät, etwa unter dem Einfluß fremder Kulturen, göttliche Personifikation erfuhren. In diesem Zusammenhang ist an das Meer, an menschliche Emotionen wie Angst und Liebe, aber auch an Zeitphasen wie Tag und Nacht zu denken. Hinzu kommen Charakteristika, die sich nur langsam entwickelten. Sie betreffen nicht die ausgeprägt geschlechtliche Paarbildung der Götter: männlich/ weiblich, z. B. Amun/Amaunet, ihre Vielnamigkeit und Hierarchie, sondern ihre besondere Fähigkeit der »Einwohnung«, des Aufgehens in einem anderen Gott. Das führte zu den besonders seit dem NR bekannten Götterverbindungen, wie z. B. Amun-Re, Re-Harachte usw. Sie werden manchmal fälschlich als »synkretistisch« bezeichnet, obschon es sich nicht um neue Göttergestalten wie etwa bei dem sich später herausgebildeten Serapis (70) handelte. Es geht dabei auch nicht um eine Synthetisierung der Eigenschaften eines Gottes mit denen eines anderen, sondern um eine Simultaneität der erscheinenden und verehrten Gottheiten, die sich damit einer hierarchischen Struktur entzogen und sowohl gleichzeitig wie gleichwertig blieben.

Zu diesen phänomenologischen Charakteristika können äußerliche bzw. formale Merkmale, die sich seit den frühesten Zeiten in tausendfach wiederholten ikonischen Zeichen (Bildern) und Texten manifestierten, hinzukommen. Sie weisen ein konstantes, hochentwickeltes religiöses System auf. Es war in lebendige Mythen eingebettet, die nicht nach griechischer Art eine geschlossene Mythologie, sondern einen kultisch relevanten Zusammenhang bildeten, in dem sich einige Mythen-Zyklen als eine Art von ›Gründungslegenden‹ nachvollziehen lassen. Zu ihnen gehörten nicht nur die der Schöpfungsgeschichte, sondern auch die Vorstellungen vom sakralen Königtum. Man kann hier nicht alle nennen, aber der Osirianische Zyklus darf nicht fehlen, weil er universalistisch geartet ist und von Plutarch in mythologischer – dem Ägypter fremder – Manier nacherzählt wurde.

Plutarch überlieferte einen ätiologischen Mythos über den Ursprung der Götter, den er in das kosmologische Geschehen einband. Dabei entstanden Verwandtschaftsbeziehungen, die uns verwirrend erscheinen. Die Geburten der Götter erfolgen bemerkenswerterweise an fünf aufeinanderfolgenden Tagen: Am ersten Tag kam Osiris zur Welt, am zweiten Haroëris (= Horus, »manche

> »Isis und Osiris liebten einander schon vor ihrer Geburt und wohnten einander im Mutterleibe in der Finsternis bei. Einige behaupten, auf diese Weise sei Haroëris (Horus) gezeugt worden.«
>
> Plutarch, De Iside

70 Die aus ägyptischen und griechischen religiösen Ideen gebildete Universalgottheit Serapis feierte Triumphe unter den Ptolemäern in Alexandria. Der Kopf gehörte wahrscheinlich zu einer thronenden Statue und trägt deutlich hellenistische Züge, die das Ägyptische kaum noch spüren lassen. Alexandria, Serapeion, um 150/160 n. Chr. GRMA, Nr. 3914

Der von mir eingeführte **Simultaneitätsbegriff** als Bezeichnung für alle möglichen und erdenklichen Götterverbindungen scheint der sakralen Wirklichkeit des Alten Ägypten am besten zu entsprechen. Die Götter stehen in gewissen Konstellationen auf einer gleichen Ebene, sie sind nicht identisch, sondern komplementär und können jederzeit getrennt erscheinen. Ihre Verbindungen, die bis zu vier Gottheiten umfassen können, bilden eine transzendente Einheit.

Religiöse Vorstellungen

71 Papyrus Ani (Ausschnitt, BM, 10.470) aus der Ramessidenzeit (frühe 19. Dynastie). Osiris im heiligen Schrein. Der innere Raum wird von Papyrusbündelsäulen getragen (am linken Rand zu erkennen). Der Sockel symbolisiert als Hieroglyphe die kosmische Ordnung, die auch für das Reich des Osiris zu gelten hat. Vor Osiris stehen auf einer Lotosblüte die vier Horussöhne und hängt eine Kuhhaut, eine Anspielung auf den Fetisch »Imiut«. Der Fetisch knüpft wohl an archaische Bräuche an, als der König in einer Stierhaut bestattet wurde. Vielleicht deutet er aber auch Verbindungen zum Himmelskuh-Mythos an. Hinter dem thronenden Osiris stehen die Klageschwestern Isis in grünem und Nephthys in rotem Trägerkleid mit jeweils charakteristischem Kopfputz. Osiris trägt die weiße Atef-Krone mit grünen Federn. Seine Hautfarbe ist, da es sich um eine Vegetationsgottheit handelt, grün.

nennen ihn den älteren Horus«), am dritten auf gewaltsame Art Typhon (Seth), am vierten Isis und am fünften die spätere Gemahlin des Seth, Nephthys, die die Griechen der Aphrodite, manchmal auch der Nike gleichsetzten. Diese Geburtstage der Götter entsprechen den den 360 Tagen zugefügten fünf Tagen des ägyptischen Kalenders (s. S. 10) und ergeben somit das Sonnenjahr. Die innere Logik der mythischen Erzählungen als Welterklärung ist auf diese Weise hergestellt.

Ehen zwischen Geschwistern, aber auch zwischen Söhnen und ihren Müttern waren möglich. Deshalb ist es so schwierig, zwischen Brüdern und Cousins zu unterscheiden. Osiris-Isis-Horus wurden zum sich ständig erneuernden »Kamutef-Prinzip«, in dem Isis im ewigen Kreislauf des Lebens sowohl als Mutter als auch als Gemahlin das ewig Weibliche repräsentierte und damit die Funktion des Männlichen bedingte.

Das göttliche Kind Osiris wurde zum König der Ägypter. Er brachte dem Land in seiner 28jährigen Herrschaft alle zivilisatorischen und kulturellen Errungenschaften, was bei Seth Eifersucht und Feindschaft hervorrief und ihn zu einer Verschwörung verleitete. Er sperrte Osiris in einen Sarg, den er mit seinen Mitstreitern verschloß und ins Meer warf. »*Das geschah, erzählt man, am 17. Athyr (13. November), an dem die Sonne den Skorpion durchläuft.*« Als Isis von dieser Untat erfuhr, begab sie sich auf die Suche nach ihrem Gatten, die sie bis nach Byblos führte, wo Parallelen dieses Mythos mit vorderasiatischen Vorstellungen von Kybele und anderen Muttergottheiten festzustellen sind. Deshalb erstaunt es nicht, daß der Osiris-Sarg als Jungbaum in der Nähe eines Astarte-Heiligtums wuchs. Durch die Kraft der Liebe fand Isis trotz aller Hindernisse den Leichnam ihres göttlichen Gatten und brachte ihn dann nach Ägypten. Dort ließ sie ihn für kurze Zeit unbeachtet, weil sie zu Horus mußte. »*Bei Nacht im Mondschein jagte Typhon in den Sümpfen und stieß auf den Leichnam, er er-*

kannte ihn und zerriß ihn in 14 Teile, die er über das Land zerstreute.« Isis begann voll Trauer die Teile zu sammeln und wieder zusammenzufügen. »Von den Gliedern des Osiris habe Isis nur das Schamglied nicht finden können, denn es sei gleich in den Fluß geworfen worden und der Lepidotos-, der Phragos- und Oxyrynchosfisch hätten davon gefressen, von denen sich die Ägypter unter den Fischen am meisten fernhalten; doch Isis habe anstatt des Schamgliedes eine Nachbildung hergestellt und den Phallos geweiht, dem die Ägypter auch jetzt noch eine Festfeier begehen.«

Nach diesem ersten Teil leitete Plutarch seine Erzählung über zu Horus, der nun die Hauptrolle spielte und als Rächer seiner Eltern auftrat. »Dann sei Osiris aus der Unterwelt zu Horos gekommen, habe ihn für die Schlacht gerüstet und eingeübt und ihn hierauf gefragt, was er für das schönste halte; als er nun antwortete: ›Vater und Mutter, denen Böses widerfuhr, zu rächen‹ ..., habe sich Osiris, als er das hörte, gefreut ... Die Schlacht habe (dann) viele Tage gedauert, und Horos sei Sieger geworden, Isis aber habe den gefesselten Typhon zwar in Empfang genommen, aber nicht getötet, sondern gelöst und freigelassen. Das ertrug nun Horos nicht mit Gleichmut, sondern er habe an seine Mutter Hand angelegt und ihr die Krone vom Haupte gerissen. Doch Hermes (= Thot) setzte ihr (dafür) einen kuhköpfigen Helm auf. Als Typhon den Horos wegen unehelicher Geburt verklagte, sei dieser mit Hilfe des Hermes von den Göttern für echt erklärt, Typhon aber in weiteren zwei Schlachten niedergekämpft worden. Isis indes habe von Osiris, der ihr noch nach seinem Tode beiwohnte, den Harpokrates als Frühgeburt und an den unteren Gliedmaßen zu schwach zur Welt gebracht.«

72 Horus tötet Seth in Gestalt des Nilpferds. Umzeichnung der Szene auf den Wänden des ptolemäischen Horus-Tempels von Edfu. Es handelt sich um ein Ritual, in dem der Osirismörder Seth von Horus vernichtet werden soll. Die Darstellung Seths als Nilpferd drückt dessen Wesenszüge Plumpheit und gewaltige Kraft aus. Zugleich versinnbilicht das Ritual den dynamischen Aspekt der ägyptischen Religion. Das Böse, ohnehin ambivalent, muß immer von neuem bekämpft werden. Diese Polarität gehört zum Wesen der – nicht nur mythischen – Existenz. An den Tempelwänden von Edfu wird der Mythos in beinahe liturgischer Sprache erzählt: »Da erblickte er (den) einen davon (Seth), als (Verkörperung) dieser Feinde, an ein und derselben Stelle bei sich, und augenblicklich warf er seine Harpune auf ihn; er brachte sie (und ihn) sofort herbei und tötete ihn (und sie) vor Re. So machte er ein Ende (mit ihnen) bis (zur völligen) Vernichtung (?) an dieser Stätte, in einem Augenblick.« (nach Kurth, 208)

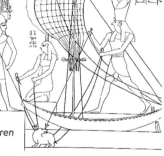

Religiöse Vorstellungen

73 Auf dem Dach des Dendera-Tempels aus der ptolemäischen Zeit befinden sich sogenannte Mysterienräume, von denen der eine durch eine Sternendecke (heute im Louvre, Paris) bedeckt war. In den Räumen, die inzwischen teilweise von Schmutz befreit worden sind, finden sich eine Reihe von Bildern, die sich auf den Osiris-Mythos beziehen und die Auferstehung des Osiris zum Inhalt haben. Manche Forscher nehmen an, daß sich in diesen Räumen auch die entsprechenden kultischen Riten abspielten, so daß die Einheit von Bild und Handlung gegeben war. Diese Mysterien beinhalten Vorstellungen, in denen aus dem belebten Körper des Osiris Getreide aufsprießt. Deshalb gab es die Sitte, aus mit Korn vermischtem Ton Statuetten zu formen, die man in kleine Betten legte. Nach kurzer Zeit sprossen die Keime und »belebten« den osirianischen Körper. Solche mit Osiris verbundenen Szenen waren Teil des osirianischen Zyklus, der in den Mysterienräumen des Isis-Tempels zu Dendera dargestellt ist.

Der die Reichsidee begründende Mythos ist für das Verständnis des ägyptischen sakralen Königtums entscheidend. Er berichtet über den Anspruch der beiden streitenden Götter auf den Thron der »beiden Länder«. Dieser Anspruch, der vom Götterrat, der Neunheit, bestätigt werden mußte, führte zu einer ereignisreichen, für uns oft unverständlichen Auseinandersetzung der beiden Thronprätendenten, die sich im ständigen Kampf ungeheuerliche Verletzungen zufügen: So verliert einmal Horus seine Augen, ein anderesmal Seth sein Glied. Diese Version über die Kämpfe gehört zu den ältesten und ist in den Pyramidentexten des 3. Jt. belegt. Da es sich bei diesen Texten nur um teilweise durch Bilddarstellungen ergänzte Epigramme handelt, finden sich erst in späterer Zeit ausführlichere mythologische Erzählungen, von denen die aus der Zeit Ramses' V. über Charakter und Folgen dieses Kampfs berichten: »*Nachdem Horus mit Hilfe der anderen Götter seine Augen, die ihm Seth geraubt hat, wieder erhalten hat, traten die beiden vor das Götterkollegium, das empfahl den streitsüchtigen Brüdern endlich Frieden zu schließen ... Daraufhin sagte Seth zu Horus:* ›*Komm, wir wollen einen Festtag feiern in meinem Haus!*‹*, und Horus sagte zu ihm:* ›*O ja, das will ich wahrhaftig tun!*‹ *Zur Abendstunde nun bereitete man ihnen die Lagerstatt, und sie begaben sich zu zweit zur Ruhe. Des Nachts aber machte Seth sein Glied steif und schob es dem Horus zwischen die Schenkel, woraufhin Horus aber seine Hände zwischen die Schenkel legte und Seths Samen auffing. Alsdann machte sich Horus auf, seine Mutter Isis zu sprechen:* ›*Komm zu mir, Isis, meine Mutter; komm, daß du siehst, was Seth mir angetan hat*‹*, öffnete seine Hand und ließ sie den Samen Seths sehen, und sie schrie höchlichst empört auf, ergriff ihr kupfernes Messer, schnitt seine Hand ab, warf sie ins Wasser*

und ließ ihm wieder eine gehörige Hand heranrei-
fen. Ferner holte sie ein bißchen wohltuendes Öl
und salbte des Horus' Glied damit; daraufhin
machte sie, daß es steif wurde, hielt es über ein
Töpfchen und ließ seinen Samen hineinfließen. Als-
dann machte sich Isis mit dem Horus-Samen in aller
Morgenfrühe auf zu Seths Küchengarten und sagte
zu Seths Gärtner: ›Welches Gemüse ist es denn,
das Seth hier bei dir ißt?‹ Da sagte der Gärtner zu
ihr: ›Er ißt außer Lattich (= Sexualsymbol für Frucht-
barkeit und den Gott Min) keinerlei Gemüse hier
bei mir‹, und Isis gab den Horus-Samen daran.«
(TUAT III, 944f.)

Diese Berichterstattung sollte die Schlechtigkeit
des Seth und die Güte des Horus offenbaren. Der
Sieg des Guten über das Böse feierte in Ägypten,
personifiziert durch Horus, einen Triumph. Plutarch
ergänzte den mythologischen Bericht durch die
Feststellung: »Horos selbst ist ausgereift und voll-
kommen, hat aber den Typhon nicht völlig vernich-
tet, sondern ihm nur seine Gewalttätigkeit und Stär-
ke genommen. Deshalb soll in Koptos das Bild des
Horos in der einen Hand das Schamglied des Ty-
phon halten, und von Hermes erzählt man, daß er
des Typhon Sehnen ausschnitt und als Saiten ver-
wendete, indem man lehrt, daß die Vernunft das
All ordnete, aus nichtzusammenstimmenden (asym-
phonischen) Teilen zusammenstimmende (sympho-
nische) machte und die verderbliche Kraft nicht ver-
nichtete, sondern nur lähmte.« Tatsächlich fand
sich in Koptos eine derartige Plastik, die diesen Triumph des Horus über Seth manifestierte.

Das mythische Schicksal führte dazu, daß Osiris
die Herrschaft über das Jenseits und sein Sohn Horus diejenige über das irdische Diesseits übernahm.
Mit der Zeit entstand eine sonderbare Humanisie-
rung dieser mythischen Wirklichkeit, indem ab dem
MR jeder Verstorbene dem Osiris gleich wurde.

Die Götter stellten den Hintergrund dar, vor
dem sich de facto Leben, Kultur und Historie abspielte. Bei den Göttern nahm alles seinen Anfang,

74 Pektoral aus Elektron
(H. 5,7 cm), wahrscheinlich
aus Dahschur, 12. Dynastie.
Auf einer Seite hatte es ursprünglich Einlegearbeiten,
die abgebildete Rückseite
zeigt in der Mitte die hathori-
sche Gottheit Bat, die ab
dem MR mit Hathor identisch
war, mit der von zwei Uräen
flankierten Sonnenscheibe
über ihren stark stilisierten
Hörnern. Den oberen Ab-
schluß bilden zwei sym-
metrisch eingesetzte Udjat-
Augen, die sich auf die seit-
lich sichtbaren Papyruspflan-
zen stützen. Den unteren Teil
schließt das Zeichen Erde ab,
auf der, wiederum sym-
metrisch angeordnet, sphinx-
artige Körper, einmal mit
einem Horus- und einmal mit
einem Seth-Kopf, sitzen, die
durch die Bat voneinander
getrennt sind. Sie können als
Zeichen von Ober- und
Unterägypten gelten, aber
auch als Symbol der Komple-
mentarität des ägyptischen
Reiches verstanden werden.

Kanopen (76, 77), aus verschiedenen Materialien (Stein, Holz, Keramik) in der Gestalt der Kinder des Horus (Amseti, Hapi, Dwamutef und Kebehsnewef) hergestellt, gehörten zur typischen Grabausstattung.

75 Der Gott der Mumifikation, Anubis, bzw. ein Priester, der bei den Begräbnisriten dessen Funktion in der Maske des Gottes übernimmt, beugt sich über den schon einbalsamierten Körper auf dem Löwenbett und spricht rituelle Formeln, die das Bild schriftlich begleiten:

»Ich bin gekommen, um dein Schutz zu sein. Ich umarme deinen Körper. Meine Arme sind auf dir. Ich fülle deinen Körper (mit) Salbe und allen kostbaren Steinen des Gotteslandes. Mögen deine losgelösten Fleischstücke auf ihrem Platz und deine Gewänder bis in alle Ewigkeit sauber bleiben.« (nach Saleh, Tb). Wandmalerei aus dem Grab des Sennedjem in Deir el-Medina (TT1) aus der Zeit Ramses' II.

bei ihnen fand auch jenseitig alles eine Fortsetzung, die wir Ende nennen, die Ägypter indessen mit einem neuen Anfang verbanden.

Ritual und Kult

Auf diesen Grundlagen, die wir als religiös bezeichnen, die aber nicht immer allgemeinen religionsgeschichtlichen Ansichten entsprechen, haben sich kultische Formen und Rituale entwickelt, die sich bis heute an erhaltenen Darstellungen teilweise nachvollziehen lassen. Kultische Handlungen wurden nicht nur in den Tempeln vollzogen, sondern hingen mit vielen, ganz alltäglichen Tätigkeiten zusammen. Besondere Aufmerksamkeit verdient die Mumifizierung als ein kultisch-ritueller Vorgang zur Erhaltung des menschlichen Körpers als Sitz des BA. Die letzte Phase dieser Vorgänge ist auf den Sarkophagdarstellungen erhalten geblieben. Andere sind überliefert und stellen sowohl eine religiös-rituelle als auch medizinisch-anatomische Quelle dar. Schon im AR wurden verstorbene Herrscher, aber auch Privatpersonen einbalsamiert. Nach einem 70tägigen Laugenbad in Natron und nach Entnahme der Innereien (Herz, Lungen, Magen, Leber, Nieren usw.), die in Kanopen (76, 77) aufbewahrt wurden, wickelte man den Körper in feines Leinen und legte ihn in einen Sarg. Der Vorgang, wie übrigens auch das gesamte Begräbnis, läßt sich in Wand-, Sarkophag- und Papyrusmalereien in Privatgräbern seit dem NR gut nachvollziehen (75).

Ein großer Teil des Götter-Kults fand in Tempeln statt, von denen die aus der Ptolemäerzeit am vollständigsten erhalten sind. Der Tempelkult wurde vom König bzw. dem Hohenpriester vollzogen und war dem Volk unzugänglich. Deshalb nimmt man an, daß in Ägypten eine Volksreligion blühte, deren magische Auswüchse kaum nachvollziehbar sind. Man kann sie registrieren, ohne ihre Art und Ausbreitung genau definieren zu können.

Priester und Volk

In erster Linie war der König der höchste Priester im Land, was die Gestalt des abtrünnigen Echnaton sehr einprägsam verdeutlicht (s. S. 124f.). In allen Tempelreliefs ist der König der Handelnde: bei der Huldigung, der Opferung usw. Weil er aber nicht überall gleichzeitig sein konnte, übte sein Bild diese Funktionen, die von Priestern begleitet wurden, stellvertretend für ihn aus (78).

Die ägyptische Priesterschaft spielte eine große Rolle. Man darf dabei nicht vergessen, daß in einem sakralen Königreich auch nur sakral verstandene Ämter möglich waren. Die Priester, streng hierarchisch organisiert, bildeten eine quasi feudale Struktur, an deren Spitze der König und seine Familie standen. Die Tempel, die zu den zentralen Bauten gehörten, hatten auch administrative und politische Funktion. In ihren Anlagen fanden sich Verwaltung, Schreiberschulen, Archive, Lager- und Schatzhäuser.

Das Volk sah nur das mikrokosmische Abbild, das die Tempel repräsentierten, von den kultischen Handlungen im Inneren der Tempel war es ausgeschlossen. Der numinosen Strahlkraft des Tempelkultes wurde man teilhaftig, auch ohne selbst daran beteiligt zu sein. Dennoch blieb das Volk nicht allen Riten und Festen fern. Es nahm z. B. am Fest des »schönen Wüstentals« (s. S. 81 [112, 125]) und am Opet-Fest teil. Mit der Zeit erfolgte gleichsam eine Demokratisierung des Kultes, und die Volksfrömmigkeit erfaßte nahezu alle Bereiche des Alltags. Götter waren überall anwesend, und die Tempelfeste beschränkten sich nicht nur auf die Gotteshäuser, sondern erfaßten auch private Bereiche, die eng mit dem Jenseits verbunden waren.

76, 77 Kanopen: Urnen, in denen nach der Balsamierung die inneren Organe unter dem Schutz der Horuskinder aufbewahrt wurden.
Oben: Dwamutef
Unten: Kebehsnewef. Beides Beispiele aus der Spätzeit.

78 Relief mit der Darstellung der Tempelriten, die stellvertretend für den König von den Priestern vollzogen wurden. Seine Anwesenheit im Tempel war dennoch durch seine Bilder gewährleistet. Bemaltes Relief im Karnak-Tempel

Das tägliche Leben

79 Fayence-Amulett (L. ca. 5 cm) in Gestalt des Bes, einer Schutzgottheit, die im Umkreis der Isis, aber auch der Geburten zu finden war

Reiseberichte und **-Erzählungen** gehörten im Alten Ägypten zur autobiographischen Literatur, die für das Jenseits als Zeugnis für das dort zu erwartende Gericht gedacht war. Einer der Berichte erlangte Weltruhm durch den Roman »Sinuhe, der Ägypter« des Finnen Mika Waltari. Der in alle Kultursprachen übersetzte Roman wurde zum Longseller und schon 1954 verfilmt. Das Vorbild dieses Romans, der Bericht Sinuhes aus der Zeit Sesostris' I., gehört zu den besten Beispielen altägyptischer Literatur.

Mensch und Umwelt

Die einmalige Verbundenheit der Ägypter mit ihrer Umwelt war beispielhaft. In und mit ihr wollten sie leben, aber auch sterben. Wenn sie ihre Heimat verlassen mußten (z. B. im Auftrag des Königs oder infolge Verbannung oder Flucht), taten sie es mit großem Unbehagen, was die erhaltenen Reiseberichte des Herchuf, Sinuhe oder Wen-Amun bezeugen.

Sprach ein Ägypter von der »Welt«, so meinte er ausschließlich sein eigenes Land (*Kemi*), seinen König und seine Götter. Das spiegelt eindrucksvoll die Feststellung des Flüchtlings Sinuhe wider, dem noch in der Fremde die Heimat Ägypten als das Beste und Sinnvollste in dieser Welt erschien: »O Gott ..., was gibt es Größeres, als daß mein Leichnam in dem Land bestattet wird, in dem ich geboren bin? ... Ach, möge mein Leib sich verjüngen, denn das Alter ist eingekehrt, und Altersschwäche hat mich ereilt.« (B 157ff., nach E. Blumenthal). Nach Weltherrschaft – erst eine Erfindung der Assyrer – strebten die Ägypter nicht. Man wollte keine Einverleibung fremder Länder, denn es gab auch keine ›Konversion‹ zum Ägypter. Das eigenständige und in sich geschlossene Weltbild bestimmte auch das Bewußtsein der Ägypter den anderen gegenüber. Das ging so weit, daß die Gesetze der Ma'at nur in und für Ägypten galten, weil der heilige Raum und die Dauer ausschließlich in Ägypten realisiert werden konnte. Deshalb war den Äyptern Landschaft und Leben des Niltals heilig und verehrungswürdig, man war ständig bemüht, in Einklang und Harmonie mit der Natur zu leben. Jedes Vergehen gegen sie führte zu unabsehbar schlimmen Folgen, die spätestens vor dem »letzten Gericht« offenkundig würden – jeder hatte Angst davor.

Die Ägypter nutzten die Fruchtbarkeit der Erde und den Fluß, indem sie Kanäle und Bewässerungsanlagen ausbauten. Sie ordneten sich der gemeinschaftlichen Ordnung des geheiligten und gerechten Königs unter, der bemüht war, den Wohlstand des Landes zu sichern und zu mehren.

Alltag

Paradoxerweise wissen wir über den ›jenseitigen Alltag‹ der Ägypter durch die erhaltenen Grabmalereien mehr als über den real gelebten, vergänglichen Tagesablauf. Dennoch kann das, was die Häuser für die »Dauer« (für die Ewigkeit) vermitteln, zur Rekonstruktion und Darstellung des Lebens im Alten Ägypten dienen. Aufgrund der archäologischen Entdeckungen und Forschungen werden unsere Kenntnisse über den ägyptischen Alltag immer vollständiger. Diese materiellen Hinterlassenschaften ergänzt ein umfangreiches Schrifttum (s. S. 22ff.). Auf diese Weise ist uns viel mehr über die Zeit vor 3500 Jahren vermittelt worden, als das z. B. die Quellen des 13. Jh. n. Chr. über das damalige deutsche Königreich vermochten.

In der Zeit der Erwartung eines neuen Lebens galt der Mutter alle Fürsorge. Man ließ ihr besondere Pflege angedeihen, auch durch schützende Amulette (79) und magische Sprüche. Das alles sollte sie mit Zauberwirkung vor dem bösen Blick (Udjat-Auge [43]) und allen während Schwangerschaft und Kindbett aktiven Dämonen bewahren (Bes, 80). Neben der Magie verwendete man aber auch medizinische Präparate, deren Zusammensetzung uns heute oft in Erstaunen versetzt. Es gehörten dazu Heilkräuter, Honig, Öle und Pflanzen ebenso wie Mittel aus Haaren, Federn, Kot u. ä., womit man die schwangere Frau angesichts der großen Sterblichkeitsrate im Kindbett vor Unheil bewahren wollte.

Die Geburt selbst fand außerhalb des Hauses in einer »Wochenlaube«

Nubien (besser **Kusch** oder **die Südländer**), das unter einem Vizekönig (»Sohn von Kusch«) sogar zur Provinz Ägyptens wurde, stand immer in besonderer Beziehung zu Ägypten. Beide verbindet der gleiche Fluß, der gleiche durch ihn geprägte Lebensrhythmus und wahrscheinlich auch die gleiche mythisch-historische Vergangenheit, die der Mythos von »Hathor, die zurück ins Land (nach Ägypten) geholt wurde«, zu bestätigen scheint. Schließlich gab es in der 25. Dynastie gemeinsame Könige, die mit dem Anspruch der Einheit die Macht in Theben ergriffen und eine Renaissance der archaischen Kultur bewirkten. Deshalb ist anzunehmen, daß die Ägypter gegenüber den südlichen Nachbarn eine spezifische Einstellung hatten. Sie sahen jedoch eine Gefahr, wenn sich unter diesen auch andere Völker breitmachten, die mit dem Niltal nichts zu tun hatten (verschiedene farbige Stammesgemeinschaften, Beduinen); durch sie, fürchtete man, drohte der Untergang.

80 Dieser Bes gehörte wohl zum Mamisi des Dendera-Tempels.

81 Abydianische Steinmesser, die auch bei Entbindungen verwendet wurden. Manche davon waren mit magischen Schutzformeln und Darstellungen (z. B. Bes) versehen und galten als Zaubermesser. Liv.

82 Ein Kalksteinrelief aus dem Grab des Montemhet in Theben West (ursprünglich wahrscheinlich bemalt) aus der Übergangszeit von der 25. zur 26. Dynastie (um 650) mit der Darstellung einer Frau (Mutter oder Amme) mit dem in einem Tuch getragenen Kind. Brooklyn Museum, Ch. E. Wilbour Fund 48.74

(arab. *mamisi*), einem Gartenhaus, notfalls auch auf dem Hausdach statt, da sie als unrein galt. Die Mamisi der Tempelanlagen sind teilweise bis heute erhalten. Vor der Niederkunft wurde über der Frau ein Zaubermesser (81) zum Schutz vor Dämonen geschwungen. Das Kind wurde dann mit Hilfe von Hebammen auf einem aus Ziegeln errichteten Gebärstuhl unter Rezitieren von segensreichen Sprüchen geboren.

Zum Individuum wurde das Kind jedoch erst mit der Namensgebung. Die Mutter blieb noch weitere zwei Wochen gut versorgt im Geburtshaus. Dennoch war die Sterblichkeit von Säuglingen und Müttern sehr hoch. Wenn alles gut überstanden war, wurde ein Fest ausgerichtet. Die Mutter erschien dabei in einem weißen langen Kleid und mit Perücke, geschmückt mit Lotosblüten. Ihr Halsschmuck war eher symbolträchtig als reine Zierde. So kehrte die Mutter in die Familie zurück, in die das Kind aufgenommen wurde (82). Sie erhielt Geschenke und Blumen und widmete sich weiter der Betreuung des Kindes. Kinder wurden bis ins dritte Lebensjahr gestillt. Wenn das nicht möglich war, übernahmen Ammen diese Aufgabe, die übrigens ihre Milch auch für medizinische Zwecke zur Verfügung stellten. Sie waren hoch geachtet und wurden als ein Familienmitglied behandelt. Vorbild für eine gute Mutter war die Nilpferdkuh, die als Göttin Thoëris (83) eine der wichtigsten Begleiterinnen der Gebärenden und jungen Mütter war. Letztlich blieben Zeugung, Geburt und Beginn des Lebens immer ein Geschenk der Götter.

Kindheit und Jugend verliefen bei Mädchen und Jungen unterschiedlich. Das Mädchen erreichte seine Reife zwischen dem 12. und 14. Lebensjahr und wurde damit ehefähig. Demgegenüber wurde der Junge (nach den erhaltenen »Lebenslehren«)

erst mit 20 Jahren reif und konnte erst mit wirtschaftlicher Unabhängigkeit eine Familie gründen.

Das Leben der Familie prägte der Beruf des Vaters, der sich um ihr Wohlergehen zu kümmern hatte. Die Eheschließung war eine Privatangelegenheit, durch einen Ehevertrag zwischen dem künftigen Gatten und dem Vater der Auserwählten geregelt. Solche Verträge waren seit dem 6. Jh. üblich, eine Kopie wurde im Tempelarchiv aufbewahrt. Diese Ehen waren prinzipiell monogam. Erst nach einer Scheidung war es möglich, eine neue Ehe einzugehen.

Die Regelung der Unterhaltspflichten scheint sehr fortschrittlich gewesen zu sein. Obwohl entsprechende Dokumente erst aus der Spätzeit erhalten sind, ist anzunehmen, daß sie schon aus einer lange praktizierten Tradition resultierten. Die wirtschaftlichen Verhältnisse eines Mannes aus niederem Stand, d. h. der Mehrheit der Bevölkerung, waren nach einer Scheidung schlechter als die der geschiedenen Frau, der nur dann kein Unterhalt zustand, wenn sie Ehebruch begangen hatte. Wahrscheinlich waren Scheidungen deshalb auch nicht häufig, wenn man einem späteren Papyrus Glauben schenken darf, in dem ein Mann feststellt, daß er sich nach der Scheidung gleich ins Grab legen könne (weil es ihm materiell nicht mehr möglich war, eine neue Familie zu gründen). Prinzipiell zog die Frau in das Haus des Gatten, manchmal zunächst in das seiner Eltern. Nach einer Scheidung kehrte die Frau in ihr elterliches Heim zurück oder zog zu einem Blutsverwandten. Wegen der großen Sterblichkeitsrate im Wochenbett ist davon auszugehen, daß Männer öfter verwitweten als Frauen.

Die meisten Ehen wurden unter Männern und Frauen aus gleichem sozialem Stand geschlossen. Mehrere Frauen leistete man sich nur in gehobenen Kreisen. Bei den Gaufürsten etwa (oft Mitglieder des Königshauses) waren polygame Verhältnisse möglich, weil hierzu in erster Linie gute

83 Göttin Thoëris (= die Große) in Gestalt der Nilpferdkuh (hier ein Amulett aus der Sammlung des Nationalmuseums Krakau). Sie stand im Gegensatz zur Symbolik des mit Seth verbundenen männlichen Tieres (**72**). Sie versinnbildlichte nicht nur die Fruchtbarkeit, sondern auch die Mutterschaft, weil sie die Mütter bei den Geburten schützte und sich voller Fürsorge um das Kind kümmerte.

Das tägliche Leben

Liebesdichtung

»Mein Herz ist dir zugeneigt, ich will dir tun, was es möchte,/wenn ich in deinen Armen liege.
Mein Wunsch ist's, der mein Auge schminkt,/dich zu sehen, macht meine Augen hell. Ich schmiege mich an dich, um deine Liebe zu spüren, du großer Schatz meines Herzens!
Wie köstlich ist diese Stunde [mit dir],/möge sie zur Ewigkeit werden!/Seit ich mit dir geschlafen habe,/hast du mein Herz erhoben.
Ob in Leid oder Freude –/ verlaß mich nicht!«
(Hornung, Eros, 318)

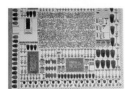

84, 85 Die bis heute unschätzbaren »Monumenti dell'Egitto e della Nubia« (1832–44) von Champollion und Rosellini beinhalten vorzügliche Umzeichnungen von vielen heute zum Teil völlig zerstörten Denkmälern. Dazu gehören die Darstellungen von Häusern (oben) und Palästen (unten) aus den Privatgräbern des NR.

86 Altägyptisches Haus, Modell als Grabbeigabe aus dem MR

wirtschaftliche Bedingungen Voraussetzung waren. Die materielle Sicherung der Lebensgemeinschaft blieb oberstes Gesetz, weil die Rechte der Frau immer zu beachten waren (s. S. 86ff.).

Ehebruch galt als verachtungswürdig. Mit einer verheirateten Frau begangen, konnte er drastische Strafen sowohl für die Frau als auch für den Mann nach sich ziehen. Verstümmelungen an Nase und Ohren, Kastration und Verbannung (= Tod) waren die Folgen. Die Ehe, die nur durch Kinder den ihr gebührenden Status erreichte, war für eine Frau erstrebenswert und für ihre Lebensstellung entscheidend, weil sie erst durch eine Mutterschaft volle Achtung in der Gesellschaft erlangte. Sie war die »Herrin des Hauses« und schien hier auch die meisten Aufgaben bewältigen zu müssen. Das Haus als der Ort, an dem sich das Familienleben abspielte, wurde nicht nur von den Eltern mit ihren Kindern, sondern auch von Dienern bewohnt.

Der Sohn sollte den Beruf des Vaters übernehmen und fortsetzen. Kinder zählten als Garanten für die Sicherung des künftigen Jenseitswegs. Dies war eine der zentralen Aufgaben der Familie, deren Bande über den Tod hinaus erhalten blieben.

Die Häuser waren durch die ökonomische Lage des Besitzers, aber auch durch ihren Charakter als Land- oder Stadthaus geprägt. Doch alle Gebäude zeigten die gleiche Grundstruktur: ein Hof, nach Möglichkeit mit einem Steinbrunnen, umgeben von Wirtschaftsräumen, Speichern, die wie Bienenkörbe aussahen, manchmal auch mit Dienerwohnungen, schließlich die Räume des Hausherrn. Eine Treppe führte auf das flache Dach, auf dem man häufig auch schlief. Arme Bauern teilten ihre Behausung mit den Tieren. Die Häuser der Adligen bestanden aus meist zahlreichen Höfen und Räumen, hatten mehrere Stockwerke und üppige Gärten mit Teichen, die Schatten und Frische spendeten (**84–86**). Dort gab es auch

leichte Laubhütten, von denen einige als Geburts-
häuser, andere als Ruhestätte für heiße Sommer-
nächte dienten. Die großen Landhäuser waren
nach Art der Paläste oft von Lehmziegelmauern
umgeben und hatten Empfangsräume und kleine,
verdeckte Fenster. Als Baumaterial dienten in der
Sonne getrocknete Lehmziegel und Holz. Stein
war für die Tempel vorbehalten. Die Nutzung hing
mit dem Leben und der Art der Arbeit der Bewohner zusammen.

87   Hocker, ein typisches
Möbelstück aus dem Alltag.
Nationalmuseum, Warschau

Die Häuser waren dem Stand der Bewohner
entsprechend möbliert, aber in keiner Weise so üp-
pig wie in den Palästen. Man hatte kleine Hocker
(**87**) und Tischchen, große Tafeln waren auch im
Haushalt der Könige und des Adels unbekannt. In
Palästen gab es bequeme Sessel, wie sie im Grab
des Tutanchamun (1319–09 bzw. 1332–23) gefunden wurden. Es gab auch einfache Betten,
deren Form sich bis heute in den sogenannten An-
gareb erhalten hat. Ob es überall zur Aufbewahrung der Kleider (meist Stoffe, mit denen man sich
umwickelte und die man mittels Verknotung am
Körper hielt) Steingefäße gab, die seit archaischer
Zeit in großer Zahl Gräbern beigefügt wurden, ist
fraglich und im Lauf der Geschichte sehr unterschiedlich. Man hat sie im Diesseits wahrscheinlich
nicht verwendet. Statt dessen wurden die verschie-
denartigsten Gebrauchsgegenstände aus Flechtwerk (**18**) sowohl für die jenseitigen als auch für
die diesseitigen Häuser hergestellt. Neben diesen
allgemeinen Ausstattungen hat man auch berufs-
spezifische Gegenstände gefunden, z. B. Papyrus-
behälter für die Federn der Schreiber, Musikinstru-
mente der Tempelmusiker und vor allem
Werkstatteinrichtungen unterschiedlichster
Art. Webstühle (**88**) gab es fast
überall.

Selbstversorgung war lange Zeit ein
Hauptmerkmal des ägyptischen Lebens,
besonders auf dem Land. Erst mit Entstehung von Zentren entstanden Spezialisie-

Gib deiner Mutter doppelt so
viel Nahrung, wie sie dir gegeben hat,/ trage sie, wie sie
dich getragen hat./ Sie hatte
eine schwere Last an dir,/
aber sie sagte nicht: › Fort mit
dir!‹/ Als du nach deinen Monaten geboren wurdest,/ da
warst du immer noch an sie
gebunden./ Drei Jahre lang
war ihre Brust in deinem Mun-
de./ Als du dann größer wurdest und deine Exkremente
ekelhaft,/ da ekelte sie sich
nicht und sagte: ›Was soll ich
bloß machen?‹/ Als sie dich
dann in die Schule gab,/ damit du schreiben lerntest,/ da
war sie täglich da und paßte
auf dich auf,/ mit Brot und
Bier aus ihrem Hause.
(Nach Brunner, Weisheit,
208)

88   Webstuhl. Darstellung im
Grab des Cheti (MR) in Beni
Hassan. Nach einer Umzeich-
nung von Ippolito Rosellini

Das tägliche Leben

Das tägliche Leben

89 Arbeiterkolonie. Die arabische Bezeichnung Deir el-Medina bezieht sich auf eine Siedlung aus der Zeit des NR, in der die Arbeiter lebten, die mit der Ausstattung und Bemalung der Königsgräber beauftragt waren. Französische und englische Wissenschaftler haben im Zug ihrer Forschungen reiches Material (u. a. viele Papyri und Ostraka) zusammengestellt, aus dem sich Einzelheiten über das ramessidische Alltagsleben entnehmen lassen.

90 Grab des Sennedjem, eines der Arbeiter, der in der Nähe seines Hauses auch seine Grabstätte errichten ließ. Die Ausmalung steht den sogenannten Hochbeamtengräbern, die von eben diesen vortrefflichen Handwerkern ausgeführt wurden, in kaum etwas nach.

rungen neben den schon früher existierenden ständigen Arbeiterkolonien an den »Städten der Ewigkeit« (z. B. bei den Pyramidenfeldern im heutigen Giza), in den Tempelbezirken, aber auch in Steinbrüchen, die außerhalb der Wohngebiete, manchmal tief in den Wüsten lagen.

Leider weiß man über Städte, deren Überreste hier und da noch als große Lehmhügel erkennbar sind, relativ wenig; meist sind sie aufgrund neuer Siedlungen an gleicher Stelle nicht mehr rekonstruierbar. Nur einige ›künstliche‹ Ansiedlungen haben sich erhalten und wurden zum Teil auch ausgegraben, z. B. Hetep-Senusrit mit einer Umwallung von 350 x 400 m in der Oase Fayum (gegründet von Sesostris II.). Sie bestand kaum 100 Jahre. Noch kürzer existierte Amarna. Andere kleine Orte zeugen von der strengen Ordnung ihrer Anlage, z. B. Deir el-Medina (89). Sie vermitteln eher den Eindruck von Lagern. Die meisten entstanden auf Befehl der Herrscher. Das AT berichtet: »*Und sie bauten dem Pharao die Städte Pitom und Ramses als Vorratsstädte.*« (Ex 1,11). Viele dieser Orte befanden sich in Unterägypten, im heute übervölkerten Nildelta. Die wenigen Ausgrabungen, die dort noch durchgeführt werden können, u. a. in Tell el-Dab'a (dem früheren Awaris), eröffnen neue Erkenntnisse über die Urbanität seit der Fremdherrschaft der Hyksos.

Der Bauer als Hauptrepräsentant des Agrarlands Ägypten stand auf der untersten Stufe der sozialen Hierarchie, von seiner Lebenswelt blieb am wenigsten erhalten, obwohl auch er an das Jenseits und die dortige Erfüllung seiner Hoffnungen glaubte. Die Quellen, die das Bild des ägyptischen Bauern zu

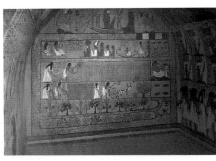

skizzieren erlauben, sind zeitlich und örtlich ungleich verteilt. Dennoch kann man davon ausgehen, daß die Unterschiede in den Epochen nur gering waren. Die Malereien in den sogenannten Privatgräbern des NR, z. B. dem Grab von Sennedjem (ramessidisch) aus Deir el-Medina (Nr. 1, 90) und dem schon hellenistisch beeinflußten Grab des Petosiris um 350 veranschaulichen das sehr gut.

Man darf allerdings nicht vergessen, daß es sich auch bei den Grabmalereien um ein kanonisches Repertoire handelte, das über Tausende von Jahren genau festgelegt blieb. Tatsächlich hat sich die Art des Ackerbaus in Ägypten bis ins 20. Jh. n. Chr. gegenüber der pharaonischen Zeit kaum verändert. Das lag an den regelmäßigen Nilüberschwemmungen, die das Bewässerungssystem ermöglichten und damit die Fruchtbarkeit des Landes bedingten. Noch Diodor, der griechische Historiker aus Sizilien (1. Jh.), bemerkte hierzu etwas idealisierend: »*Die Ägypter alleine gewinnen ihre Ernte äußerst wohlfeil und mühelos.*« Diese ausschließliche Abhängigkeit der Ernten vom Nil verursachte aber auch katastrophale Hungersnöte, wenn die Überschwemmungen ausblieben bzw. so intensiv waren, daß die Frucht bei zu hohem Wasserstand vernichtet wurde.

Das Feld bestellte man mit Hacke und Pflug, die Aussaat wurde – laut Herodot – durch Tiere eingetreten. Zur Wasserversorgung der Felder dienten einfache Einrichtungen, der Schöpfbalken (**91**) oder das Wasserrad (**92**). Bis zur Ernte kümmerten sich der Bauer und seine Familie darum, daß

Saat und Frucht nicht den natürlichen Räubern zum Opfer fiel. Mit der Zeit der goldenen Ähren begann die Ernte des Getreides, das zur Herstellung von Brot und Bier, den wichtigsten

91 Bis in die Gegenwart verwendeter Schöpfbalken (arab. *Schaduf*) für die Verteilung von Wasser in die höher als der Nil gelegenen Bewässerungskanäle: in einem Stich aus dem 19. Jh. (oben) und in der Umzeichnung von Rosellini nach den Funden in den Gräbern von Beni Hassan (unten)

92 Wasserrad (arab. *Saqia*), das ebenfalls bis heute verwendet wird (in der Gegend von Qena, rechts) und in einer Wandmalerei aus römischer Zeit (links, GRMA)

93 Verschiedene Formen kupferner Äxte aus Rifeh (links) und Beni Hassan (Mitte und rechts). Sie lassen sich in die Zeit des AR und des MR datieren und weisen Parallelen zu vorderasiatischen Geräten dieser Art auf. Liv. 4.9.07.19, 55.82.21 und 1967.297

94 Herstellung von Goldschmiedearbeiten. Wandmalerei aus dem Grab Sobekhoteps aus dem NR. BM Nr. 920

Nahrungsmitteln, diente. Zum Schnitt verwendete man eine Sichel. Neben Weizen, Gerste und Dinkel baute man auch Flachs für Öl und Stoffe an. Die Erträge wurden registriert und zugeteilt. Schon damals gab es besonders spezialisierte Bauern, ›Winzer‹ für den Anbau von Wein (**54**), den man nach Jahrgängen geordnet lagerte. Neben dem Ackerbau dienten Tierzucht, aber auch Fischfang und Jagd der Versorgung der Menschen. Die Arbeit der Bauern war zu allen Zeiten hart und von vielen verachtet. Trotzdem war es den Bauern im Alten Ägypten möglich, seine Kinder zur Schule zu schicken. Dies belegt ein Text aus dem MR, in dem ein Vater seinem Sohn das Leben auf dem Land in den schwärzesten Farben ausmalt, um ihn von den Vorteilen des Berufs eines Schreibers zu überzeugen (s. S. 65).

Auch das Handwerk war seit frühester Zeit hoch entwickelt und differenziert. Das verursachte Arbeitsteilung und hatte einen administrativ gelenkten Warentausch zur Folge, besonders in einer Kultur, die noch kein Geld kannte. Zu den ältesten handwerklichen Berufen gehörten die der Töpfer, Steinmetze, Boots- und Schiffsbauer, Schreiner, Maler und Goldschmiede.

Die Hinterlassenschaften in den »Häusern des Westens« lassen auf den Beruf des einzelnen Grabinhabers, »der zu seinem KA gegangen ist«, schließen. Nach den auf ihren früheren sozialen Status hindeutenden Darstellungen scheinen sie diesseitig leitende Positionen innegehabt zu haben. Allerdings ist auch nicht auszuschließen, daß Wunschvorstellungen für die Ewigkeit festgehalten wurden, die sich dann im Jenseits realisieren sollten. Daß viele den Titel »Meister« trugen, ist angesichts der Voraussetzungen, die seit alters dafür nötig waren, nicht erstaunlich.

Ob es zunftartige Strukturen gab, muß offen bleiben. Vieles deutet darauf hin, daß sie bei einer ständig steigenden Spezialisierung schon aus organisatorischen Gründen denkbar waren. Beson-

> Die ägyptische Terminologie (*dng*) scheint zwischen einem **kleinwüchsigen Menschen** und einem **Pygmäen** nicht unterschieden zu haben. Von Interesse waren beide. Als Sonderlinge spielten sie in der Zeit des AR eine große Rolle, auch als tanzende ›Derwische‹, die mit Hathor und ihrem Begleiter Bes (80) in Verbindung zu bringen sind. Hathor war u. a. auch Göttin der Minen und Gruben, deshalb sah man in den Zwergen ihr zugehörige Wesen.

ders die metall- und holzverarbeitenden Handwerksberufe erreichten eine bis heute zu bewundernde Vollkommenheit. In erster Linie wurden seit dem AR die Goldschmiede und ihre Arbeit dargestellt (**94**). Interessant ist dabei, daß es sich bei ihnen meist um kleinwüchsige Personen handelte. Sie gehörten zum königlichen Hof, was die Bedeutung des streng kontrollierten Berufs in der Edelmetallurgie hervorhebt.

Der Ablauf der Arbeitsvorgänge ist in den für das Jenseits gedachten Abbildungen erhalten geblieben (**96ff.**); sie zeugen von einer gut entwickelten Technologie des Schmelzens, Ziselierens und Lötens. Die erhaltenen Erzeugnisse, z. B. aus dem Grab Tutanchamuns, bestätigen das hohe handwerkliche Können, das auch die Zimmermannsarbeiten betrifft, die sich durch die beachtenswerten Mischtechniken aus Intarsien, Bemalungen, Vergoldungen auszeichneten (**95**). Die Vielzahl von Truhen, Stühlen, aber auch Booten und Schiffen und nicht zuletzt der Särge belegt eine vielfältige Spezialisierung, die auch an den Bauten zu beobachten ist (**85**). Die Arbeiten, von denen eher die erhaltenen Bilder als Texte berichten, waren offenbar logistisch gut organisiert und aufgeteilt. Das trifft für fast alle Berufe zu, die man aus den bildlichen Darstellungen nachvollziehen kann. Bei den Anfertigungstechniken handelte es sich eindeutig um fast manufakturähnliche Prozesse, bei denen eine Gruppe von Handwerkern immer nur einen bestimmten Arbeitsvorgang durchführte, dessen Fortsetzung dann jeweils einem weiteren Team überlassen wurde. Die so entstehenden Ergebnisse – gerade im Bereich der monumentalen Bildhaue-

Der Bauer ist allzeit am Klagen,/seine Stimme ist heiser wie das Krächzen eines Raben./Seine Finger und Arme schwären und stinken fürchterlich./Er ist müde vom Stehen im Schlamm,/seine Kleider sind Lumpen und Fetzen./Ihm geht es so gut wie einem, der von Löwen umzingelt ist;/ krank legt er sich auf den sumpfigen Boden./
(nach Bresciani in Donadoni, Mensch, 34)

Das tägliche Leben

95 Der Sessel der Prinzessin Satamun, der ältesten Tochter Amenophis' III., aus mit Gold verziertem Holz ist ein interessantes Beispiel für die alles umfassende Bildprogrammatik des Mobiliars des Königshauses. ÄMK JE 3673

96–98 Alltagsszenen aus dem Grab des Nacht in Qurna aus der Zeit des NR (Grab Nr. 52). Oben: Geflügelschlächter

97 Weinlese

98 Bauern bei der Ernte

rei bei Königsbildern – beweisen ein kanonisch festgelegtes Konzept, das sich hinter diesen Werken verbirgt. Daher darf man diese Arbeiter auch nicht als Künstler in gegenwartsbezogenen Kategorien bezeichnen. Die Sozialgeschichte des Alten Ägypten war global und in ihrer Vernetzung so übergreifend, daß man zwar soziale Unterschiede, aber auch gegenseitige Abhängigkeiten annehmen kann. Der Bauer konnte seinen Sohn zum Schreiber ausbilden lassen, die sogenannten Arbeiter, z. B. in Deir el-Medina, konnten sich Sklaven halten. Die gottgewollte und -gegebene ägyptische Hierarchie bediente sich eigener, aus der allumfassenden Struktur des sakralen Königtums resultierender Gesetze; jeder war in diesem Rahmen königlicher Amtsträger, z. B. der königliche Baumeister, Vorsteher, Leiter, Arbeiter usw. Ihre selten einmal bekannt gewordene Berühmtheit war demgemäß nur Folge der königlichen (= göttlichen) Strahlkraft, nicht jedoch einer individuellen Genialität. Sie besaßen die Wertschätzung der Könige, die sich darin ausdrückte, daß diese »Beamten« ihre Gräber in der Nähe der Königspyramide anlegen durften und königliche Geschenke als Grabbeigaben erhielten.

Die als Folge der sozialkritischen Ansätze entstandenen Versuche, im Alten Ägypten Elend zu entdecken, gingen von grundlegend falschen Überlegungen aus. So bedauert man z. B. den Ortswechsel der Bauern zur Beteiligung an einem entlegenen Tempel- oder Pyramidenbau und vergißt dabei, daß sie dies gern hinnahmen: aus Freude, an einem solchen Werk beteiligt zu sein, aber auch, weil die Bauern wegen des Hochwassers bei den Überschwemmungen ohnehin oft den Ort wechseln mußten, auch ohne es zu wollen. Wie die Texte belegen, lebten sie glücklich! Ihre Einstellung zur Arbeit war noch nicht durch die Brille »gewerkschaftlicher Vorstellungen« verzerrt. Vieles nahm man als Gottgegeben hin (was damals absolut keine negative Bedeutung hatte), man paßte sich dem notwendigen Ordnungsprinzip der Ma'at an.

Ma'at war die alles bestimmende und bedingende Vorstellung und Weltanschauung, die als eine der Gesellschaft innewohnende Kraft im Lauf der nicht immer geordneten Geschichte Ägyptens stets bemüht war, wieder Harmonie herzustellen. Die Beachtung der Gesetze der Ma'at oblag in erster Linie dem König und dem ›Beamtentum‹, das sich grundsätzlich aus der Priesterschaft rekrutierte. Ägyptische Ämter waren erblich, sowohl die der hohen Priester als auch die der verschiedenen Würdenträger. Einige Priesterämter haben sich kontinuierlich über Generationen in einer Familie vererbt. Ihre Nachfolge war sogar stabiler als die der Könige. So konnte der Ptah-Priester Psenptah, der am Tag der Eroberung Alexandrias durch die Truppen des Augustus starb, seine Abstammung über 3000 Jahre bis zu dem später geheiligten Imhotep zurückverfolgen.

Das Beamtentum war organisch mit dem hierarchischen, zentral organisierten Verwaltungsapparat verbunden und garantierte de facto die Beständigkeit und das Wohlergehen Ägyptens. Sogar wer die religiösen Strukturen Ägyptens zu ideologisieren versucht, muß feststellen, daß Hunger und Not nur dann über das Land kamen, wenn mit Isfet Unruhen oder Kriege herrschten. Die Wiederherstellung der alten Ordnung der Ma'at führte zur Restauration und brachte die »glücklichen Zeiten«, wie die Ägypter es nannten, zurück. Zu ihrer Erhaltung diente ein Apparat von Priestern und Beamten, dem etwa ein Drittel der Bevölkerung angehörte (im Vergleich dazu beansprucht die Verwaltung in Deutschland heute über 55% der Erwerbs-

99 Bauarbeiten, Wandmalerei im Grab des Rechmire in Qurna (Grab Nr. 100)

100 Beschneidungsszene aus dem AR in der Mastaba des Arztes (?) Anch-Ma-Hor, Saqqara

101 Weberinnen, Modell aus einem Grab des MR (Liv. 55.82.4). Unten Wandmalerei in einem Privatgrab, Deir el-Medina, die vermuten läßt, wie Stoffe bzw. Teppiche im NR aussahen.

102 Diese Schreiberfigur (AR, Saqqara) aus bemaltem Kalkstein (H. 53,7 cm) und mit eingelegten Augen, die der Plastik eine besondere Lebendigkeit verleihen, ist ein klassisches Beispiel für Schreiber-Bildnisse im AR (LP, E 3023).

Die beachtenswerte Statue zeigt, daß der sogenannte Yoga-Sitz auch schon im Alten Ägypten bekannt war. Er ermöglichte langes, kontemplatives Verharren in einer Sitzstellung, die noch heute bei vielen spirituellen Übungen eingenommen wird.

»Werde Schreiber, dann bleiben deine Glieder glatt,/ und deine Hände werden zart./Dann gehst du umher in weißen Kleidern,/geachtet und von Hofleuten gegrüßt.« (nach Brunner, Weisheit, 227)

tätigen). Zwar sind die Angaben ungenau, manchmal auch fließend, und doch sind sie wahrscheinlich. Die Verwaltung war auf die göttliche Erweiterung und die Vervollkommnung der Schöpfung bedacht. Von »Menscheneigentum« (Leibeigenen) als Besitz des Königs zu sprechen, ist für Ägypten falsch, weil es den mythischen Erkenntnissen zuwiderläuft.

Der König war Garant der menschlichen Existenz im »Gottesland«, im Reich der Ma'at. Deshalb entschied er über die Absetzung oder Versetzung auch der hohen Beamten. Im Alten Ägypten waren solche Vorgänge sehr selten, was Quellen belegen. Es geschah auch nur im Sinn einer von allen respektierten Ordnung: Der König war Herr von Ägypten, er konnte aus allen Schichten neue Beamte ernennen, Aufträge erteilen, Schenkungen machen, sowohl in Form von Sachleistungen als auch von Ländereien.

In Ägypten spielten die Verwandtschaftsbeziehungen eine große Rolle. Familien, oft ganze Sippen, wirtschafteten gemeinsam. Das begann schon am Hof des Königs, dessen Brüder und Söhne zu hohen Priesterämtern aufstiegen, und setzte sich innerhalb der gesamten Gesellschaft fort.

An der Spitze des Landes stand nach dem König der Taiti (»der Bekleidete«), der höchste Beamte, den man in der ägyptologischen Literatur mit dem arabischen Titel »Wesir« versehen hat. Der arabische Titel bezeichnete ursprünglich den persönlichen Assistenten/Berater des Kalifen und ist daher für das Alte Ägypten nicht immer ganz zutreffend.

Die bekannten Schreiberplastiken des AR (**102**) heben sowohl die gesellschaftliche Bedeutung dieses Berufs als auch die der Schrift (s. S. 22ff.) hervor, der man im Diesseits und für das Jenseits eine fast magische Kraft zuschrieb: Was geschrieben war, blieb real vorhanden. Die Entwicklung der Schrift, später auch der Literatur, war mannigfaltig. Sie kam in praktischen Bereichen wie der Wirtschaft zur Anwendung, und sie hatte religiöse

Zwecke. Man begegnet dem Schreiber als »Vorlesepriester« (hri-hb/Heriheb), der daneben aber auch andere Funktionen ausüben konnte, z. B. die eines Arztes, des Expeditionsleiters oder eines Bauaufsehers.

Schreiber unterstanden dem Schutz des Gottes Thot, der zugleich Gott der Wissenschaften war, im Gegensatz zu Ptah, der als Schutzgott der Handwerker galt. Die Zahl der Schreiber wuchs ständig. Man benötigte sie in immer größerem Umfang, so daß sich auch Spezialisierungen entwickelten. Sie kamen aus unterschiedlichen sozialen Schichten und wurden mit Tätigkeiten entsprechend ihrer Fähigkeit betraut: der Registrierung von Waren oder Ernten (103), der Vermessung von Feldern (104, 105), aber auch der Strafzumessung. Wer sich weiterentwickeln wollte, konnte das erreichen, ohne ursprünglich dem Stand der Priester oder Höflinge angehört zu haben. Das belegt das Beispiel des Amenophis, Sohn des Hapu, aus der Zeit Thutmosis' III. Ursprünglich nur »königlicher Schreiber«, stieg er zum »Vorsteher aller Bauarbeiten des Königs« auf.

Nur wenige Schreiber waren auch literarisch gebildet. Das darf nicht verwundern, denn Literatur war immer und überall in Entstehung und Wirkung begrenzt, obwohl gerade in Ägypten aufgrund des Jenseitsglaubens die Schrift als Textträger, als Erinnerung im Jenseits, zum verbreiteten Medium geworden war, nicht nur für die Kommunikation mit den Göttern, sondern auch unter den Menschen. Die überlieferten Namen sind in erster Linie die von Autoren, nicht die von Schreibern. Allerdings finden sich aus der Blüte der Ramessidenzeit (13./ 12. Jh.) auch Namen von Kopisten, die für die besondere Qualität ihrer Arbeit standen.

Ab dem MR fanden sich immer häufiger große Text-

103 Schreiber beim Registrieren der Opfergaben. Fragment (H. ca. 70 cm) aus dem Grab des Nebamun (NR). BM Nr. 37978

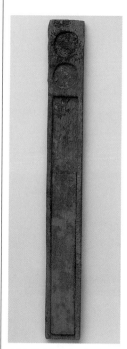

104 Holzbehälter für die Schreibstifte mit den im oberen Teil deutlich erkennbaren Vertiefungen für die Schreibfarbe, wahrscheinlich NR. Liv. 55.82.20
105 Meßstock aus Deir el-Medina (NR) mit Maßmarkierungen: 19, 38, 76 mm usw. Liv. M13825

106 Bemaltes Tiefrelief aus Medinet Habu mit einer Priesterprozession beim Tragen der heiligen Barke, begleitet vom König als Hohempriester.

107 Holzstatuette eines kahlköpfigen Priesters

sammlungen von unterschiedlichem Inhalt auf Papyri. Neben religiösen gab es auch literarische (z. B. die Sinuhe-Erzählung) und wissenschaftliche Texte aus allen erdenklichen Bereichen. Die Großen der Schreiberzunft waren Priester, die sich als »Vorsteher der Geheimnisse der Gottesworte« bzw. als »Schreiber der Gottesbücher, die sich im Lebenshaus befinden« bezeichneten.

Schließlich hatten eine Reihe von Berufen die Beherrschung der Kunst des Schreibens zur Voraussetzung, so auch die seit dem NR immer angesehenere militärische Laufbahn, für deren Aufstiegschancen die Schreibkunst unerläßlich war. Die neuen politischen Prioritäten führten zu früher nicht gefragten Berufen, etwa denen eines Dolmetschers und Briefeschreibers.

Zur Selbstverständlichkeit eines sakralen Königreichs gehörte seine heilige Struktur, deren Mechanismen nur durch eingeweihte Personen (Priester) geregelt werden konnten. Eine Trennung in weltliche (profane) und kultische (sakrale) Bereiche gab es nicht. Deshalb finden sich auf Tausenden und Abertausenden von Denkmälern bei der Benennung der Titel der Dargestellten neben den priesterlichen auch die sogenannten weltlichen Bezeichnungen. Viele bekannte Personen mußten nicht mit dem Titel »Priester, Prophet, Magier« u. ä. genannt werden; schon die Bezeichnung »Der Königliche ...« beinhaltete die vorhandene Priesterweihe. Man diente einem Gott, was auch die

»Die Priester schneiden alle zwei Tage ihre sämtlichen Körperhaare ab, damit sich bei den Dienern der Götter keine Laus oder anderes Ungeziefer festsetzen kann. Als Kleidung tragen die Priester nur ein leinenes Gewand und aus der Byblosstaude gefertigte Schuhe; andere Kleider, anderes Schuhwerk dürfen sie nicht tragen. Zweimal am Tage und zweimal des Nachts baden sie in kaltem Wasser und halten noch andere geradezu unzählig viele Gebräuche inne. Freilich genießen sie auch nicht geringe Vorteile. Sie brauchen ihr Privatvermögen nicht zu verzehren, sondern bekommen von dem heiligen Brot, und eine Menge Rind- und Gänsefleisch wird ihnen jeden Tag geliefert, ebenso Traubenwein ... Jeder Gott hat übrigens dort nicht einen, sondern viele Priester, von denen einer der Oberpriester ist. Stirbt ein Priester, so tritt sein Sohn in die Priesterschaft ein.« Herodot, Historien II, 37

ägyptische Bezeichnung für Priester (»Gottes-
diener«) wiedergibt. Daß man über die innere
Struktur der Priesterschaft weniger weiß als über
andere Berufe, hat verschiedene Gründe, vor
allem hermetische. Fest steht jedoch, daß die Zahl
der Priester groß und der Charakter ihres Amtes
sehr unterschiedlich war.

Die Organisation der Priesterschaft, der auch
Frauen angehörten, war hierarchisch geordnet
und sehr verzweigt. Sie unterschied sich gemäß
den lokalen Kulten und Göttern und scheint sich im
Lauf der Geschichte ritualisiert zu haben. In ihren
Grundzügen blieb sie jedoch formal konstant. Aufgrund erhaltener Aufstellungen von Tempelbibliotheken – was die enge Verbindung zwischen
Schreiber und Priester verdeutlicht – kann man auf
den Aufbau und die Beschäftigungsbereiche (im
kultischen Sinn) der Priesterschaft schließen.

Vorsänger und Vorbeter trugen Hymnen und Gebete vor und betreuten den Ablauf kultischer Handlungen, sie berichteten auch über das Leben des
Königs. Sternzähler und Sterndeuter (109) waren
gleichzeitig Astronomen und Astrologen; eine Trennung beider Disziplinen gab es bis mindestens in
die Zeit Keplers nicht. Diese auch Stundenzähler
genannten Priester widmeten sich der Beobachtung
der Himmelskörper und -zeichen und schützten die
fünf astrologischen Bücher: »Von der Anordnung
der Fixsterne«, »Über die Stellung von Sonne und
Mond«, »Über die fünf Planeten«, »Über die Kon-
junktionen und Phasen von Sonne und Mond«,
»Über die Aufgangszeiten der Sterne«.

Die sogenannten Propheten hüteten die priester-
liche Ausbildung und die zehn hieratischen Bücher
über Gesetze und Götter; zusammen mit sechs medizinischen Büchern und weiteren Texten bildeten
sie einen Kanon von insgesamt 42 Werken, die
der Zahl der Gaue entsprachen, also im ägyptischen Sinn eine Ganzheit symbolisierten. Es folgten die Gelehrten, die die zehn hieroglyphischen
Bücher über Kosmographie und Geographie, das

108 Herodot (485–425).
Die Schilderungen Herodots
beziehen sich auf Tempelkult-
priester, die nur eine spezielle
Art der Priesterschaft darstellten, die geschichtlich allerdings meist ausschließlich als
solche assoziiert wurden, obwohl gerade für Ägypten als
Land »der gelebten Mythen«
die sakrale Wirklichkeit nach
ständigen heiligen Handlungen rief, die nur von einer
ganzen Reihe von »Gottes-
dienern« erfüllt werden konnten. Nach einem Stich von
J. Cooper (18. Jh.).

Das tägliche Leben

109 Sternbilder und Dekan-
listen (Ausschnitt) aus der
Decke des zweiten Korridors
im Grab Ramses' IX. im Tal
der Könige (Nr. 6): ein selte-
nes Beispiel für Frontalität in
der ägyptischen Malerei, hier
des hockenden Stunden-
zählers

Das tägliche Leben

110 Steatit-Köpfchen Tejes (H. 9 cm, Hathor-Tempel in Serabit el-Chadim, Sinai), die als »große königliche Gemahlin« Amenophis' III. ohne königliche Abfolge – was es ihr unmöglich machte, den Titel eines »Gottesweibs« zu tragen – de facto zur Personifikation der Ma'at, zur Göttin selbst, erhoben wird, was ihre hervorragende Stellung am Hof bestätigt. ÄMK JE 38257

111 Dieser seit 90 Jahren bekannte Kopf der Teje konnte inzwischen um den Kopfputz der Königin ergänzt werden, der als göttliches Attribut die Hathorischen Hörner mit der Sonnenscheibe zeigt (Federkrone hier nicht sichtbar). ÄMB Nr. 17852, 21834

Nilland, den Tempelbau und den Tempelbesitz betreuten und dessen Versorgung und Ausstattung ordneten. Sodann kamen die Tempeldiener, eine Priestergruppe niederen Grades, die der Erziehung und den zehn Büchern darüber vorstanden.

Dieser Aufbau der Priesterschaft, die seit alters die intellektuelle Schicht bildete, war Grundlage der Verwaltung und Gerichtsbarkeit, die entsprechend den Bedürfnissen über das Land verteilt war und sogar die Expeditionen regelte.

Die Organisation des Priester- und Tempelwesens, die in der Spätzeit ihre letzte Entwicklungsstufe erreichte und für Fremde als Synonym des Ägyptischen überhaupt galt, hatte eine lange Entwicklungsgeschichte durchlaufen. Sie wies lokale und zeitliche Spezifika auf, beginnend mit den Pyramiden- und Sonnentempelbezirken, über vielerlei Aufgaben in der Gauverwaltung während des MR, bis zu denen in den großen Reichs- und »Todestempeln« von Theben. Den Priestern unterstanden die Bauvorhaben, die Ländereien, die Organisation und Durchführung von Festen u. v. m.

In einigen Tempeln und bei manchen Kulten hatten auch Frauen als Priesterinnen, später als »Gottesgemahlinnen des Amun«, eine bedeutende Rolle. Man fand sie in den wichtigen Sanktuarien der verschiedenen Göttinnen, z. B. der Hathor (110, 111), Mut und Isis, aber auch im Tempel des Amun als »Gottesweiber«, die in der Spätzeit für die kontinuierliche Legitimität der Herrschaft sorgten. In Anspielung auf den ersten Schöpfungsakt des Gottes Atum, der durch Masturbation die erste Generation der Götter erzeugt hatte, wurde die Priesterin (meist Königin oder Prinzessin) zur »Gotteshand« und hatte für den Vollzug des Kults, bei dem der Schöpfergott zufriedengestellt wurde, zu sorgen. Auf diese Weise war die Frau in ihrer Eigenschaft als Priesterin zum Bindeglied zwischen Göttlichem und Menschlichem geworden; sie konnte sich auch mit dem Gott vermählen, um die göttliche Ordnung, die Ma'at, zu sichern. Unter den Priesterinnen gab es auch Sängerinnen, Musikantinnen und Tänzerinnen (112). Ihre Darstellungen, besonders aus der Zeit des NR, sind eindrucksvoll und vermitteln eine Vorstellung von Fest, Freude und Vergnügen im Alten Ägypten (s. S. 81 f.). Voraussetzung für all das war eine hervorragende Schulung und Erziehung, die sich eindeutig in den Händen der Priester bzw. der Einflußsphäre der Tempel befand.

In der ägyptischen Didaktik entdeckt man die heute so gepriesene Ganzheitsmethode. Es galt als Tugend und als Pflicht, Kinder aufzuziehen. Dies drückt sich in der häufig auftretenden Formel aus: »*Ich begrub die Alten, ich zog die Kinder auf.*« Wie die Welt im Ganzen, so bedurfte auch der Mensch einer ständigen Vervollkommnung: »*Ein Meister wird nur, wer sich unterrichten läßt*«, denn: »*Niemand noch wurde weise geboren.*«

Die »Lehren« dienten in erster Linie dazu, allgemeingültige Lebensmaximen und ethische Prinzipien zu vermitteln. Dabei wurde auf eine humane Grundlage jeden Handelns Wert gelegt, auf die Harmonie der Mitte (Ma'at), Prinzipien, die später zur Grundlage der Sicht Platos wurden. Die Ägypter hatten dieses Ziel schon viele Jahrhunderte vorher verwirklicht und über eine ebenso lange während Zeit in der Praxis erhalten.

Religiöse und weltliche Ebenen waren in der Erziehung und Formung des Menschen miteinander verwoben und standen sich nicht konträr gegenüber. Es gab keine allgemeine Schulpflicht. Kinder erhielten ihre Ausbildung im allgemeinen unter der Aufsicht ihrer Eltern, besonders der Väter, und sammelten hier ihre Erfahrungen, woraus sich auch die erbliche Struktur vieler Berufe erklärt. Andererseits konnten sie aber auch zu großen Meistern, Gelehrten oder in Priesterschulen in die Lehre gegeben werden. Letztere unterhielten oft Anstalten, die man als »Hofschulen« bezeichnen könnte, und

112 Szenen des »Schönen Festes des Wüstentals« in den Wandmalereien des Nebamun-Grabs. Die Honoratioren im oberen Register werden durch die Musikantinnen und Tänzerinnen im unteren Register unterhalten. BM, Nr. 37984. Gesang und Tanz gehörten untrennbar zu Hathor, die hier als »*Gebieterin des Jubels, Herrin des Tanzes, Gebieterin der Musik, Herrin des Harfenspiels, Gebieterin des Reigens, Herrin des Kranzbindens, Gebieterin der Myrrhe*« (nach Schott) gefeiert wird. Das wahrscheinlich beliebteste Fest aller Ägypter, sowohl der noch auf Erden weilenden als auch der, die in ihren Gräbern weiterexistierten, war ausgelassen und fröhlich, hier erlangte auch die Trunkenheit einen besonderen Stellenwert.

Aus den Weisheitslehren
»Achte den anderen, dann wirst auch du geachtet werden./Liebe die Menschen, dann werden die Menschen auch dich lieben.«
(nach Brunner, Weisheit, 227)

Das tägliche Leben

diese waren viel offener, als man es sich gemeinhin vorstellt. Die Kunst des Lesens und Schreibens war angesichts der Vielzahl der erhaltenen Schriftdenkmäler weit mehr verbreitet, als man allgemein meint, jedoch war sie zugleich eine sehr unterschiedlich beherrschte Disziplin.

Die steigende Zahl der Beamten im MR führte dazu, daß die sogenannten Residenz- und Hofschulen großen Bedarf an begabten Schülern hatten. Ihr Alter war nicht festgelegt, es kam auf die persönliche Entwicklung des jeweiligen Kandidaten an, der Ausbildungsabschluß dürfte aber im Alter zwischen 20 und 25 Jahren gelegen haben. Wie zahlreiche Beispiele belegen, war die soziale Herkunft der Schüler unterschiedlich und für die Weiterbildung bedeutungslos. Daß viele der Schuldisziplin ablehnend gegenüberstanden, erfährt man aus Texten (»Die Lehre des Cheti«), in denen ein Vater, der offenbar nicht aus der Schicht der »Großen des Reichs« stammte, große Mühe aufwendet, um seinen Sohn von den Vorteilen einer guten Ausbildung zu überzeugen, indem er alle anderen Tätigkeiten gegenüber der eines Schreibers und Beamten in schwärzesten Farben malt: »*Jeder Holzarbeiter, der den Drechsel führt, der ist müder als ein Hacker auf dem Feld ... Der Gärtner trägt das Tragjoch; seine beiden Schultern sind gekrümmt wie vom Alter ... Der Schuster – dem geht es sehr elend unter seinen Ölbottichen.*« (Brunner, Weisheit, Nr. 5).

Die Grundlagen des Bildungsverständnisses waren trotz zeitlich bedingter Veränderungen im wesentlichen konstant. Manches mutet sogar ›modern‹ an, z. B. wenn es um die Gegenüberstellung von Lehrern und Schülern geht. Letztlich stand im Vordergrund jedoch immer die verantwortungsvolle Autorität, die, gelenkt durch Weisheit, Götter

113 Die Grabreliefs des AR mit der Darstellung der Schreiber vermitteln eine mögliche Vorstellung vom Schulbetrieb. Davon erhalten sind unzählige Scherben (Ostraka), die oft erste Proben von Schriftzeichen, Zeichnungen u. ä. wiedergeben.

Das ägyptische Wort ḥm, das man mit **Sklave** zu übersetzen versucht, bedeutet eigentlich nur »Körper«, mit einigen Zusätzen läßt es sich notfalls als »Diener« übertragen.

und die Ma'at, Menschen zu formen hatte, die zu Trägern einer der ältesten und dauerhaftesten Kulturen werden konnten.

Die Strukturen der ägyptischen *mythischen* Gesellschaft kannten den »Fremden«, später auch den »Sklaven«, dessen Status jedoch nicht der römischen oder neuzeitlichen Bedeutung dieses Begriffs entspricht. Durch die Kontakte Ägyptens mit der Außenwelt (insbesondere durch Handel

und Kriege) kamen auch Fremde ins Land, u. a. auch als Kriegsgefangene. Als Sklaven lassen sie sich allerdings nur unzureichend charakterisieren. Zur

Klärung soll deshalb ein Blick auf die Situation des Fremden unter den Ägyptern geworfen werden.

Wie gezeigt, hatte der Pharao als Garant der Weltordnung die Ursachen jeglicher Unruhen zu beseitigen bzw. zu besiegen. In der Regel reichten dafür magische Formen und Sprüche, wie sie in den Achtungstexten des AR ausgesprochen wurden. Diese Ächtungstexte änderten jedoch nichts an der Tatsache, daß jeder, der »ein Untertan im Sinne des Dienens zu sein beabsichtigt«, unter der Herrschaft des ägyptischen Königs Schutz genoß, denn auch Fremde waren eine Schöpfung Gottes. Diese Einstellung war seit dem NR, wenn nicht schon im MR zum Prinzip geworden, weil die Begegnungen mit Fremden zum Alltag gehörten. Das manifestiert eine Szene im Grab Sethos' I. (Raum

114, 115 Die 30. Szene des Pfortenbuches vermittelt uns, daß in den ägyptischen Jenseitsvorstellungen die »vier menschlichen Rassen« (Ägypter, Asiaten, Kuschiten, rechts, und Libyer, links) vertreten waren, die jeweils in Vierergruppen dargestellt wurden. Auch sie werden umsorgt und geschützt, es steht ihnen ein Platz im Totenreich zu.

116 Fünfter Abschnitt des Höllenbuches mit zeugungsfähigem Osiris. Vor ihm ein Kessel, in dem vier geköpfte Verdammte schmoren, daneben die feuerspeiende Uräusschlange. Grab Ramses' VI., Tal der Könige (Nr. 9)

»Jeder Rebell dieses Landes, jeder Mensch, jeder Beamte, jeder Untertan, jeder Mann, jeder Kastrierte, jede Frau, jeder Führer, jeder Nubier, jeder Kämpfer, jeder Bote, jeder Verbündete und jeder Bundesgenosse eines jeden fremden Landes, der sich widersetzt und sich in Wawat, in Satju, in Irtjet, Jam, Ianech, Masit, Kaau (in Fremdländern) befindet oder der eine Verschwörung anzettelt oder durch wie auch immer geartete böse Worte gegen Ober- und Unterägypten Unruhen heraufbeschwört, (wird) für immer (vernichtet) werden.«

Ächtungstext (nach E. Bresciani, in Donadoni, 261)

In der Literatur werden die **Frauengemächer der Pharaonen** häufig als »Harems« bezeichnet (ein semitisches Wort, das von arab. *haram* = »geweiht, unbetretbar«, ja »heilig«, kommt), worin eine Anspielung auf spätere islamische Palastbräuche liegt und was mit der Position der Frau in der islamischen Gesellschaft zusammenhängt. Diese ist jedoch mit der der altägyptischen Frauen (s. S. 86ff.) nicht zu vergleichen; die Frauen des Pharaos hatten große Freiheiten, sie waren als Priesterinnen in den Kult eingebunden und standen nicht unter dem Schutz von Hofeunuchen wie in den islamischen Harems.

E/1, 5. Stunde des Pfortenbuches), heute leider teilweise beschädigt (**114, 115**), in der auch Fremden jenseitiges Bestehen verheißen wird. Manchen Fremden brachte man Interesse am Exotischen entgegen, wie die Korrespondenz zwischen Herchuf, dem Gaufürsten aus Elephantine, und seinem König Pepi II., der ungeduldig auf den Pygmäen wartete, den Herchuf aus dem Süden holte, zeigt. Für andere bedeutete das Leben Söldnerdasein, Tributpflicht und Gefangenschaft. Doch sie alle, auch die Halbnomaden aus Palästina, scheinen im Alten Ägypten Schutz und Nahrung gesucht zu haben, was die biblische Geschichte von Josef und seinen Brüdern (Gen. 37ff.), aber auch zahlreiche andere Darstellungen wiedergeben (**117**).

Die Kontakte mit Fremden ließen schon in der Zeit des AR den Beruf des Dolmetschers entstehen, der immer häufiger und populärer wurde. Als Diener fanden sich oft Südländer, besonders in privaten Haushalten. Die *Medjai* waren schon im MR als berittene Grenzpolizei geschätzt und privilegiert. Mit den Völkern des südlichen Niltals wurden ausgeprägte Kontakte gepflegt, was an mythischen Gemeinsamkeiten gelegen haben könnte. So galt Isis sogar als »nubische Magierin«. In den Frauengemächern der Pharaonen fanden sich Prinzessinnen aus dem Süden. In der 25. Dynastie

117 Beduinen (wahrscheinlich Semiten), Wandmalerei aus Beni Hassan (Felsengrab des Chnumhotep II., MR) in einer Kopie (PWG I/1931, 464/465), die die Darstellung vollständiger wiedergibt, als das heute in situ der Fall ist.

verstanden sich die Kuschiten sogar als legitime Herren Ägyptens und pflegten die gleichen altägyptischen Sitten, bauten die gleichen Tempel (Napata) und Grabanlagen (118, 119).

Eine Sondererscheinung in Ägypten war die Fremdherrschaft der Hyksos im 17./16. Jh. Zwar versuchten auch sie, sich der ägyptischen Tradition anzupassen. In ihrer im Norden gelegenen neuen Metropole Awaris führten sie aber fremde Kulte ein. Deshalb empfand man ihre Herrschaft als Schmach, und Kamose (um 1550) tat alles, um die »Ordnung wiederherzustellen« und sie zu bekämpfen. Damals könnten auch Juden (möglicherweise als *Hapiru/Habiru*, »Hebräer«, bezeichnet) ins Land gekommen sein. Sie galten als Freunde der Fremdherrscher. Schenkt man der biblischen Erzählung über Josef Glauben, hatten sie sogar einflußreiche Stellungen inne. Mit dem Niedergang der Fremdherrschaft fielen sie in Ungnade.

Mit dem NR und den an seinem Beginn stehenden Kriegen wuchs der Anteil der Fremden im Land rapide an. Bei den Kriegsgefangenen kann auch von Sklaven gesprochen werden, obwohl viele bald integriert wurden. Fremde Frauen fanden sich als Tänzerinnen und Sängerinnen in den Tempeln, aber auch als Weberinnen und Dienerinnen oder als Mädchen der Freudenhäuser.

Die Außenpolitik deutete zunehmend auf intensive diplomatische Beziehungen zwischen Asien und Ägypten hin. Die in Amarna gefundenen Briefe in Keilschrift bestätigen dies ebenso wie die in den asiatischen Archiven erhaltenen ägyptischen Schreiben. Die Gefahren von seiten der Asiaten (als Sammelbegriff) konnten mittels kriegerischer Auseinandersetzungen gebremst werden;

Die Diskussion über die **Juden** und ihren Aufenthalt in Ägypten ist nicht abgeschlossen. Es bestehen interessante Parallelen zwischen biblischem und historischem Material. Die formalliterarischen Kategorien und die Art der Erzählung (»Märchen von zwei Brüdern«), die Einkäufe von Korn durch Asiaten in Ägypten, die Verbindung der Juden zu den Hyksos und ihre spätere Unbeliebtheit im von der Fremdherrschaft wieder befreiten Ägypten läßt die viel später kodifizierte biblische Erzählung über Josef auch im Licht chronologischer Probleme wahrscheinlich werden.

118, 119 Pyramide Nr. 22 des Königs Natekamani (um die Zeitwende) im Nordfriedhof von Meroë mit einer kleinen Kapelle, die die meroitische Tempelarchitektur en miniature wiedergibt. Links von G. A. Hoskins (um 1832), rechts gegenwärtig (1986)

Das tägliche Leben

120 In persischer Zeit knüpfte man wieder an die archaische Zeit an und reaktivierte die Nekropole von Saqqara. Man errichtete in unmittelbarer Nähe der Unas-Pyramide (Südseite) einen Schacht von ca. 25 m Tiefe, der zu den miteinander verbundenen drei Grabkammern der hohen Beamten und Priester Ped-en-Isis, Tja-en-nehebu und Psammetich aus der 26. Dynastie führte. Die Bemalung der Felswände ist z. T. noch erhalten.

121 Der »siegreiche Horus« auf der Westwand des Hypostylsaals des Tempels von Hibis, Oase Charga, zwischen 424 und 404, nach einer Kopie von Charles K. Wilkinson (1897–1986)

durch den kontrollierbaren Zugang über den Sinai, den »Horus-Weg«, hielten die Ägypter sie in Schach. Das Verhältnis zu den westlichen Nachbarn, den *Tjehenu* (Libyern), war ein anderes. Sie hatten als nomadisches, den Ägyptern ethnisch verwandtes Volk schon früher den inneren Frieden des Nillandes gestört. Seit der Zeit Ramses' III. begannen sie sich aber immer häufiger in Unterägypten niederzulassen, bis sie sich schließlich kulturell völlig integrierten und mit der 22. Dynastie (945–718) die Macht auf dem Horus-Thron übernahmen. Hieran wird deutlich, daß die Ägypter anstrebten, Fremde religionskulturell so zu integrieren, daß sie im Lauf der Zeit den Ägyptern gleich wurden und ägyptische Götter als die eigenen anerkannten. Gelang dies nicht, wie z. B. im Fall der Assyrer, war das ägyptische Volk auch nicht bereit, eine Fremdherrschaft zu dulden. Sie blieb dann meist von kurzer Dauer und wurde von lokalen ägyptischen Herrscherdynastien, die für die Kontinuität des Ägyptischen sorgten, beseitigt. Die Perser, die autochthone Kulturen unberührt ließen, beteiligten sich am Bau und der Erhaltung altägyptischer Stätten; sie legten ihre Gräber (120, 121) in der Nähe der Unas-Pyramide von Saqqara an.

Mit dem Hellenismus begegnete Ägypten einer Kultur, die dem Land schon vorher bekannt geworden war. Minoische Produkte waren schon in der Zeit des AR bis nach Elephantine gelangt, in Awaris fanden sich Paläste mit minoischen Wandmalereien, Minoer waren in Gräbern des NR (122) dargestellt und häufige Gäste an ägyptischen Häfen. Ihnen folgten die Ionier und Karer, die unter Psammetich als Söldner sogar bis Abu Simbel kamen und dort die ältesten griechischen Inschriften hinterließen. Sehr früh entstanden griechische Kolonien, so im 7. Jh. Naukratis. Griechen besuchten Ägypten und berichteten über das Land, das sie bewunderten. Jedenfalls erfuhren Herodot, Pythagoras und viele andere griechische Gelehrte in Ägypten ihre Schulung. Die späteren hellenisti-

schen Gelehrten Alexandrias sprachen zwar griechisch, dennoch atmeten sie ägyptischen Geist
und strahlten ihn nach außen, sogar bis nach Rom.

Besonders seit der Fremdherrschaft und der Öff-
nung nach außen gewannen Handel und materielle Werte an Bedeutung. Die Veränderungen und
Einflüsse wurden immer deutlicher, das Urägypti-
sche kam in Bedrängnis. Dieses Land ohne Geld-,
sondern mit einer Naturalwirtschaft begann seine
Schätze zu zählen und zu bewerten. Das war der
Anfang nicht nur der neuen Wirtschaftsstruktur des
Tauschhandels, sondern auch der ›Wirtschaftskri-
minalität‹. Von Raub, Totschlag, Schändung von
Gräbern und Mumien wird berichtet. Oft waren
Kenner der Nekropolen daran beteiligt, was erhal-
tene Gerichtsakten eindrucksvoll schildern. Gold,
Silber, Edelsteine und alles von Wert wurde ohne
Skrupel gestohlen. Erstaunen muß die Feststellung,
daß das, was in dem einen Grab geraubt worden
war, sich dann in einem anderen wiederfand.
Man stahl für das Jenseits!

»Krieg und Frieden«

Vor dem Hintergrund des altägyptischen Verständ-
nisses von Zufriedenheit (= Frieden) machen die
beschriebenen Prozesse deutlich, daß sich auch
die ägyptische Mentalität in besonderer Weise
erst durch von außen eindringende Ereignisse,
meist Kriege, wandelte. Doch erst gegen 1300,
am Anfang des NR, wurde eine militärische Karrie-
re für einen Ägypter erstrebenswert; bis dahin hatte man sich mit Söldnern begnügt. Eine solche Auffassung war die Konsequenz des sakralen Königs-
tums, in dem man grundsätzlich von der mythischen Überlegenheit des Königs auf dem Horus-
Thron ausgegangen war. Der König war Sieger
per definitionem, deshalb reichte sein Erscheinen
aus, um die »Feinde zu erschlagen«. Später kamen ihm seine obersten Heerführer, die »Vorsteher
der östlichen bzw. westlichen Wüste« zu Hilfe. In
erster Linie ging es weiter um die Bewahrung und

122 Minoerdarstellung in
den Wandmalereien des Grabes des Mencheperreseneb,
Zeit Thutmosis' III., nach der
Kopie eines der berühmtesten
Archäologen und Dokumen-
taristen der Grabmalereien,
Norman de Garis Davies
(1865-1941) und seiner Ehe-
frau Nina (1881-1965)

123 Sesostris III. (H. 80 cm),
Kopf aus rotem Granit, Luxor
Museum, Nr. J 34. Nach Meinung einiger Ägyptologen finden sich hier nicht nur kanonische königliche Merkmale,
sondern auch individuelle Züge, die für ein Portrait sprechen. Allerdings weisen auch
andere königliche Bildnisse
aus dem MR m. E. große Ähn-
lichkeit damit auf.

Das tägliche Leben

124 Mit der Zweiten Zwischenzeit kam das Pferd nach Ägypten, dessen Darstellung und Verwendung von da an typisch im Zusammenhang mit der Königsikonographie wurde. Der König wird auf den Außenwänden der Tempel des NR nun meist als Wagenlenker dargestellt. Die abgebildete Szene findet sich an der Außenwand des Luxor-Tempels.

Die ägyptischen **Frauendarstellungen**, besonders aus der Zeit des NR, entsprechen einer Ästhetik, die den Schönheitsidealen der Neuzeit nahe kommt. Das zeigt sich heute z. B. in der Werbung für Kosmetika und Schmuck. Dieser Aspekt ist jedoch unter dem Gesichtspunkt des Fortlebens einer Kultur zu behandeln, trotz der Gefahren, die sich daraus für die ›Rückprojektion‹ ergeben.

den Schutz des Landes, aber auch das Prinzip der ›Erweiterung‹ schien nun eine Rolle zu spielen. Die Feldzüge Sesostris' III. um 1860 führten bis tief ins heutige Nubien, wobei festzuhalten ist, daß man bereit war, nur Nilländer in das ägyptische Reich einzugliedern, d. h. der Ma'at unterzuordnen. Bei Feldzügen nach Asien bestand diese Bereitschaft grundsätzlich nicht.

Es kam zu einer grundlegenden Wandlung der Auseinandersetzung mit den Fremden als Feinden. Gleichzeitig traten neue, von den Fremden eingeführte Elemente in Ägypten auf, die zu Merkmalen des NR wurden: der König als oberster Anführer seiner Armee mit Pferd, Streitwagen und gespanntem Bogen, furchtlos und siegessicher (**124**). Einen besiegten ägyptischen König darzustellen, war unmöglich, Niederlagen wurden in Siege verwandelt, wie in den Darstellungen der Schlacht bei Kadesch (**194**).

Die steigende Kampfbereitschaft erzeugte nicht nur neue Tugenden wie Tapferkeit und Mut, sondern auch neue Systeme der Belohnung: Geschenke von Ländereien, Gold, Zuteilung von Privilegien und schließlich sogar Geld, das eingeführt worden war, um die Söldner zu bezahlen. Dadurch veränderten sich die ökonomischen Verhältnisse und die Machtstrukturen des Landes grundlegend. Immer häufiger versuchten Generäle den Horus-Thron zu usurpieren: Haremhab und Ramses I. waren ursprünglich Armeeführer, die es verstanden hatten, ihre mit dieser Stellung verbundene Macht zu nutzen. So entstand in Ägypten im NR eine Polarisierung zwischen der alten Tradition und dem militärischen Fortschritt, die konsequenterweise immer häufiger zu Kriegen und schließlich zum Untergang des Reichs führen mußte. Schlachtszenen bedeckten von nun an die Mauern der großen Tempel des Landes. Neue Ideale bestimmten den Gang der Geschichte. Gleichzeitig verinnerlichte sich aber auch die Kultur, in der die Priesterschaft als Bewahrerin echter ägyptischer Tradition immer stärker herausgestellt wurde.

Feste, Spiele und Vergnügungen

Trotz zahlreicher Tätigkeiten und Pflichten fanden die Ägypter Zeit für das, was wir als Erholung bezeichnen. Aber auch hier wirkten mythische Vorstellungen mit, die für die diesseitigen Handlungen wie für die jenseitigen Wünsche prägend blieben. Gelage mit Wein, Weib und Gesang, bei denen die Erotik nicht zu kurz kam, wurden häufig gefeiert. Bilder zeigen schöne Frauen (125), die überall als gleichwertige, geehrte Begleiterinnen des Mannes zu finden sind.

Feste wie das des »Schönen Wüstentals« wurden im Sinn »derer, die zu ihrem KA gegangen sind« auf den Friedhöfen gefeiert. Diese Sitte ist noch heute in wenigen Kulturen vorhanden. Man zog im Sommermonat nach der Ernte zu den hoch über der Ebene liegenden Gräbern, den »Häusern des Westens«, um dort in der Gegend der heutigen Tempelanlagen von Mentuhotep II., Thutmosis III. und Hatschepsut in Deir el-Bahari an der heiligen Stätte der Hathor zu opfern und zu feiern. Im Gefolge des Amun-Besuchs im Westen begab sich eine Menge von Menschen in die sogenannten Totentempel. Dort vollzogen sie eine ausgiebige Liturgie, um der BA-Seele des Verstorbenen, die im Mittelpunkt der Feierlichkeiten stand, einen würdigen Empfang zu bereiten. Brand-, Weihrauch-, Blumen- und Speiseopfer waren begleitet von Musik, Tanz, Spielen und Trinkgelagen.

Neben dem ›Fest des schönen Wüstentals‹ gab es auch Tempelfeste, die innerhalb des geheiligten Bezirks stattfanden und an denen das Volk außerhalb der Heiligtümer teilnahm. Hierzu gehörte die

125 Festszene in den Wandmalereien aus einem Grab des NR, die die Gleichstellung von Mann und Frau erkennen lassen

Trinkspruch an den Grabherrn und seine Gäste: »Für Deinen KA! Trinke den schönen Rauschtrunk, mache einen schönen Tag mit dem, was Dir Dein Herr (Amon-Re), (der Gott), der Dich liebt, gegeben hat! (Du) Großer, der den Wein liebt, der für (das Salben mit) Myrrhen gelobt ist. Du hörst nicht auf, Dein Herz zu erfrischen in Deinem schönen Haus!« (nach Schott, Fest, 82)

126 Statuette des ithyphallischen Gottes Min aus Koptos, der sich seit dem NR mit Amun verbindet und als Fruchtbarkeitsgott gefeiert wurde.

Min gehörte zu den archaischen ithyphallischen Göttern; er wird in engem Zusammenhang mit den dunkelhäutigen Bewohnern Afrikas gesehen, weshalb er zuweilen als »schwarzer« Gott dargestellt wurde. Er symbolisierte die stierhafte Potenz dessen, »der seine Mutter (d. h. Isis) befruchtet«. Damit gehörte er dem Kreis der Königsgötter an.

127 Die erotisch-satirischen Szenen aus dem Turiner Papyrus (55001, ramessidisch) gehören zu den selten erhaltenen Beispielen ägyptischer Ausgelassenheit.

128 Sistra, klassische Rasselinstrumente (Spätzeit), die von Hathor-Isis-Priesterinnen schon sehr früh kultisch verwendet wurden und sich bis heute in der Äthiopischen Kirche als liturgische Geräte erhalten haben.

Feier des Fruchtbarkeitsgottes Min von Koptos (126). Zwar waren die kultischen Handlungen, an denen der König als höchster Priester beteiligt war, auf das Innere der Tempel beschränkt. Aber schon die Tatsache des heiligen Ereignisses war Grund genug für eine beglückte Stimmung. Sie entfaltete sich auch beim Opet-Fest, das man noch heute an den Abbildungen auf den inneren Wänden des Luxor-Tempels nachvollziehen kann. Es fand in der Zeit des Hochwassers statt, in der die Landarbeit ruhen mußte. Gott Amun verließ inmitten einer großen Prozession seinen Tempel in Karnak und begab sich zu seinem »südlichen Haus« in Luxor. Dort fanden Rituale statt, die der Zufriedenheit und Geneigtheit der Götter, aber auch der Fruchtbarkeit und dem Wohlergehen des Landes dienen sollten. Die mit diesen Ritualen verbundenen Volksfeste und die in sie eingebundenen Spiele sollten die Götter besänftigen und gnädig stimmen und nicht nur die eigene, sondern auch die Aggression der Götter zähmen. Der Pharao spielte dabei die Rolle des Mittlers und tanzte selbst mit. Es gibt eine ganze Reihe von Spielen, vom Ballspiel bis zum Gesang, die der König kultisch zu vollziehen hatte. Sie alle dienten der Aufrechterhaltung des Gleichgewichts, der Harmonie in der Welt. Ihr Ausgang war vorgegeben: Immer mußte der König siegen.

Neben diesen religiösen Feierlichkeiten gab es auch alltägliche ›Spiele‹, nicht nur für Kinder, deren Spielzeuge und Geräte man gefunden hat, sondern auch für Erwachsene (128, 129). Die verschiedenartigen bekannten Brettspiele dürften nicht nur Ausdruck menschlichen Spieltriebs sein. Sie waren zugleich Rüstzeug für Wahrsagungen und magische Handlungen, die den Ägyptern stets präsent waren. Die Spiele, von denen man weiß, sind zweifellos im Sinne eines »homo ludens« zu begreifen. Sie waren aber zugleich religiöse, nicht nur sportliche Übungen. Der Eindruck, daß sie allein weltlichen Charakter hatten, täuscht. Ihre primär geistig-religiöse Bedeutung bleibt unbestritten: Wenn z. B.

beim Sed-Fest der Tempellauf des Königs seine physischen Fähigkeiten vor den Göttern offenbaren sollte, so stand doch der religiöse und nicht der sportliche Bezug dieser Übung im Vordergrund.

Speisen, Kleider und Düfte

Die Speisekarte der Ägypter war zwar nicht jeden Tag reichhaltig, aber immer nahrhaft und ausreichend. Neben Brot und Bier, den Grundnahrungsmitteln, gab es alles, was Fluß, Felder und Gärten hervorbrachten. Früchte, Fische, aber auch verschiedene Fleischsorten von Zucht- (Rind und Schaf) und Jagdtieren bereicherten die Tafel. Man liebte Gewürze, ohne die die ägyptische Küche unvorstellbar wäre. Bei Festlichkeiten floß Wein für die im Diesseits und im Jenseits Lebenden in großen Mengen. Man trank ihn, wie später die Griechen, aus Schalen. Alles war umgeben vom Duft der zahllosen Blumen, die auch als Opfergaben beliebt waren. Der Wein wurde mit anderen Ingredienzien gemischt, unter ihnen der wertvolle Weihrauch. Schließlich waren auch kosmetische Erzeugnisse im Alten Ägypten gefragt und beliebt. Eine große Rolle spielten verschiedene Öle, die aus einheimischen wie aus importierten Pflanzen und Organen gewonnen wurden. Ihre intensive Wirkung und Haltbarkeit (die heute übliche Vermischung mit Alkohol wurde selten praktiziert) verband man mit der Vorstellung von Leben, Liebe und Wohlergehen – als Gegensatz zum Gestank, den man mit Boshaftem, Bedrohlichem und mit Untergang assoziierte. Deshalb benutzte man Wohlgerüche für medizinische und kultische Zwecke. Unzählige Bilder in Grabmalereien geben die Damen mit Duftkegeln in den Haaren wieder (**131**). Reinheitsgebote und Hygiene fanden große Beachtung, worin sich die Ägypter von

129 Das Fayence-Brettspiel aus Abydos (NR) diente nicht nur dem Vergnügen, sondern hatte primär einen kultisch-magischen Zweck (Weissagung). Liv. 56.82.9

130 Spiegel mit als Dienerin geformtem Handgriff (Spätzeit). Seit alters dienten auf Hochglanz polierte bronzene Geräte der Schönheit.
131 Die »Schönen« des NR (18. Dynastie, Wandmalerei im Grab des Nacht, Qurna, Nr. 52) in festlicher Stimmung und Bekleidung mit Duftkegeln im Haar und Blumen und Früchten in den Händen

Das tägliche Leben

132, 133 Die Glaskunst ist sehr alt. Schon unter Thutmosis III. stellte man sogenannte Sandkerngläser her. Sie erfreuten sich über die ptolemäische Zeit hinaus großer Beliebtheit und fanden weite Verbreitung in der Alten Welt, so daß bei den Einzelobjekten ihre exakte Herkunft kaum festzustellen ist. Oben: Flacon für kosmetische Zwecke; links: Fragment einer Millefiori-glas-Platte, gefunden in Meroë. Liv. 49.47. 932

134 In den Reliefs des Ramose-Grabes aus der Zeit Echnatons in Qurna (Grab Nr. 55) lassen sich viele Details auch in der festlichen Bekleidung erkennen, u. a. die feinen Perücken, die von beiden Geschlechtern getragen wurden.

ihren Nachbarn stark unterschieden. Das wird sowohl in ägyptischen als auch anderen Berichten überliefert. Der ausgeprägte Reichtum Ägyptens an kosmetischen Erzeugnissen, die eng mit der Pharmazie verbunden waren, bestätigt auch den hohen Stand chemischer Kenntnisse, die in den Tempellaboratorien entwickelt und gepflegt wurden. Im Zusammenhang damit war auch die Produktion entsprechender Behältnisse entwickelt worden. Seit Thutmosis III. hatte man mit der Herstellung von Sandkerngläsern und Glas begonnen, bis zu den unübertroffenen Millefiori-Gläsern (132f.). Dazu kamen viele andere Objekte, die der Kosmetik dienten und die eng mit Mode und Stoffen verbunden waren.

Von der Mode und ihren Tendenzen in bezug auf Ägypten zu sprechen, ist berechtigt. Die Vielzahl der Denkmäler mit menschlichen Darstellungen, aber auch erhaltene Stoffreste und Webarbeiten vermitteln uns eine Vorstellung von der ägyptischen Kleidung, die sich von Anfang an für Frauen und Männer grundsätzlich unterschied. Letztere trugen kurze Röcke, erstere enge lange Kleider, die sich zwar in Stoff und Qualität in den verschiedenen Gesellschaftsschichten unterschieden haben mögen, deren Grundschnitt aber keine Abweichungen verriet. Veränderungen erkennt man an Falten, plissierten Formen (wie in der antiken Klassik), aber auch an Farben und Mustern der Stoffe. Die Merkmale scheinen eng mit der Haartracht, meist einer Perücke (134), zusammengehangen zu haben. Das Schuhwerk, meist Sandalen, blieb einfach (18). Die repräsentativen Königsgewänder waren zeremonieller Art und die Ausnahme. Auch die Attribute der Götter unterlagen den modischen Veränderungen. Wenn man von Schmuck sprechen will, darf man nicht vergessen, daß es sich in Ägypten primär nicht um ein »sich schmücken Wollen« handelte. Die Funktion der Juwelen war von symbolischem und schützendem Charakter, was sich auch in der überall und ständig anwesenden Magie, dem Zauber und sogar dem Aberglauben manifestierte (135).

Spuk, böse Mächte und Abwehr

In einer Welt voller Götter, Geister und Dämonen wirkten sich Kräfte und Ansichten aus, die man heute als Aberglauben bezeichnet, die damals aber eindeutig zu einer geglaubten und gelebten Realität gehörten. In einer solchen Wirklichkeit, in der man nicht Herr aller Dinge war, erschien vieles als übergeordnet und unverständlich – letztlich aber doch bezähmbar, wenn man die entsprechende Magie beherrschte. Keine soziale Gruppe war von solchen Vorstellungen frei, alle versuchten, das Böse zu besänftigen, und nutzten dazu die ihnen vertrauten Mittel. Die Vorstellung, Angehörige nicht richtig ins Jenseits geleitet zu haben, quälte Lebende mit Visionen von ruhelosen Toten, die im Land umherirrten und Böses anrichteten. Dem versuchte man mit Hilfe von Priestern, magischen Formeln und Opfern vorzubeugen. Die Ägypter waren in ihrer religiösen Verwurzelung zutiefst davon überzeugt, daß es gute oder schlechte Tage gäbe. Sie glaubten deshalb an die Notwendigkeit, sich mit Amuletten, Sprüchen, und kultischen Handlungen vor dem Bösen schützen zu müssen.

Dieses Volk, das sich seit der Spätzeit den sich verändernden politischen Lagen anzupassen hatte, hielt in der Religion immer intensiver an der Tradition fest und entzog sich so der offiziellen Regierungspolitik der Fremdherrscher. Zwar entstanden besonders im Hellenismus synkretistische Bildungen (Serapis-Kult). Grundsätzlich jedoch blieb das Volk in weiten Teilen den Mysterien treu, die nicht nur von einem hermetischen Schleier umgeben waren, sondern auch elitär als ägyptisch verstanden wurden und deshalb nicht allen zugänglich waren. Hierin wurzelt auch das Phänomen, daß Alchemie und andere Geheimlehren im Abendland noch lange als spezifisch ägyptisch galten.

135 Das königliche Emblem auf seinem Wappen mit Udjat-Auge und Uräus-Schlange (Grab des Tutanchamun). ÄMK JE 61990

136 Zwei Ketten aus Karneol mit den Amuletten für die Lobpreisung (in Form eines Wasserkrugs) und in der Mitte ein goldener Falke (ca. 4,8 cm) aus dem NR. Liv. M 11441, M 11516 und 1978.291.321

137 Die sogenannten vier Kinder des Horus: Amseti (Mensch), Dwamutef (Schakal), Kebehswenef (Falke) und Hapi (Pavian) in Form kleiner Fayence-Amulette (H. ca. 5 cm) aus der Spätzeit (26. Dynastie). Liv. M 1187, M 11790, 56.21.94 und 56.2.92

Das tägliche Leben

Wenn von Frauen im Alten Ägypten die Rede ist, denken viele nur an Königinnen und Prinzessinnen und deren oft als bezaubernd schön empfundene Darstellungen (139). Im Alten Ägypten genoß die Frau aber nicht nur am königlichen Hof, sondern in der gesamten Gesellschaftsstruktur als Mutter, d. h. Frau besondere Achtung. Das Frausein begann erst mit der Mutterschaft und kann sich mit den gegenwärtigen Vorstellungen von Gleichberechtigung nicht messen. Die Frau als Mutter war Garantin des Lebens und als solche geehrt im Alltag, im Kult, in der Kunst und im Jenseits. Sie war die »Herrin des Hauses«, konnte über ihr eigenes Gut frei verfügen und es ihren Kindern vererben. Sie bestimmte die Identität ihrer Kinder, indem sie ihnen den Namen und damit im altägyptischen Sinn ihre Existenz gab. Man kann für das Alte Ägypten von einer Matrilinearität ausgehen, die einige sogar als Matriarchat ansehen. Die dominierende Rolle der Frau lag in der großen Bedeutung der Nachkommenschaft. Fruchtbarkeit hatte im Alten Ägypten die mythische Dimension eines existenziellen Wunders, das sich im menschlichen Dasein in der Frau personifizierte. Indem sie Fortpflan-

138 Ein exzellentes Beispiel für die hervorragend ausgearbeiteten, bemalten Kalksteinreliefs: Sethos I. mit der Göttin Hathor, die ihm ihre Halskette reicht. Die Zeit dieses Königs charakterisierte innerhalb der ägyptischen Kunstproduktion das höchste Niveau, das Relief und Malerei je erreichten. Zeugnisse dafür finden sich sowohl in Abydos als auch im Grab Sethos' I. im Tal der Könige, das von G. Belzoni (1778–1823) entdeckt wurde.

zung und Erhalt des Erschaffenen gewährleistete, hatte sie an der Sakralität der Muttergottheiten Anteil (138).

Wenn man die Verhältnisse der
ägyptischen Götterwelt als Spiegel
der diesseitigen Gesellschaft ansehen will, dann war die Stellung der
Frau/Göttin von universalistischer
Tragweite, die sich bis zur Vorstellung
einer »Gottesmutter« (ägypt. *mwt
nčr*) nachvollziehen läßt. Es war
auch der Einfluß des ägyptischen
Patriarchen Kyrill, der diese Vorstellung auf dem Konzil von Ephesos
(431 n.Chr.) durchsetzte, in dem Maria als *Theotokos* (= Gottesgebärerin)
zum Kirchendogma erklärt wurde.
Damit entwickelte sich die Marien-
Ikonographie in Anlehnung an die
altägyptische. Das Phänomen der
großen Göttin Hathor-Isis wurde auf
diese Weise christianisiert.

Es gab eine Vielzahl von ägyptischen Göttinnen, deren Bedeutung
und Wirken jedoch sehr unterschiedlich war. Alle waren Mütter, jedoch
nicht immer in der kosmischen Vision
des Himmels (= Nut), in den alles
Sterbliche zum Ursprung heimkehren
sollte. Nicht die Erde, die dem männlichen Gott Geb gleichgesetzt wurde, war bei den Ägyptern weiblich,
sondern der Himmel, worin sich die
Spiegelbildlichkeit der himmlischen
und irdischen Verhältnisse offenbart.

Aus dieser grundlegenden Einstellung zum Weiblichen folgte die Bedeutung der Frau auch im höfischen
Leben. Sie konnte zur »Gottesgemahlin«, zur »Hand Gottes« auf Erden
werden. Frauen der königlichen

Familie spielten als »Auserwählte des
Gottes Amun« eine besondere Rolle
bei der Legitimation des jeweiligen
»Gottessohnes«, d.h. des irdischen
Horus. Diese Gottesgemahlinnen
blieben keine namenlosen Gestalten,
sondern waren bedeutende und einflußreiche Persönlichkeiten, die für
ihre minderjährigen Söhne, falls der
königliche Gatte verstorben war, sogar die Regentschaft übernehmen
konnten. Schon in der Zeit der 1. Dynastie begegnet uns die überragen-
de Persönlichkeit der Königin Meritneith, die, solange der abydanische

139 Fragment einer kleinen Statuette
(H. 15,4 cm) eines Mädchens (Prinzessin?)
aus der Zeit Amenophis' III. bzw. der
Amarna-Zeit. LP, E 14715

König Den noch unmündig war, ohne
den Horus-Titel für ihn die Regentschaft führte, um so keine Sonderzäh-
lung von Regierungsjahren zu bean-

140 Opferträgerin. Bemaltes Holz, um 2000–1900 (H. 108 cm), LP

spruchen. Nur drei, evtl. sogar vier (bei der legendären Königin Nitokris am Ende der 6. Dynastie ist das unsicher) wagten es, als »regierende Könige« aufzutreten. Es waren Nefrusobek am Ende der 12. Dynastie, Hatschepsut (s. S. 106f.) und schließlich Tausret (um 1193–90), die große Gemahlin Sethos' II. und Regentin für Siptah. Auch im kuschitischen Reich, aus dem die Könige der 25. Dynastie kamen, spielten die Königsfrauen noch bis in die meroitische Zeit (4. Jh. n. Chr.) eine entscheidende Rolle – nicht nur als »Königsmacher« (Mutter des jeweiligen Königs). Einer »Kandake« (Titel der regieren-

den Königin) oblag in Vertretung des Königs die Exekutive, die weltliche Regierung, dem König »nur« die Legislative, d.h. die Achtung der göttlichen Ordnung, der Ma'at, deren Garant er selbst war.

Es ist müßig, darüber urteilen zu wollen, ob das Horus-/König-Sein einer Frau viel bedeutete. Aus ägyptischer Sicht hätte darin ein Eingriff in die göttliche Ordnung der Ma'at gelegen. So ist erklärlich, daß Hatschepsut wegen ihres Thronanspruchs in Bild und Text als Mann dargestellt wurde, so daß die göttliche Ordnung zumindest im Königsbild nicht zerstört wurde. Nur durch die »Vermählung/Vereinigung« der Königin als irdischem Wesen mit dem Gott konnte eine legitimierte Kontinuität auf dem Horusthron gewährleistet werden. Der Thronanspruch einer Königin mußte also zwangsläufig zur Vernichtung der existenziell und kosmisch notwendigen Kontinuität führen, was für die Alten Ägypter undenkbar gewesen wäre.

Der Reichtum an Frauendarstellungen in der ägyptischen Bilderwelt, besonders aus der Zeit des NR, hat der Frau des Alten Ägypten in unserer Zeit zu großer Popularität verholfen. Offenbar entspricht das altägyptische Schönheitsideal (**125, 139**) den modischen Gegenwartsvorstellungen, was möglicherweise für das besondere Interesse unserer Zeit am Alten Ägypten mitverantwortlich ist. Aber nicht erst in der Gegenwart hat die Literatur über die Frau im Alten Ägypten Dimensionen einer Bibliothek erreicht! An Interesse für die unterschiedlichsten Aspekte mangelt es nicht, wohl aber an der Bereitschaft, die Frauenthematik als homogenen Bestandteil der ägyptischen Mentalitätsgeschichte adäquat zu behan-

142 Sarkophage der Tamutnefret, um 1100. Bemaltes Holz (H. 192 cm), LP

143 Fragment einer weiblichen Plastik (H. 16 cm) der Amarna-Zeit, deren Nacktheit die Originalität und Sonderstellung dieser naturalistisch wirkenden Ikonizität hervorhebt (Collection of the University College of London, nach H. Schäfer, PKG, 1921, Tf. XV)

141 Statuette einer Bierbrauerin aus der Mastaba des Mersuanch in Giza (AR, um 2300), ein Beispiel für die unterschiedlichen Tätigkeiten der Diener und Arbeiter. Bemalter Kalkstein (H. ca. 30 cm). ÄMK, JE 666 24

deln. Es gilt zu erkennen, daß die Frau dem Mann ebenbürtig und ihm gleichwertig war. Sie fühlte sich als Teil einer untrennbaren Einheit gemäß dem Prinzip der ägyptischen Dualität (s. S. 30f.), welches das »Eine« ohne das »Andere« nicht kannte, nach welchem das »Eine« ohne das »Andere« nicht existieren konnte. Ein Vergleich zum Yin/Yang-Prinzip bietet sich an.

Prä- und protodynastische Zeit
Negade-Zeit um 4000–3150
Negade I   4000–3500
Negade II   3500–3200
Negade III   3200–3150
»Dynastie 0«   3150–3000
(nach G. Dreyer)

144 Elfenbeintäfelchen aus Nagada (Grab der Königin Neithhotep) mit dem Horus-namen des Königs Aha (Menes [?], um 3100). Oben rechts ist deutlich das Zeichen »Horus (König) im Palast« zu erkennen. ÄMK, JE 31773

Kulturgeschichtlich ist darauf hinzuweisen, daß man in chinesi-schen neolithischen Logogrammen (= se-mantische Einheiten bzw. Symbole) den »Sonnenvogel« als dem Horus ähnliches Zeichen findet (146).

Mythos, Geschichte und Zeit

Die Ägypter faszinierte das Immer-Wiederkehren-de, das Zyklische, durch das Bild des Skarabäus symbolisiert. Nicht das Wechselnde, sondern das Bleibende, Osiris und sein Reich, waren ihnen wichtig. Die ersten ›historischen‹ Überlieferungen geben deshalb den Garanten dieser Ordnung wieder, »Horus im Palast« (144), dessen

Königsein unverändert blieb, auch wenn sein Name wechselte. Der jeweilige König war ›Hauptdarsteller‹ im mythischen Spiel der Geschichte und bedingte die kultisch-rituelle Abfolge mythischer Tatsachen: Niederschlagung der Feinde, Siche-rung der Überschwemmung, Zufriedenstellung der Ma'at und damit auch des Kosmos. Die wichtigste Funktion des Königs war sein Priesteramt (es gab keine scharfe Trennung zwischen Palast und Tem-pel), das sich in Handlungen widerspiegelte, die der Erfüllung der Gesetze der Ma'at dienten. Der König zelebrierte die Geschichte überall und gleichzeitig als kultisches Ereignis, als Fest. Die imaginäre Simultaneität blieb bestimmend, Zeit als Kategorie der Vergänglichkeit war außer Kraft gesetzt. Darstellungswürdig war nicht das Andere, das Unerwartete, sondern nur das Beständige; das hat zur Folge, daß für den flüchtigen Betrach-ter das Hauptmerkmal dieser vergangenen Kultur eine sonderbare Gleichartigkeit zu sein scheint.

In der verewigten Darstellungswelt Ägyptens wurde das, was geschehen sollte, in gleicher Wei-se wiedergegeben wie das, was schon einmal geschehen war. Die Wiederholung, die Duplizität der Fälle, sollte ihre kultische Verwirklichung erzeu-gen, deshalb waren die Grenzen zwischen dem Bildhaften (der Illusion) und der Realität verwischt. Das kann man heute, in einer Zeit virtueller Realitäten, vielleicht besser begreifen als je zuvor. Wenn man es heute wagen kann, ägyptische Geschichte zu skizzieren, so verdankt man das eigentlich den Feinden des Nillands, die ihrerseits Berichte über Ägypten hinterlassen haben und die als »Friedens- und Ordnungsstörer« zu bändigen waren. Gelang das nicht, verfiel Ägypten der Isfet; die regenerativen Kräfte waren dann aber nicht tot, sondern nur erlahmt; die »Wiederherstellung der Ma'at« durch den »Sohn der Sonne« bahnte sich bis zuletzt immer von neuem an. Diese kosmische Dimension determinierte Geschichte zum mythischen Vorgang eines Heilsprozesses, in dem nicht die »Arbeit am Mythos« (H. Blumenberg), sondern die an der Ewigkeit entscheidend war. Der König wird wie Gott oder sogar zu Gott, weil nur Gott in der Lage ist, die notwendige Wiederholung der Schöpfung zu vollbringen. Allein der Mythos bedingte das Spiel der Geschichte, die so zeitlos ist wie der Mensch, der sie schreibt; sie wiederholt sich. Aus diesen Erwägungen, die die mentalen Bedingungen des ägyptischen, nämlich zyklischen Geschichtsverständnisses andeuten, wird ersichtlich, daß unsere Interessenlage an den Ereignissen in Ägypten für den Ägypter der damaligen Zeit unverständlich gewesen wäre. Und so muß auch die heutige Forderung nach einer ›absoluten‹ altägyptischen Chronologie ins Leere gehen. Anhaltspunkte lassen sich nur durch einen Vergleich mit datierten Ereignissen in anderen Ländern gewinnen und verifizieren. Da man es aber in der ägyptischen Nachbarschaft mit der Geschichte auch nicht so genau nahm, bleiben eindeutige Zeitbestimmungen für vieles immer noch fraglich. Deshalb darf es nicht erstaunen, wenn hier und da immer wieder voneinander abweichende Daten zu finden sind.

Vor- und Frühzeit

Von der seit ca. 700 000 Jahren nachweislich bestehenden Besiedlung des Niltals zu berichten,

145 Horusname des vierten Königs der 1. Dynastie, Wa3dj (Schlange, die als Ideogramm zu sehen ist), auch Djer genannt (um 2960). LP, E 11007

146 Es ist interessant, darauf hinzuweisen, daß sich auf neolithischen chinesischen *bi*-Scheiben aus Jade (Freer Gallery of Art, Smithsonian Institution, Washington D. C., Nr. 17.348) »Sonnenvogel«-Zeichen finden (Schang-Dynastie oder früher?), die sowohl für die Theorie der Hieroglyphen als auch wegen der Verwandtschaft ihrer Bedeutungen in der Forschung bedacht werden müssen.

147 Prädynastische tierförmige Schminkpaletten aus Schiefer, oben Fisch, unten Vogel (?), wahrscheinlich aus Nagada oder Badari. Liv. 25.11.05.39 und 25.11.05.40

148 Bemalter Tonkrug mit zwei falkenförmigen Henkeln. Ob es sich bei Strauß, Boot und Berglandschaft schon um Ideogramme handelte, ist schwer zu entscheiden.

149 Prädynastische nackte weibliche Figur der Badari-Kultur (um 4500/4000), die das spätere altägyptische Schönheitsideal schon zum Ausdruck bringt. BM, Nr. 5964

Badari-Kultur: nach dem unterägyptischen Ort Badari benannt, um 5500–4000 zu datierende prädynastische Kultur, die seit 1922 chronologisch erforscht wird.

kann nicht Gegenstand dieses Schnellkurses sein. Vielmehr soll die Geschichte Ägyptens bei den ersten historischen Spuren einsetzen. Funde, die immer zahlreicher werden und aus immer früheren Zeiten stammen (**150**), weisen seit dem 6./5. Jt. anthropomorphe Bildnisse auf. Um 4500 schuf die Badari-Kultur schon in unserem Sinn künstlerisch reife und wirkungsvolle Werke (**147–149**).

Die Datierung des prädynastischen Ägypten ist umstritten. Die eigentliche Entstehung des Reichs ist in Abydos zu suchen, wo die Begräbnisstätte des mythischen Königs Osiris liegen soll, die königliche Verehrung fand. Der ptolemäische Priester Manetho teilte die ägyptische Geschichte in 31 Dynastien auf. Vieles deutet allerdings darauf hin, daß diese Einteilung revidiert werden muß. Seine Chronologie begann mit dem mythischen König Menes und endete mit Nektanebos II.

Eine eindeutige Identifizierung von Menes ist bis heute nicht möglich. Einige wollen in ihm einen der thinitischen Herrscher sehen, den König Aha bzw. den König Skorpion I., dessen Grab erst 1988 in Abydos entdeckt wurde, andere halten ihn nur für eine legendäre Gestalt, die mit dem Gott Min gleichzusetzen wäre.

Das Problem der Verifikation der ersten Dynastien Ägyptens ist noch nicht gelöst. Unzweifelhaft ist aber, daß sich das sakrale Königtum, dessen Strukturen in der ganzen Geschichte Ägyptens nachvollziehbar bleiben, schon etwa im 4. Jt., wenn nicht früher, etabliert hatte. Die Reichszentren scheinen in Abydos (König Skorpion) und später in Memphis entstanden zu sein. Auch nach der Vereinigung der beiden Länder blieben sie dort zunächst bestehen. In der Regie-

rungszeit des Königs Aha setzte sich der ägyptische Kalender und eine offizielle Jahreszählung durch, die Grundlage für die Königslisten wurde.

Schon für diese frühe Zeit lassen sich Handelskontakte zu Mesopotamien nachweisen, wodurch sich Parallelen in der Darstellungsart beider Kulturen erklären. Über die ersten Könige – Djer, »Schlange« (145), aber auch die Königin Meritneith (Mutter von Dewen) – wissen wir relativ wenig. Ihre Gräber in Form großer Mastabas (50 x 40 m) waren schon mit Steinfußböden, einem Serdab und Treppen (Himmelsaufstieg) ausgestattet.

Die Gräber waren in beiden »Residenzen« errichtet worden, worin sich wahrscheinlich die Dualität von Ober- und Unterägypten ausdrückte. Vieles spricht dafür, daß schon in der Frühzeit das Königsdogma zu den ausgeprägten Merkmalen des sakralen Königtums in Ägypten gehörte. König Ninetjer aus der 2. Dynastie, mit dem Horus-Namen »Der zu Gott Gehörige«, feierte in seiner über ein halbes Jahrhundert dauernden Regierungszeit mehrere Sed-Feste. Seine historisch umstrittenen Nachfolger Seth-Peribsen und Sechemib (der nach einigen Meinungen mit Ninetjer identisch gewesen sein soll) führten neben dem Horus-Namen auch den Seth-Namen, was möglicherweise für politische Unruhen in dieser Zeit zwischen der Horus- und der Seth-›Partei‹ spricht. Die Dualität zwischen Horus und Seth blieb de facto in der Thronikonographie, in der Horus und Seth das Vereinigungszeichen der beiden Länder gemein-

Abydos ist eine zentrale heilige Stätte des Alten Ägypten, die für immer mit dem Osiris-Kult verbunden ist. Die dortigen archäologischen Funde reichen bis tief in die prädynastische Zeit und lassen sich kontinuierlich bis in die christliche Periode nachweisen. Neue Forschungen haben die bislang ältesten schriftlichen Denkmäler Ägyptens ans Licht gebracht, womit die Anfänge der ägyptischen Geschichte erneut zu verifizieren sind.

150 Neolithisches, prädynastisches Grab, vor 3100. BM, EA 32751

Historischer Überblick

Die **Königslisten** (Palermo-Stein, Turiner-Papyrus, Abydos-Liste) sind die einzigen zeitgenössischen Quellen, die für die Frühzeit noch durch die »Annalentäfelchen« ergänzt werden. Ihre Bezeichnungen gehen auf die Aufbewahrungsorte zurück, bzw. den Tempel von Sethos I. in Abydos, in dem sich auf einer Wand die sogenannte Königsliste befindet. Leider ist sie nicht vollständig und enthält nur das »offizielle« Verzeichnis der Königsnamen.

Thiniten: Bezeichnung nach der antiken Ortschaft Thinis (heute Girga), einige Kilometer nördlich von Abydos. Dort wurden zahlreiche prä- und frühdynastische Gräber entdeckt.

151 Der sogenannte »Mac-Gregor Man« aus Basalt soll aus Nagada stammen (um 3100?) und stellt immer noch ein Objekt wissenschaftlichen Disputs dar. Eine Verbindung zum Gott Min ist nicht auszuschließen, doch bislang scheint eine gesicherte Zuschreibung unmöglich. Ashmolean Museum, Oxford, 1922.70

sam verknoten, immer manifest. Am Ende der 2. Dynastie stand König Chasechemui (»Erscheinung der Macht«; 2700–2682), von dem zwei Großplastiken bekannt sind.

Symbol der Frühzeit ist die allgemein bekannte Narmer-Palette (60), deren Zeichen kanonische Prinzipien einer Ikonographie enthalten, die bis zum Untergang des Reichs am Nil ihre Bedeutung behielten. Ihre wichtigsten Zeichen sind der Horus-Falke, die Hathor-Kuh, der Löwe und der Stier als symbolische Verbildlichung der Eigenschaften des Königs, die Rote und die Weiße Krone der »Beiden Länder«, sowie der König beim »Erschlagen der Feinde«. Demgegenüber ist eine eindeutige Identifizierung des Königs Narmer, unter dem die Vereinigung der beiden Länder stattgefunden haben soll, bis heute unsicher (einige Forscher sprechen von einer »Null«-Dynastie).

Für die Zeit der 2. Dynastie lassen sich die Einführung der Töpferscheibe (148), eine hochentwickelte Technologie der Steinbearbeitung sowie der Metallurgie nachweisen. Mit der 3. Dynastie erreichte das Alte Ägypten seine erste Blüte, die sich dann in der Pyramidenzeit voll entfaltete.

Das Alte Reich

Am Beginn des AR stand eine Frau, Königin Nimaathapi, wahrscheinlich eine Tochter des Königs Chasechemui und Gemahlin des Nebka, die Mutter des bekanntesten Königs dieser Dynastie, Djoser, der die Stufenpyramide (109 x 121 x 62,5 m [153]) von Saqqara erbauen ließ.

Wie unterschiedlich die Regierungszeit des wichtigsten Repräsentanten der 3. Dynastie, Djoser, datiert wird, zeigen Beispiele, die erkennen lassen, daß die **Chronologie des AR** immer noch Veränderungen unterliegt und wegen des ägyptischen Geschichtsverständnisses nicht mit eindeutiger Sicherheit geklärt werden kann. So findet man z. B. in der zugänglichen Literatur folgende Angaben: 2609–2590 (E. Hornung), 2630–11 (Baines/Malek), nach 2650 (J. v. Beckerath, J. Assmann), 2668/67–49/48 (Shaw/Nicholson, P. Clayton), 2720–2700 (Th. Schneider), zwischen 2800 und 2700 (J. Yoyotte).

Es war der weise Imhotep (280), der später vergöttlichte »Leonardo Ägyptens«, der im Auftrag Djosers dessen Grabstätte, die als Stufenpyramide von Saqqara bekannt wurde, konzipierte. Er ließ hierzu den steingewordenen »Urhügel« (= Pyramide) im Zentrum einer kultischen Anlage in der Gesamtgröße von 545 m Länge und 280 m Breite mit 10 m hohen Umfassungsmauern in Form von sechs aufeinandergesetzten, sich jeweils verjüngenden Mastabas errichten. Die Anlage war aus Stein gebaut. Im Serdab der Pyramide, die ein sechsstöckiger Terrassenbau von etwa 58 m Höhe wurde, befand sich die Großplastik des Königs

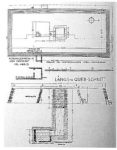

152   Mastabas (arab. »Bank«), ursprünglich aus Lehmziegeln mit Holzelementen, baute man später aus Stein. Modell und Querschnitt machen das ideale Hauskonzept deutlich.

153   Stufenpyramide Djosers in Saqqara, umgeben vom heiligen Bezirk, entworfen von Imhotep

(heute im Museum in Kairo, 154). Unterirdisch breitete sich eine riesige Begräbnisstätte mit einer Reihe von Totenkammern aus, zu der eine Treppe führte. Mit diesem monumentalen Bau begann die Steinarchitektur des Alten Ägypten. Damals dehnte sich das Reich schon bis zum 1., wenn nicht bis zum 2. Katarakt aus, wo man als Zeugnis für die erste nachweisbare Hungersnot, die sogenannte Hungersnotstele auf Sahel fand. Über die Nachfolger Djosers gibt es – von ihren Namen und der Existenz unvollendeter Stufenpyramiden (z.B. Sechemet) abgesehen – kaum fassbare Erkenntnisse.

Schon in der 3. Dynastie wurde das Beamten- und Priesterwesen ausgebaut, wovon zahllose Biographien, die auf den Wänden von Privatmastabas dieser Epoche gefunden wurden, erzählen.

154   Kopf der bemalten thronenden Kalksteinplastik Djosers aus dem Serdab, in dem heute eine Kopie dieser Statue steht. ÄMK, JE 49158

Historischer Überblick

Historischer Überblick

155 Die großen Pyramiden von Giza (links die des Chephren, rechts die des Cheops), kolorierte Lithographie von David Roberts (1796–1864)

Mit König Snofru, dem Gemahl der Hetepheres, der Mutter des Königs Cheops, begann die 4. Dynastie. Das sakrale Königtum entwickelte sich immer mehr zu einer zentralistisch organisierten Staatsstruktur, die die Macht der lokalen Gaufürsten beschnitt und die Institution des Tjati entstehen ließ. Angesichts so ungeheuerlicher Bauvorhaben wie der Pyramiden war eine zentrale Verwaltung notwendig. Gerade unter Cheops (156) offenbarte sich die Effizienz dieses Systems, das den Bau der größten Pyramide (146 m hoch [155]) ermöglichte und zugleich den Beweis für die allumfassende Ordnung der Ma'at lieferte. Nicht nur der König, sondern auch seine Beamten sicherten sich ihr ewiges Glück durch den Bau entsprechender Gräber. Diese besondere Zeit scheint auch geistige Größen hervorgebracht zu haben, die später besonders verehrt wurden. Genannt sei Djedefhor, ein Sohn von Cheops, dessen Weisheitslehren fragmentarisch erhalten sind. Wahrscheinlich wurde jedoch nicht er Nachfolger dieses bekannten Pharaos, sondern sein Bruder Djedefre, der beabsichtigte, bei Abu Roasch eine noch größere Pyramide zu errichten. Sein früher Tod machte diese ehrgeizigen Pläne aber zunichte. Sein Name verrät eine bewußte Anbindung des Königsdogmas an den Sonnengott Re, die auch im Namen seines Nachfolgers, seines Bruders Chephren, zum Ausdruck kommt. Seine Pyramide und seine Sphinx (157) gehören zu den bekanntesten Sinnbildern

156 Die einzige uns bekannte Skulptur des Erbauers der größten Pyramide, Cheops, eine Elfenbeinplastik (H. 7,5 cm), wurde in Abydos gefunden. ÄMK, JE 36143

des Alten Ägypten, auch seine Plastik aus nubischem Diorit (**272**) ist beispielhaft für das Bild des vergöttlichten Königs.

Der dritte Erbauer einer der großen Pyramiden von Giza ist der Sohn und Nachfolger von Chephren, Mykerinos (Menkaure), der möglicherweise erst nach Streitigkeiten in der Königsfamilie als »Sohn des Re« an die Macht kam. Er hinterließ eine 70 m hohe Pyramide (**158**). Unter ihm setzte sich der seit der Regierungszeit seines Vaters schon erkennbare Verfall der Zentralmacht fort. Schepseskaf, der nicht länger als vier Jahre regierte, verließ Giza, wo nur noch Totenpriester an den verlassenen Pyramiden Dienst taten, um dort schließlich auch beerdigt zu werden. Er errichtete sein Mastaba-Grab im Bereich des südlichen Friedhofs von Saqqara. Seine Halbschwester Chentkaus legitimierte die nächste Dynastie (um 2500–2350), indem sie Userkaf heiratete, den Begründer der 5. Dynastie. Über den Übergang zur 5. Dynastie haben sich mythische Erzählungen erhalten, die für die Entstehung des osirianischen Elements in der Königstheologie sprechen. Osiris gewann als Gott der Auferstehung in den alljährlichen Vegetationskulten immer größere Bedeutung. Zugleich wurde er zum Herrn des Jenseits, wie jeder König, der ihm folgte. Die Verlagerung der Priorität von Re auf Osiris deutet auf religiöse Auseinandersetzungen hin, die auch Abbild der Situation am königlichen Hof waren.

In der Zeit der 5. Dynastie, die neun Könige verzeichnet, entstanden Sonnenheiligtümer, von denen das des Niuserre in Abu Gurob am besten erhalten ist. Die meisten Gräber und Totentempel dieser Zeit sind in Abusir und Saqqara, südlich des Djoser-Bezirks, zu finden. Die enge Bindung zwischen den Königen und ihren Amtsträgern kam darin zum Ausdruck, daß man die Beamten in der

157 Eines der wohl bekanntesten Wahrzeichen des Alten Ägypten, die Sphinx am Anfang des Aufwegs zur Chephren-Pyramide in einer alten Fotografie von J. Pascal Sebah († 1890), um 1880. Im Vordergrund schottische Soldaten

Historischer Überblick

158 Eine der ersten Luftaufnahme der Pyramiden von Giza durch ein deutsches Aufklärungsflugzeug (um 1914). Im Bild von ›oben‹ nach ›unten‹: Mykerinos-, Chephren- und Cheops-Pyramide. Bayerisches Kriegsarchiv, München

Nähe der königlichen Ruhestätten begrub. Ihre Ausstattung und die erhaltenen Bemalungen vermitteln eine Vorstellung vom Alltag. Die auf die Wände gemalten Texte weisen auf die magische Wirkung der Sprüche (Pyramidentexte) und auf die Inflation der Titulaturen hin. In dieser Zeit scheint auch die Literatur geboren worden zu sein, z. B. die ersten sogenannten Weisheitslehren.

Iput, Tochter Unas', des letzten Königs der 5. Dynastie, legitimierte ihren Gatten Teti, den Begründer der 6. Dynastie (um 2350–2200). Seine Zeit zeichnete sich durch die Entstehung einer neuen Beamtenklasse aus, die nicht mehr nur aus Mitgliedern der königlichen Familie bestand. Ihre Gräber, z. B. die des Mereruka, des Kagemni und des Chnumhotpe gehören zu den bekanntesten der Nekropole im Bezirk von Saqqara.

Zur 6. Dynastie zählen Könige mit den längsten Regierungszeiten: Pepi I., von dem eine einmalige Kupferplastik (159) erhalten blieb, und sein indirekter Nachfolger Pepi II., der 94 Jahre lang herrschte und schon als Kind zum König erhoben wurde. Aus seiner Zeit stammen die Expeditionsberichte des Herchuf. Weitreichende Auslandsbeziehungen waren Selbstverständlichkeit geworden. Doch die Zentralregierung verlor außerhalb der Königsresidenz immer mehr an Einfluß. Hungersnöte, Armut, ein Zerfall aller Werte und soziale Unruhen bahnten sich an. Eine Zeit des Verfalls, eine Zeit »vor der Schöpfung«, wie die Ägypter es nannten, eröffnete eine historisch schwer zu fassende Periode von ca. 120–150 Jahren.

Erste Zwischenzeit, Verfall und ›Anarchie‹

Schon die Bezeichnung Zwischenzeit weist darauf hin, wie problematisch es ist, etwas zu erfassen, das sich ›außerhalb‹ oder ›zwischen‹ der Zeit befand. Andererseits verdeutlicht sie die innerägyptische Sicht. Es handelte sich um eine Periode, mit der das »wahre« sakral geleitete Reich nichts zu tun haben wollte, weil in ihr alle gewohn-

159 Eine der selten erhaltenen lebensgroßen königlichen Kupferplastiken (177 cm), die ursprünglich wahrscheinlich einen Holzkern hatte. Sie stellt Pepi I. dar und ist die älteste große Bronzeplastik, die in Ägypten gefunden wurde (ÄMK, JE 33034). Sie zeugt von einer hochentwickelten Kupfermetallurgie, deren technische Voraussetzungen bis heute nicht in allen Einzelheiten bekannt sind.

ten und göttlichen Mechanismen außer Kraft gesetzt waren. Man kann von einer quasi feudalen Reichszersplitterung sprechen.

Nach der traditionellen Einteilung von Manetho folgten in dieser Zeit die Könige der 7./8. und 9./10. Dynastie. Dabei handelte es sich um unterschiedliche lokale Herrscherhäuser (Gaufürsten), die teilweise nebeneinander bestanden und nur lokal begrenzte Macht hatten.

Neben Zentren in Hierakonpolis (zwischen Edfu und Elkab), Theben und Herakleopolis (Fayum) versuchten auch einige Gaue, sich als unabhängig darzustellen, so der »Burggraf« Anchtifi in seinem Grab bei Moalla südlich von Luxor. Schließlich gewannen die Thebaner, die sich auf die von ihnen bevorzugte Gottheit Amun stützten, an Macht. Seit dieser Zeit kam Amun zu Ansehen und war als Reichsgott nicht mehr wegzudenken.

Um 2050 gelang es der thebanischen (11.) Dynastie, sich durchzusetzen und nach dem Sieg über die Konkurrenten die zentrale Macht an sich zu reißen. Linear gesehen, begann mit dieser Entwicklung ein neuer Abschnitt der Geschichte, der für die Ägypter – zyklisch gesehen – eine Wiederholung dessen war, was am Anfang des AR gestanden hatte: die Vereinigung der beiden Länder und ein Neubeginn »nach der Schöpfung«.

In der erbärmlichen Zwischenzeit entstand aber trotz des äußeren Verfalls aller bisherigen Werte das Schrifttum der ›ägyptischen Klassik‹. Sowohl die Weisheitslehren (Cheti-Lehren) als auch die Reiseliteratur brachten das geistige Klima dieser ersten Wirren einmalig zum Ausdruck.

Das Mittlere Reich – Aufstieg und Regeneration

Mentuhotep I., dessen Königswürde in Frage gestellt wird, gilt als Stammvater des MR, weil er aber in die späteren Königslisten nicht aufgenommen wurde, schrieb man die Wiedervereinigung Ägyptens erst Mentuhotep II. zu. Leider sind die

160 Die Felsgräber der Gaufürsten von Syene am Westufer von Assuan

161 Gaufürst Sarenput im Grabrelief (Assuan) aus der Regierungszeit Sesostris' I. (um 1950)

Historischer Überblick

Der Name **Amun** wird schon in den Pyramidentexten erwähnt, als universeller Reichsgott setzte er sich aber erst seit der 11. Dynastie durch. Im MR gewann er an Bedeutung, was sich u. a. in Namensbildungen mit Re, Mut, Chons und Min manifestierte (z. B. Amun-Re, Amun-Min). In ihnen offenbarte sich auch sein schöpferischer (ithyphallischer) Aspekt, der durch das Kamutef-Prinzip ausgedrückt wurde.

»Die Wissenschaft hat wahrscheinlich noch mehr Mühe gehabt, die geschichtliche Reihenfolge dieser Könige (der Mentuhoteps) festzustellen, als Mentuhotep I. sich machen mußte, um die Ordnung in Ägypten wiederherzustellen.«
Georg Posener

162, 163 Mentuhotep II. (2010–1998). Datierung und Anerkennung von Mentuhotep I. sind umstritten. Historisch wird er von E. Hornung als Vorgänger seines Sohnes Mentuhotep II. gesehen. Eine andere Meinung vertritt J. v. Beckerath, der nur Mentuhotep II. (2065–14) anführt. Bemalte Sandsteinplastik (ÄMK, JE 36195) aus dem Bereich seines Totentempels in Deir el-Bahari (unten).

Unklarheiten um das Ende der 11. Dynastie mit der ersten Regierungszeit Mentuhoteps nicht gelöst. Es wird von zwei weiteren Königen dieses Namens berichtet, andere setzen das Ende dieser Dynastie mit Mentuhotep III. an.

Abgesehen von den chronologischen Widersprüchen um Daten und Könige – die ohnehin nicht alle bekannt sind, denn man entdeckt immer noch neue –, ist unbestritten, daß das MR im letzten Jahrhundert des 3. Jt. entstand. Sein frühestes Monument ist der Totentempel des Mentuhotep in Deir el-Bahari (163). Aber erst mit der 12. Dynastie kristallierten sich die Kräfte und Tendenzen, die für die neue Epoche bestimmend wurden, heraus. Der Begründer der Dynastie, Amenemhet, war wohl schon unter dem letzten Mentuhotep als Wesir zu großem Ansehen gelangt. Seine Herkunft ist unsicher, seine Mutter soll eine Südländerin gewesen sein, was die spätere Südpolitik der Dynastie beeinflußt und zum Bau der Festung Buhen geführt haben könnte. Die Erweiterung des Landes nach Süden fand jetzt im Rahmen der Reichsidee Verwirklichung.

Die Südpolitik des Alten Ägypten hatte aus der mythischen Genese des Reichs immer einen besonderen Stellenwert und war nicht mit der üblichen ägyptischen Außenpolitik zu vergleichen. Südlich Ägyptens erstreckte sich entlang des Nils ein Land, das man heute Nubien nennt. Zu ihm bestanden schon wegen des verbindenden Flusses, aber auch aufgrund einiger Göttergeschichten – besonders jener der Hathor, die aus diesem Land nach Ägypten zurückgeholt werden sollte – ›familiäre‹

Beziehungen. Man verehrte die gleichen Götter und verdankte dem gleichen Fluß Fruchtbarkeit. Die ägyptische Präsenz in Nubien wurde seit dem MR, spätestens jedoch im NR durch den »Königssohn von Kusch« repräsentiert.

Amenemhet I. knüpfte bewußt an die Anfänge des AR an, gründete seine Residenz ca. 30 km südlich von Memphis (heute el-Lischt) und ließ sich wieder eine Pyramide als Königsgrab errichten. In den religiösen Vorstellungen gewann die Göttertrinität Amun-Re-Ptah für Jahrhunderte einen festen Platz in der Theologie. Für Amun wurde der große Tempel im heutigen Karnak errichtet. Gleichzeitig verlor der lokale thebanische Kriegsgott Month seine frühere Position, was jedoch nicht bedeutete, daß man ihm keine Tempel mehr errichtet hätte.

Amenemhet führte eine Tradition ein, die auch seine Nachfolgern in der Zeit des NR noch oft praktizierten: Er erhob seinen Sohn Sesostris schon

zu Lebzeiten zum Mitregenten. Das hatte für die damalige politische Situation und für die Chronologie Folgen. Die Mitregenten begannen nämlich nach ihrer Thronbesteigung ihre Regentschaft als Regierungszeit mitzurechnen. So regierte Sesostris I. z. B. 45 bzw. 46 Jahre, rechnete aber dann die zehn Jahre seiner Mitregentschaft mit dem Vater hinzu. Auf diese Weise entstanden zeitliche Überschneidungen. Das Vorhandensein eines kommenden, designierten Nachfolgers hatte auch politische Folgen. So wurden nicht nur die ›Haremsverschwörungen‹, sondern auch Attentate auf Könige heraufbeschworen. Sie erfolgten meist kurz vor einem Sed-Fest, das der Erneuerung des alternden Königs diente. So geschah es etwa im Fall Amenemhets I. Wenn man der Sinuhe-Erzählung Glauben schenkt, erreichte den Mitregenten während seines Feldzugs gegen die Libyer die Nachricht vom Tod des Vaters. Er kehrte zurück und stellte die Ordnung, die sein Vater als »Wiederholer der Geburten« und Begründer der neuen Dynastie

Aus der »Loyalistischen Lehre«
Die dem König treu sind, werden eine Grabausstattung erhalten,/ aber es gibt kein Grab für den, der sich gegen Seine Majestät empört:/ sein Leichnam wird ins Wasser geworfen./ Verscherzt euch nicht die Belohnungen, die er gibt!/ Verehrt die unterägyptische Krone, preist die oberägyptische Krone./ Betet den an, der die Doppelkrone trägt.
(nach Brunner, Weisheit, 181)

164 Die ägyptische Armee war im Verlauf ihrer gesamten Geschichte immer auf Söldner angewiesen. Zu den schon sehr früh angeworbenen gehörten die Südvölker aus dem Gebiet des späteren kuschitischen Reiches. In Assiut (Grab des Mesehti) fand man ihre Modelle aus der Zeit der 11. Dynastie (um 2000). ÄMK, JE 30969

165 Amenemhet II. (III.) als Priester. Plastik aus schwarzem Granit, gefunden 1862 im Fayum, eine hervorragende Steinmetzarbeit in Bezug auf die Details wie auch auf die Physiognomie des Königs. ÄMK, JE 200001

Historischer Überblick

101

166 Die Darstellung des thronenden Sesostris I. stellt einen bewußten Rückgriff auf die Tradition des Königsbildes im AR dar. ÄMK, JE 31139

167 Die »Chapelle blanche« (»Weiße Kapelle«) Sesostris' I. in Karnak, so genannt wegen ihres Baumaterials, weißem Alabaster. Sie diente als Stationskapelle für den Aufenthalt des Gottesbildes und seiner Prozessionsbarke.

eingeleitet hatte, wieder her. Sesostris I. (168) setzte während seiner Regierungszeit die Renaissance der ägyptischen Kultur fort. Er stabilisierte die Verwaltung, ließ zahlreiche Bauvorhaben durchführen und initiierte mit Hilfe großer Expeditionen die Gewinnung von Rohstoffen im Land selbst wie auch außerhalb der Grenzen. Dem schloß sich der Aufbau hochqualifizierter Werkstätten an den Baustellen in Unter- und Oberägypten, aber auch der Aufbau der Flotte im Roten Meer an. Aus seiner Regierungszeit sind vortreffliche Werke der Architektur (167), der Bildhauerei und Goldschmiedekunst erhalten. Seine Grabanlage in Lischt, umgeben von kleinen Pyramiden der Königsfrauen und hoher Beamter, erinnert an die des AR, was die Kontinuität des Reiches manifestieren sollte. Die ägyptische Literatur setzte sich in Werken fort, die bis heute zu den Perlen ägyptischen Geistes gehören, z. B. die Sinuhe-Geschichte. Der sogenannte »dramatische Ramesseumpapyrus« und die seit der 11. Dynastie eingeführten osirianischen Mysterienspiele inspirierten das religiöse Leben des Landes und stärkten die zentralistische Idee, die sich auch in ›staatstheoretischen‹ Betrachtungen (»Lehre des Königs Amenemhet«, »Loyalistische Lehre«) findet.

Auf Sesostris I. folgte sein Sohn Amenemhet II. (168), der die Politik seiner Vorgänger in kluger Weise fortsetzte. Spuren seiner ausgedehnten Handelsbeziehungen sind in der Levante und in Knossos (Kreta) wie auch in Ägypten selbst zu finden, z. B. im »Schatz von Tod«, der auch babylonische Rollsiegel der 3. Dynastie (um 2000) aus Ur beinhaltet. Seine Residenz und seine Pyramide verlagerte er in Richtung Memphis (Dahschur). Nach seinem Tod bestieg sein Sohn Sesostris II. den Thron der beiden Länder. Er ließ zwischen dem Niltal und der Oase Fayum einen Kanal (Bahr Jusuf) graben und machte aus den sumpfigen Jagd- und Seegebieten des Deltas eine der reichsten und fruchtbarsten Provinzen Ägyptens.

Zwischen dem Fayum und dem Nil (beim heutigen Dorf Illahun) ließ er eine Pyramide als Grabstätte errichten. Gleichzeig scheinen sich die früher himmlisch orientierten Jenseitsvorstellungen in solche einer unterweltlichen Sonnenreise verwandelt zu haben. Nach ca. 20 Jahren ging seine Regierung – während der die Gaufürsten ihre Positionen stärken konnten (Gräber in Beni Hassan, besonders das Grab von Chnumhotep II.) – auf seinen Sohn Sesostris III. über (um 1850). Seinen Grabkomplex bei Dahschur ließ er im Sinn seiner dynastischen Tradition errichten. Ihm gelang es, die lokalen »Fürsten« und »Grafen« (auch Nomarchen) an sich und den Hof zu binden, seine Regierungszeit gilt als die Blüte des MR, was sich noch unter seinem Sohn und Mitregenten Amenemhet III. fortsetzte, der versuchte, sowohl das Fayum als auch die Kontakte zu Kerma im Süden auszubauen.

Amenemhet III. ließ seine Pyramide und seinen Totentempel, der später als »Labyrinth« beschrieben wurde, bei Hawara errichten. Sein Sohn, Amenemhet IV. regierte nur kurz und hinterließ wenig Spuren. Nicht einmal seine Grabstätte kann man mit Sicherheit identifizieren. Mit ihm wäre die 12. Dynastie eigentlich zu Ende gegangen, wenn es nicht noch Königin Nefrusobel (auch Sobeknefru gelesen) gegeben hätte. Sie war die erste nachzuweisende Herrscherin der beiden Länder. Ihre Thronbesteigung signalisiert Probleme, die geschichtlich noch nicht zu lösen sind. Die sich ihrer Regierung anschließende 13. und 14. Dynastie enthält zwar viele Königsnamen, die genaue Festlegung ihrer Regierungszeiten bleiben aber Spekulation. Wieder bot sich das Bild eines untergehenden Reichs.

Zweite Zwischenzeit: Die Fremdherrschaft

Um 1650 kam es zu einer für Ägypten völlig neuen Situation. Fremde, die Hyksos, übernahmen die Herrschaft! In Awaris begründeten sie ihre

168 Sphinx-Plastik Amenemhets II. (?) (L. 480 cm). Sie greift, wie auch die thronenden Königsbildnisse dieser Zeit, auf die Traditionen des AR zurück. Versuche, hierin eine Wandlung von religiöser zu ideologischer Symbolik des Sphinx- bzw. Königsbildes zu sehen, verkennen die untrennbare Verknüpfung der Idee des Reiches mit der des Gott-Königs. LP, A 23

Historischer Überblick

Dynastie, die dann als die »große« 15., die Hyksos-Dynastie, in die Geschichte einging. Die 16., sogenannte »kleine«, bestand wahrscheinlich gleichzeitig und weist auf eine Teilung der »beiden Länder« hin, wofür auch die Entstehung der 17. lokalen thebanischen Dynastie spricht.

In dieser Ära reichten die Außenkontakte bis in die Levante und die Ägäis. Man pflegte einen vielseitigen Kulturaustausch mit dem syrischen Raum, was schon bald Auswirkungen haben sollte. Asiatische Formen wurden immer öfter in Architektur und Ornamentik aufgenommen. Die Funde reichen von minoisch beeinflußten Wandmalereien (**169**) bis zu unzähligen Objekten der Kleinkunst. Zukunftsbestimmend blieb aber die Einführung von Pferd und Kriegswagen.

Die Hyksoszeit wird in der abendländischen Kultur mit großem Interesse rezipiert, weil in ihr angeblich der biblische Josef in Ägypten zu Ansehen gelangte. Von den Ägyptern selbst wurde sie später völlig verdrängt, wozu beigetragen haben mag, daß die Hyksos die Verehrung des Gottes Seth förderten, was in Ägypten Abscheu und Verachtung hervorrufen mußte.

Die Thebaner versuchten die Fremdherrschaft in ständigen Kriegen mit den Hyksos und deren Vasallen abzuschütteln. Zwar suchten die Hyksos Verbündete, u. a. auch in Kerma, mußten aber immer häufiger Niederlagen hinnehmen, v. a. gegen Seqenenre Taa und seinem Sohn Kamose. Kamose führte schließlich siegreiche Feldzüge bis nach Awaris und vertrieb die Hyksos; er errichtete die südlichen Festungen neu und vereinigte zum dritten Mal in der Geschichte Ägyptens das aus dem Chaos neu geborene Reich, in dem mit der 18. Dynastie eine neue kulturelle Blüte begann.

Das Neue Reich – Das ›Goldene Zeitalter‹

Die 18. Dynastie begann mit Ahmose und Amenhotep I. Beide standen der Politik der 17. Dynastie näher als der ihrer Nachfolger: Sie vollendeten

169 Awaris. Wandmalereien in den Palästen der Hyksos, die von der österreichischen archäologischen Mission in Tell el-Dab'a ausgegraben wurden. Sie erinnern stark an minoische Urbilder. Nach EgyptArchaeol 2/1992, 26, M. Bietak

170 Der von Amenophis III. für sein Sed-Fest errichtete Tempel in Soleb in der Nähe des 2. Katarakts zeugt vom Herrschaftsanspruch der ägyptischen Pharaonen des NR über das gesamte Niltal.

das Werk Kamoses. Tatsächlich jedoch prägten die Thutmosiden die 18. Dynastie. Es ist anzunehmen, daß das neu entstandene Amt der »Gottesgemahlin« (110, 111) dabei eine wichtige Rolle spielte. Thutmosis, ursprünglich ein hochrangiger Offizier, hatte die Tochter Ahmoses I., Prinzessin Ahmose, geheiratet, um die Kontinuität der Dynastie durch die »Gottesgemahlin« zu legitimieren.

Thutmosis I. konnte wieder ein vereinigtes Reich übernehmen, das sich bis zu den Festungen am 2. Katarakt erstreckte, einen fähigen Hofstab von Theologen, Baumeistern, Künstlern und Gelehrten, aber auch eine neue Königsnekropole, das berühmt gewordene »Tal der Könige« in Theben West. Dort hatte sein Vorgänger Amenophis I. sich ein neuartiges Grab erbauen lassen, das dann für Generationen von Königen zum Prototyp avancierte. Der seit der 2. Zwischenzeit festzustellende Aufstieg einer neuen Klasse hielt weiter an. Das Bild des NR wurde durch das Militär bestimmt, das sogar ein neues Attribut für den König schuf: den »Blauhelm« (171).

Zu Beginn des NR überschlugen sich die Ereignisse. Der nur zwölf Jahre regierende König führte einen Feldzug nach dem anderen, im Süden stieß er wahrscheinlich bis zum 4. Katarakt vor, im Norden erreichte er den Euphrat. Theben wurde zum Zentrum seiner Macht. Überall ließ der Herrscher Bauten schier aus der Erde stampfen, sein Grab aber blieb unvollendet. Ihm folgte nicht sein Mitregent als König – er war unerwarteterweise noch

171 Thutmosis III. mit dem sogenannten blauen Helm in den nur fragmentarisch erhaltenen Wandmalereien seines Tempels in Deir el-Bahari.

Historischer Überblick

172 Sphinx Thutmosis' III. aus grauem Granit, der die alte Tradition des Königsbildes aufnimmt. Einige stilistische und ikonographische Merkmale lassen nicht ausschließen, daß Hatschepsut als Regentin dieses Denkmal für Thutmosis herstellen ließ. ÄMK, JE 37981

173 Senenmut, der Berater und Vertraute Hatschepsuts, aber auch Erzieher des jungen Thutmosis III. ÄSM, 6265

vor seinem Vater gestorben –, sondern ein weiterer Nachkomme, der als Thutmosis II. in die Geschichte einging. Bekannt wurde er durch seine Halbschwester und Königsgemahlin Hatschepsut (172), mit der er nur eine ebenfalls früh verstorbene Tochter, Nofrure, hatte. Durch seinen frühen Tod gelangte sein mit einer Königsdame namens Isis gezeugter Sohn Thutmosis III. auf den Thron. Da er zum Regieren noch zu jung war, übernahm die »große Königin und Gottesgemahlin« Hatschepsut, seine Stiefmutter und Tante die Regierungsgeschäfte. Schon zwei Jahre später wurde sie »nach dem Willen des Amun« Herrscherin. De facto wurde Hatschepsut nach der Thronbesteigung zum König und nicht zur »Königin«, sie trägt eine männliche Titulatur. Ihre Persönlichkeit inspirierte eine bis heute nicht enden wollende Diskussion.

Hatschepsuts Stellung als »Gottesgemahlin« legitimierte den Thronanspruch von Thutmosis III., der überdies durch seine Ehe mit Hatschepsuts Tochter Nofrure verstärkt wurde. Die höfischen Strukturen trugen einen ›clanartigen‹ Charakter, weshalb die angebliche Feindschaft zwischen Hatschepsut und ihrem Neffen und Stiefsohn kaum existiert haben kann. Für die einflußreiche Herrscherin Hatschepsut wäre es kein Problem gewesen, Thutmosis III. beseitigen oder absetzen zu lassen, noch bevor ihre Tochter Nofrure gestorben war. Hatschepsut hatte im Gegenteil als Mitregentin von Thutmosis III. und zugleich als Königin für

eine ausgezeichnete Erziehung und Bildung ihres Mitregenten gesorgt, durch die sie ihn unter Aufsicht ihres ergebensten Beamten Senenmut (173) für eine selbständige Herrschaft und das Königsamt vorbereiten ließ. Auf diese Weise machte sie ihn zu einem der genialsten Herrscher nicht nur über die »beiden Länder«, sondern in der damaligen Welt überhaupt.

Das Reich blühte unter Hatschepsut, die ihren terrassenartigen Totentempel als »die treffliche Stätte des ersten Males, des Gottes Amun« im »schönen Wüstental« (Deir el-Bahari) errichten ließ (174). Sie veranlaßte eine rege Bautätigkeit im Land. Wo nur möglich manifestierte sie ihren Machtanspruch vor den Göttern, besonders vor dem »geliebten Amun«, dessen Tochter sie war. Sie beschränkte ihr Wirken jedoch nicht nur auf monumentale Architektur, sondern betrieb zugleich eine stabilisierende Außenpolitik, verstärkte die Festung Buhen im Süden des Landes, führte Razzien gegen Asiaten und Beduinen durch und dehnte die Handelskontakte – zu denen auch regelmäßige Expeditionen nach Punt gehörten (175) – aus. Eine dieser Reisen wurde in Deir el-Bahari auf den Wänden der »Punt«-Halle verewigt. In dieses Bildprogramm ließ sie bewußt die Fürstin Iti und ihren Gemahl Parehu aus dem afrikanischen Land südlich von Kusch am Horn von Afrika aufnehmen. Mit der Darstellung dieser fremden Herrscherin (176) manifestierte Hatschepsut vor den Göttern, daß die Beteiligung einer Frau an der Herrschaft normal war. Ihr Kanzler Useramun blieb auch nach Hatschepsuts Tod im Amt und diente der Krone weiter, wodurch die reibungslose Fortführung der Regierung Hatschepsut/Thutmosis III. ab 1459/58 unter dem jungen König allein gewährleistet blieb.

Die Politik Thutmosis' III. wurde von kriegerischen Feldzügen, die ihn bis nach Palästina und Syrien führten, bestimmt. Wie sein Großvater erreichte er den Orontes und den Euphrat. Er begnügte sich aber nicht mehr mit einer bloßen Anerkennung des ägyptischen Throns, sondern organisierte eine straffe Verwaltung der »nördlichen

174 Deir el-Bahari, im Vordergrund der Terrassentempel der Hatschepsut, im Hintergrund der Totentempel Mentuhoteps II., sichtbarer Ausdruck der Kontinuität zwischen MR und NR

Historischer Überblick

175, 176 Der Hatschepsut-Tempel in Deir el-Bahari beinhaltet einen Bildbericht einer Expedition nach Punt, dem legendären Land südlich des Roten Meers. Oben: afrikanische Landschaft, darunter: die Herrscherin Iti, deren Fettsteiß nicht zu übersehen ist, ein Merkmal, dem man bis heute bei einigen Naturvölkern Afrikas begegnet.

177 Hathor-Kapitell in Form eines Sistrums in der Hathor-Kapelle in Deir el-Bahari, ein besonders gutes Beispiel für die hochqualifizierten Leistungen an der »Stätte der Götter«

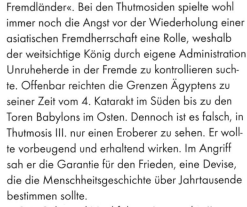

178 Thutmosis III. in den Wandmalereien seines Totentempels in Deir el-Bahari, typisches Bild eines Königs im NR

179 Goldring mit Kartusche Amenophis' II. Liv. M 11437

180 Eine häufig dargestellten Göttin ist die löwengestaltige Sechmet. Ihr kriegerischer Aspekt war seit dem NR sehr gefragt. Hier mit Ramses II. und göttlichem Gatten Ptah. Hof des ÄMK

Fremdländer«. Bei den Thutmosiden spielte wohl immer noch die Angst vor der Wiederholung einer asiatischen Fremdherrschaft eine Rolle, weshalb der weitsichtige König durch eigene Administration Unruheherde in der Fremde zu kontrollieren suchte. Offenbar reichten die Grenzen Ägyptens zu seiner Zeit vom 4. Katarakt im Süden bis zu den Toren Babylons im Osten. Dennoch ist es falsch, in Thutmosis III. nur einen Eroberer zu sehen. Er wollte vorbeugend und erhaltend wirken. Im Angriff sah er die Garantie für den Frieden, eine Devise, die die Menschheitsgeschichte über Jahrtausende bestimmen sollte.

Sein Sohn und Nachfolger, Amenophis II., war über drei Jahre sein Mitregent gewesen. Er bestimmte für rund 25 Jahre die Geschicke des Landes, indem er das zu erhalten suchte, was der Vater geschaffen hatte. Der Nachwelt galt er als brutaler und grausamer Krieger, was eher auf die Annahme asiatischer Sitten als auf die ägyptische Tradition zurückzuführen ist. Hierfür spricht auch die Aufnahme semitischer Götter in das ägyptische Pantheon. Sanftmut und Friedensliebe galt unter den kriegerischen Asiaten nichts. Im Osten bahnten sich auch neue Verhältnisse an. Das Mitanni-Reich und die Hethiter breiteten sich zunehmend aus, so daß Thutmosis IV. um 1400 gezwungen war, aus diplomatischen Gründen eine der Töchter des Mitanni-Königs Artatama zu heiraten, was eine neue Richtung in der Politik der göttlichen Könige einleitete. Anders als sein Vater konzentrierte der letzte Thutmosis seine Aktivitäten auf den Ausbau der Tempel und der Wirtschaft statt auf Kriegsführung. Ihm folgte Amenophis III., der seine fast 40jährige Regierungszeit nutzte, um die politische Lage zu festigen und den Reichtum des Landes zu mehren. Er begann eine

maßlose Bautätigkeit, die nur noch von Ramses II.
übertroffen wurde. Amenophis III. heiratete eine
Frau »bürgerlicher« Herkunft, Teje (111), die star-
ken Einfluß auf ihn und ihren Sohn, den späteren
Echnaton, hatte. Von Teje gingen wohl die Kräfte
aus, die sich gegen die aristokratischen Traditionen göttlicher Frauen richtete, u. a. gegen das Andenken Hatschepsuts
(182).

Amenophis III. unterhielt
ausgedehnte diplomati-
sche Kontrakte mit Asien,
die durch die berühmten
Keilschriftbriefe aus den
Amarna-Archiven belegt
sind. Die Aufzählung seiner Bautätigkeit würde Seiten füllen. Was davon erhalten blieb,
gehört zu den klassischen Rudimenten der
ägyptischen Kultur. Ob man in der unterirdischen Apis-Nekropole in Saqqara wandert,
ob in Karnak, Luxor oder Theben West mit
den Memnonskolossen (183), überall begegnet man Amenophis III., der sich in über
1000 Plastiken verewigen ließ. Mit seinem
Nachfolger Amenophis IV. begann eine hef-
tig umstrittene und immer noch diskutierte Periode
der ägyptischen Geschichte. Es war eine Zeit, die
aus der Sicht der Nachfolger völlig aus der Geschichte zu tilgen war; man scheute deshalb unter
den Ramessiden keine Mühe, ihre Spuren auszulö-
schen. Es erhielt sich aber das wichtigste, die
neuägyptische Sprache des Echnaton.
Amenophis IV. (185), der nicht einmal 20 Jahre
regierte, erhob in seinem 3. oder 4. Regierungs-
jahr den Kult der Sonnenscheibe Aton zur
Staatsreligion. Aton war schon unter Thutmosis IV. anstelle des Kults des ›alten‹ Re-
Harachte eingeführt worden – allerdings ohne Anspruch auf Ausschließlichkeit. Unter
Amenophis IV. wurde das jedoch anders. Er
veränderte seinen Namen in Echnaton

181 Teje (?). Das Fragment
(wahrscheinlich Amarna-Zeit)
läßt sich sehr gut in die Entwicklung, die eindeutig seit
Hatschepsut und Thutmosis III.
im Gange war, eingliedern.
Gelber Jaspis, um 1380.
MMA, 26.7.1396

182 Die Verfemung der Hatschepsut nach ihrem Tod führte zur Vernichtung ihrer Denkmäler und zur ›Ausradierung‹
ihrer Gestalt und ihres Namens aus den Tempelbildern
wie hier in Karnak.

183 »Memnonskolosse«, die
einzigen monumentalen Reste
des Totentempels König Amenophis' III. in Theben West

Historischer Überblick

184 In Mittelägypten beim heutigen Melawi gründete Amenophis IV. als Echnaton seine neue Residenz, von der heute nur noch spärliche Ruinen erhalten sind.

185 Die Besonderheit der Amarna-Zeit schlug sich auch in den Bildnissen des Königs (H. über 3 m) nieder, der sich sogar androgyn darstellen ließ, was es sonst in Ägypten nie gab. ÄMK, JE 55938

188 Nofretete (um 1340), bemalter Kalkstein (H. 50 cm) aus Tell el-Amarna aus der Werkstatt des Bildhauers Thutmosis, seit 1914 im ÄMB

(= Diener des Aton), verließ Theben und gründete in Mittelägypten eine neue Residenz, Achetaton (heute Tell el-Amarna [184]). Hier konnte er seine Religion mit seiner Anhängerschaft ungestört zelebrieren. Echnaton führte nicht nur Aton als alleinigen Gott ein, sondern versuchte auch alle anderen Götter zu unterdrücken und ihre Kulte nach und nach zu beseitigen. Das brachte ihm nicht nur unter der Priesterschaft, zu der viele Mitglieder der Königsfamilie gehörten, sondern auch beim Volk, dem der Elitarismus der neuen Religion fremd blieb, viel Feindschaft ein.

Echnaton ließ sich nicht nur als großen Priester des »neuen« Gottes feiern, sondern versuchte sich als »Mutter und Vater« zugleich zu stilisieren, weshalb er sich auch als androgyne Gottheit abbilden ließ (185). Diese neue Art der Darstellung gebrauchte andere ikonische Zeichen als Botschaftsträger einer neuen Religion und einen dem bisherigen gegenüber veränderten Kanon. Im Abendland bestimmten eigenartigerweise die Phänomene dieser kurzen Periode, dieses ›Andersseins‹, die Rezeption einer über 5000 Jahre alten Kultur.

In der sogenannten Amarna-Zeit (s. S. 124f.) kam es zu heftigen innenpolitischen Unruhen, die nur schwer zu beherrschen waren. Echnaton bemühte sich, alle Spuren des Amun bis ins ferne Soleb zu tilgen. Die im Licht der erhaltenen ›neuen Kunst‹ idealisierend gesehenen familiären Verhältnisse am Königshof entsprachen der historischen Wirklichkeit wenig, in der es zu bis heute undurchschaubaren Verhältnissen kam.

Die schöne Nofretete, Gemahlin Echnatons, verschwand von der historischen Bühne, der König heiratete angeblich eine seiner Töchter, soll die Einführung des absoluten Kults von Aton als Fehler erkannt haben und zur Religion der Väter zurückgekehrt sein. So meinen die einen. Andere glauben, daß erst die Schwiegersöhne Echnatons, Semenchkare und Tutanchamun – beide noch Kinder, als sie auf den Thron kamen –, das Land wieder in die gewohnten Bahnen der uralten Tradition zurückführten.

Erhaltene Spuren und Berichte lassen annehmen, daß erfahrene Höflinge schnell erkannten, daß mit der neuen Religion weder eine Stabilisierung des Landes noch eine Sicherung der Weltmacht in Sicht war. Im Alten Orient festigten sich antiägyptische Lager, die zu einem Krieg drängten. Deshalb hatten sich Aja, der schon seit Amenophis III. die Fäden am Hof in der Hand gehabt hatte, und der begabte General Haremhab aus der Affaire gezogen, indem sie Amarna verließen. Sie begaben sich nicht mehr nach Theben, sondern nach Memphis und verlegten das ›neue‹ politische Zentrum dorthin. Die neuen Herrscher versuchten, sich durch Ehepolitik zu legitimieren. So gelang es auch Haremhab (um 1300) als rechtmäßiger Pharao anerkannt zu werden.

Haremhab, dessen Herkunft unbekannt ist, erreichte über eine steile Militärkarriere eine Position, die er nie zu erhoffen gewagt hatte, wofür sein ursprünglich in Saqqara angelegtes Grab spricht. Durch seine Ehe mit einer Königstochter, Mutnedjmet, legitimierte er seine Königswürde. Seine Regierungszeit war durch kriegerische Auseinandersetzungen mit den asiatischen Nachbarn charakterisiert, die langsam unter die hethitische Hegemonie gelangt waren. Die ägyptische Autonomie konnte nur durch einen Krieg mit den Eindringlingen aus dem Nordosten errungen werden. Innenpolitisch scheint Haremhab den Aton-Kult nicht fortgesetzt, dessen Verehrer aber auch nicht verfolgt zu haben. Andererseits ist eine besondere Bevorzugung der Amunpriesterschaft unter ihm nicht festzustellen, wenn man bedenkt, daß er

187 Paläste und Häuser in Achet-Aton (= Horizont des Aton/Tell el-Amarna) waren reich mit Wandmalereien versehen, die erste Andeutungen von Landschaft zeigen.

188 Das »Familienleben« Echnatons wird durch die segenspendende Aton-Scheibe geheiligt. Die neue Amarna-Programmatik der Königsikonographie bleibt wegen der Sonderstellung dieser kurzen Periode einmalig. ÄMK, JE 44865

189 Tutanchamun ließ sich als Bewahrer der Religion der Väter feiern. Im Karnak-Tempel erscheint er als Amun, aber noch immer mit den Zügen der »weichen Linie«, die mit der Amarna-Zeit in die Ikonizität Eingang fand.

Historischer Überblick

111

190 Haremhab, Feldherr und Nachfolger Tutanchamuns, hat ein besonders schönes Grab im Tal der Könige mit vortrefflichen Wandmalereien, die ihn mit den Göttern darstellen.

191, 192 Sethos I. bei kultischen Handlungen in seinem aus Kalkstein gebauten Tempel in Abydos (rechts). Sehr feine, bemalte Flachreliefs, die zu den besterhaltenen aus dem NR zählen, bedecken die Wände. Der Tempelbau vermittelt zugleich etwas von der Atmosphäre dieser alten Heiligtümer, die sich meist nur noch als Ruinen präsentieren.

wahrscheinlich nur zum Opet-Fest nach Theben reiste. Sein Grab verrät noch stilistische Formen der Amarnazeit, die zu einer »weichen Linie« in der Malerei geführt hatten (s. S. 131).

Die Bedeutung des Militärs blieb bestimmend. Nachfolger Haremhabs, von diesem selbst ernannt, wurde der »Stellvertreter seiner Majestät in Ober- und Unterägypten«, General Paramessu, der zukünftige Ramses I. und Begründer der 19. Dynastie. Er regierte kaum länger als ein Jahr und wurde im Tal der Könige begraben. Sein Sohn, Sethos I., und sein Enkel, Ramses II., dominierten in bis heute spürbarer Weise das 13. Jh. Ramses II. wurde zum Synonym für die ägyptischen Pharaonen schlechthin. Sethos I., der ca. elf Jahre in Memphis residierte, war gezwungen, sich weiterhin Kriegsaktivitäten in Asien zu widmen. Für sich selbst ließ er eines der bis heute besterhaltenen Gräber im Tal der Könige anlegen, in dem die ›eschatologische‹ Erzählung von der Himmelskuh, der Vernichtung und Errettung der Menschheit wiedergegeben ist. Sein Totentempel zeichnet sich durch vortreffliche Proportionen und architektonische Ausgewogenheit aus.

Sein Sohn und Nachfolger, Ramses II., der vermutlich die meisten Denkmäler in Ägypten hinterlassen hat, regierte 66 Jahre. Er gehört zu den schillerndsten Gestalten der ägyptischen Geschichte, dennoch ist seine historische Bewertung umstritten. Die Schlacht bei Kadesch zwischen Ägyptern und Hethitern (1275/64), 13mal auf Tempelwänden dargestellt (**194**) und dabei als großer Sieg Ramses' gefeiert, kann nicht darüber hinwegtäuschen, daß es

sich politisch gesehen um eine Zeit des Umbruchs handelte – nicht nur in Ägypten, sondern in der gesamten damaligen orientalischen Welt. Nach einem kometenhaften Aufstieg im Raum der heutigen Türkei stand das Reich der Hethiter nun kurz davor, von der Weltbühne zu verschwinden. Eine Epoche weitreichender Migrationen bahnte sich an. Die sogenannten Seevölker (5) bedrohten die Stabilität der bestehenden Staatsordnungen. Auch die Libyer im Westen wurden unruhig, im Osten entwickelten sich die Semiten zu einer wachsenden Bedrohung. Ob die biblische Vorstellung von der »Unterdrückung« der Hebräer in Ägypten mit diesen Vorgängen zusammenhing, wird oft diskutiert. Vieles spricht dafür und hängt u. a. mit der gewaltigen Bautätigkeit des großen Herrn am Nil zusammen, von der auch die Bibel spricht.

Der ausschließlich dem Herrschaftskult von Ramses II. dienende Felstempel in Abu Simbel, berühmt u. a. durch die spektakuläre Rettungsaktion der UNESCO in den 60er Jahren, dokumentiert den ägyptischen Monumentalismus, durch den die Göttlichkeit der Könige schon seit dem Pyramidenbau manifestiert wurde und der wahrscheinlich von einmaliger Wirkung nicht nur auf die eigene Bevölkerung, sondern auch auf Fremde war. Ramses II. starb, nachdem er 14 Sed-Feste feiern konnte, im 90. Lebensjahr. Die Zahl seiner Frauen und Kinder grenzte ans Märchenhafte. Sein Totentempel – das Ramesseum (**193**) – hat bis heute eine große Ausstrahlung, seine Mumie ist allenthalben berühmt, die Spuren seines Wirkens sind in ganz Ägypten unzählbar. All das hat dazu geführt, daß die Zeit unter Ramses II. als das ›Goldene Zeitalter‹ der ägyptischen Geschichte gefeiert wird. Dennoch war schon zu seiner Zeit der schleichende Untergang des Reichs nicht mehr aufzuhalten.

Sein 14. Sohn, Merenptah, der mit 60 Jahren starb, war wahrscheinlich schon lange vor dem Tod des Vaters dessen Mitregent. Er regierte von Memphis aus, sein Grab ließ er im Tal der Könige errichten. Ihm war es noch gelungen, die angreifenden Völker in Schach zu halten. Möglicherweise kam es unter seiner Herrschaft zur Auswan-

193 Ramesseum. Der Totentempel Ramses' II. gehört zu den noch immer sehr wirkungsvollen Monumenten einer Gigantomanie, die auch hier ihre Spuren hinterlassen hat.

194 Zu den Schlachtdarstellungen, die in ramessidischen Tempeln am häufigsten zu finden sind, gehört die Schlacht bei Kadesch, am besten im Felstempel von Abu Simbel erhalten (Umzeichnung, Ausschnitt). Aus dem Gebet Ramses II. bei Kadesch: »Mein Vater Amun, ich rufe zu dir./ Ich bin inmitten eines Haufens, den ich nicht kenne./ Alle Fremdländer haben sich gegen mich verbunden./ Ich bin ganz allein, kein anderer ist bei mir ...« (nach Brunner-Traut, Ägypter, 144).

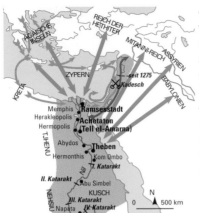

195 Karte: politische Entwicklungen im NR

➤ Feldzüge Thutmosis III.
➤ Züge der Seevölker
⬌ Diplomatische Beziehungen in der Amarna-Zeit

Aus dem »Streikpapyrus«
»Wir sind hierher gekommen von Hunger und Durst getrieben ... Meldet es dem Pharao, unserem guten Herrn ...« (nach Brunner-Traut, Ägypter, 228).

196 Götterplastiken im Sanktuarium des Tempels Ramses' III. in Medinet Habu

derung der Hebräer unter Moses, was mit Sicherheit heftige kriegerische Ereignisse im Delta nach sich zog. Seine Mißachtung gegenüber der 18. Dynastie äußerte sich in der Zerstörung des riesigen Totentempels Amenophis' III., von dem nur die Memnonskolosse (183) erhalten blieben. Die Unruhen setzten sich fort. Gegen Sethos II. erhob sich ein Gegenkönig, sein enger Verwandter Amenmesse, der nicht nur über Oberägypten regierte, sondern auch Unterägypten unterworfen hatte.

Die letzten Jahre der 19. Dynastie wurden von einer Frau geprägt, der Gemahlin Sethos' II., Tausret, die als Regentin für den jungen Siptah die Macht ergriff und nicht nur, wie Hatschepsut, mitregierte, sondern das Königsamt selbständig ausübte. Eine große Rolle spielte dabei ihr Vertrauter, der Wesir Bai, wahrscheinlich ein semitischer Fremdling, der sich selbst als »Königsmacher« bezeichnete. Unter ihm und seiner Beschützerin kam es zu ›familiären‹ Streitigkeiten mit Sethnacht, dem Begründer der 20. Dynastie. Er löschte seine Vorgängerin aus den Annalen, indem er ihr Grab im Tal der Könige für sich usurpierte.

Ihm folgten Könige, die mit dem Namen Ramses ihrem berühmten Vorgänger keine Ehre erwiesen. Nur Ramses III., dessen 30jährige Herrschaft durch seine Ermordung beendet wurde, war ein zwar epigonenhafter, aber dem NR noch angemessener König. Alle anderen, bis zu Ramses XI., zeigten sich mehr oder weniger als tragische Gestalten, die an der außen- wie innenpolitischen Situation scheiterten. Ramses III. wollte es seinem ruhmreichen Vorgänger Ramses II. gleichtun und kopierte dessen Tempelbauten und Schlachtdarstellungen. Obwohl die Hethiter inzwischen von der politischen Bühne verschwunden waren, ließ er sich als ihr Besieger darstellen! Inzwischen bestimmten die Kämpfe mit Seevölkern (5) und Libyern die kriegerischen Aktivitäten und prägten die letzten 100 Jahre des NR. Medinet Habu (197) vermittelt wie kein anderes Denkmal Ägyptens diese epigonale Stimmung. Dort manifestiert sich alles, was die Glorie und später der

Verfall des ›Goldenen Zeitalters‹ noch hervorzubringen vermochten. In diesem Kontext sind auch die Vorgänge in der Arbeiterkolonie von Deir el-Medina zu sehen. Immer wieder kam es zu tumultartigen Auseinandersetzungen mit der Verwaltung, weil die Versorgung über Monate ausblieb. Korruption und Kriminalität blühten, die Loyalität der Beamten, Ethos und Moral verschwanden. Sogar die Ruhe »der zu ihrem KA Gegangenen« blieb nicht verschont. Der innere Verfall wurde durch Naturkatastrophen und Hungersnöte noch beschleunigt. In dieser Situation gelangten im Süden die Vizekönige von Kusch zu einer Stärke, die in Theben, wo die Amunpriesterschaft die Macht hatte, nicht mehr vorhanden war. Ägypten als Großreich bestand nicht mehr. Ramses XI. versuchte noch einmal die »Wiederholung der Schöpfung«, ein Erfolg blieb ihm jedoch versagt. Unruhige Zeiten, eindrucksvoll im »Bericht des Wenamun« geschildert, erfaßten sowohl den Norden, wo Smendes in Tanis die 21. Dynastie gründete, als auch den Süden, wo die Hohenpriester in Theben ihre Macht neben der des Königs auszuüben versuchten. Damit war das Ende des NR besiegelt.

Die Spätzeit

Die Hohenpriester von Theben usurpierten nicht nur die Macht, sondern auch die Denkmäler (199) und Gräber der Großen des NR. Man blieb aber sowohl in Unter- als auch in Oberägypten den religiösen Traditionen treu. An die Stelle der Grab-

197 Medinet Habu. Der Eingang und der einzigartige Pylon in Form der vorderasiatischen Festungen für den riesigen und in Theben West am besten erhaltenen Tempel Ramses' III. und seiner Nachfolger, die alle daran weiterbauten

198 Tal der Könige, die Ruhestätte der Herren der beiden Länder in der Zeit des NR. Auch im Alten Ägypten gab es bereits Grabraub, wie eine Gerichtsakte belegt: »Die Königin fanden wir ganz in der gleichen Weise (ausgestattet), und wir rissen alles ab, was wir an ihr fanden, und legten Feuer an ihre Särge. Wir nahmen auch die Beigaben, die wir bei ihnen fanden ...« (nach Brunner-Traut, Ägypter, 238).

199 Taharqa-Säulen (25. Dynastie) im N des Tempelkomplexes von Karnak. Der kuschitisch-ägyptische Herrscher unternahm in Karnak eine intensive Bautätigkeit im Sinne der altägyptischen Renaissance, was heute das Bild der Anlage wesentlich prägt.

200 Nur in der Westwüste am Rand der Oasen legten die Ägypter Festungen an – zum Schutz vor libyschen Angriffen. Diese Bauten fanden bis in römische Zeit Verwendung. Hier die Festung Qasr Ghueida am Rand der Oase Charga, wo mehrere Festungen zu lokalisieren sind. Ihre Erforschung gehört zum neuesten Abschnitt ägyptischer Archäologie.

malereien traten Sarg- und Buchmalereien, die heute vorzügliche Quellen für die altägyptischen mythischen Vorstellungen sind.

Zunächst kamen die Libyer an die Macht, legitimiert durch die Einheirat in das göttliche Geschlecht der Hohenpriester aus Theben. Scheschonq I. bestieg als König der »beiden Länder« den Horus-Thron und gründete die 22. libysche Dynastie, die mit der 24. Dynastie wieder zu Ende ging. Scheschonq I., aus dem AT durch seinen Feldzug gegen Jerusalem und den Raub der Tempelschätze bekannt, versuchte die Ordnung im Land durch eine zentralistisch orientierte Regierung zu erhalten. Er erlag jedoch den feudalistischen Strukturen der Häuptlingstradition seiner nomadischen Herkunft. Die libysche Epoche von ca. 200 Jahren Dauer stellt die Ägyptologie noch immer vor ungelöste Probleme, die zeigen, daß die engen Beziehungen der in Tanis residierenden Könige zu den großen Tempeln und ihren Priesterschaften in Theben und Memphis Abhängigkeiten entstehen ließ, die nicht zu überwinden waren, auch nicht durch den Ausbau eines eigenen kultischen Zentrums der Göttin Bastet in Bubastis. Die Libyer konnten sich nur durch den Ausbau der ägyptischen Tempel und ungeheure Schenkungen halten. Ihre Macht war daher immer unsicher, zumal aus Asien neue Gefahren drohten und Ägypten aus der Vormachtstellung im syro-palästinischen Raum verdrängt wurde.

Schon unter der libyschen Dynastie konnte der Süden des Landes und Kusch von Ägypten nicht mehr voll kontrolliert werden, so daß sich dort ein lokales Herrscherhaus entwickelte, das mit der kuschitischen 25. Dynastie – nach Manetho die äthiopische genannt– die Macht im ganzen Niltal übernehmen konnte. Kaschta, wenn nicht schon Alara, der als Begründer dieser Dynastie gilt, erstreckte seine Macht auf große Teile Oberägyptens. Die kuschitischen Herrscher stützten sich auf die gut aufgebaute Struktur ihres sakralen Königreichs, das seit der 18. Dynastie in Napata (am Fuß des Gebel Barkal beim heutigen Karima im Sudan [201]) sein Zentrum des Gottes Amun hatte. Von dort aus beherrschten sie den Süden bis Meroë, beeinflußten andere Kulturen Afrikas und gelangten auch über die Insel Elephantine nach Norden. Sie empfanden sich als Bewahrer der ägyptischen Kultur und legitime Nachfolger der Herrscher auf dem Thron der »beiden Länder«. Pianchi, ein Sohn Kaschtas, erreichte Theben. Dort ließ er formal den »Gottesstaat des Amun« bestehen, indem er seine Schwester Amenirdis von der Gottesgemahlin Schepenupet I., einer Tochter Osorkons III., adoptieren und sie auf diese Weise zu ihrer Nachfolgerin machen ließ. Diese keinem irdischen Gatten verbundenen »Gottesgemahlinnen« sicherten durch Adoptionen die von ihnen beanspruchte königliche Linie und setzten sie auf diese Weise fort. Sie ließen ihre Namen in Kartuschen einfügen und feierten sogar Sed-Feste.

Während der kuschitischen Dynastie war die Situation in Ägypten nach wie vor verworren. Auf der einen Seite blühte die altägyptische Kultur wie-

201 Am Fuß des Gebel Barkal (Karima, Sudan) baute man die größten ägyptischen Tempel seit dem NR südlich von Karnak. Neben dem Amun-Tempel stand ein zweiter, der Hathor geweihter.

202, 203 Schon der englische Reisende Hoskins bewunderte die riesigen Kolosse von Delgo (unten), heute im Nationalmuseum, Khartoum.

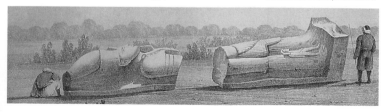

204 Taharqa beschützt vom widdergestaltigen Amun von Napata (Gebel Barkal). Nationalmuseum, Khartoum

205 Nicht nur in den großen Reliefs von Ninive werden die geschlagenen Kuschiten festgehalten, sondern auch in den Elfenbeinplastiken aus Nimrud, die den Sieg Assurs über Kusch durch den am Boden vom Löwen gepackten Kuschiten symbolisieren. BM, WA 127412

der auf und wurde durch Tempelerweiterungen, Errichtung von königlichen Großplastiken (**202, 203**) und sogar durch eine Rückkehr zum Bau von Pyramiden, die als Begräbnisstätten bei Napata (**206**) Zeugnis für die Kultivierung der Sitten und Formen des AR ablegen, gepflegt. Eine Renaissance des Altägyptischen erfaßte das ganze Land. Obwohl die Streitigkeiten mit den libyschen Epigonen im Delta andauerten, versuchte Taharqa, erfolgreichster kuschitischer Herrscher (**204**), auch in Memphis, das er zu seiner Residenz erhoben hatte, Spuren zu hinterlassen. Angeblich fand in seiner Zeit die größte Nilüberschwemmung des Altertums statt. Trotz katastrophaler Folgen wurde sie als besonderes göttliches Zeichen und Legitimierung der Macht der Kuschiten gedeutet.

Die innere Lage des Landes wurde zusätzlich durch außenpolitische Ereignisse belastet. Die Assyrer hatten den ganzen Nahen Osten unterjocht und bedrohten Ägypten, das sie schließlich auch angriffen. Ihr König Assarhaddon erreichte 671 das Herz des Nillandes, Memphis, und zwang Taharqa zum Rückzug. Der Assyrer starb auf diesem Feldzug, was seinen Nachfolger Assurbanipal jedoch nur kurz bei seinem weiteren Marsch gegen Theben aufhielt. Er unterwarf die abtrünnigen saitischen Fürsten, schlug die kuschitischen Verbände unter Taharqa und ließ sie als Sklaven in sein Reich deportieren, was eindrucksvoll in den Darstellungen der Reliefs von Ninive erhalten blieb.

Taharqa selbst suchte im fernen Napata Zuflucht, wo er starb. Sein Nachfolger Tanwetamani übernahm noch für kurze Zeit die Macht und kämpfte sogar mit Erfolg gegen die Assyrer. Sein Triumph wurde in Opferfesten für Chnum auf Elephantine, Amun in Theben und Re in Memphis gefeiert. Der Sieg war jedoch von kurzer Dauer; die Assyrer kehrten zurück, setzten den ihnen ergebenen Herrscher Psammetich I. ein, der die

26. Dynastie gründete und die Kuschiten endgültig in ihre südliche Heimat verdrängte. Dennoch verzichteten auch die Kuschiten nicht auf die ägyptische Königstitulatur. Die Geschichte ihres Reichs setzte sich noch lange, nachdem die Eigenständigkeit Ägyptens untergegangen war, fort (**206**). Erst dem aksumitischen König Ezana gelang es im 4. Jh. n. Ch., das Reich am oberen Nil zu unterwerfen und seinem schon damals christlichen einzugliedern.

206 Nachdem die Ägypter lange keine Pyramiden mehr errichtet hatten, taten das die Kuschiten, die in Nurri (oben, nach Hoskins), in el-Kurru, bei Gebel Barkal in der Nähe der königlichen Residenz von Napata wieder Pyramiden bauen ließen.

Im Gegensatz zu anderen Fremdherrschern, die von nun an in kurzer Folge Ägypten beherrschten, erhoben sich die assyrischen Könige niemals zu Pharaonen. Sie blieben ihren kriegerischen Göttern treu und versuchten, aus Ägypten eine Kolonie zu machen. Aber auch ihre Macht war nicht von Dauer; erst der Vasall Psammetich versuchte sich als kluger Alleinherrscher im ganzen Land durchzusetzen. Formal akzeptierte er in Theben die amtierende Gottesgemahlin Schepenupet II. im Amt, ließ aber seine eigene Tochter Nikotris von ihr adoptieren; ebenso beließ er den Hohenpriester Horachbit bis zu dessen Tod im Amt. Unter Psammetich kam es noch einmal zu einem kurzen Aufstieg des Reichs, aber die weltpolitischen Vorgänge im Nahen Osten wirkten sich auch auf Ägypten aus. Psammetich stellte sich auf seiten der Assyrer und kämpfte 616 in Mesopotamien. Es siegten jedoch die Babylonier, die sich daraufhin gegen Ägypten wandten. Der Sohn und Nachfolger Psammetichs, Necho II., glaubte die ägyptische Tradition in Syrien erhalten zu können, mußte aber schließlich kapitulieren und sich ins Hinterland zurückziehen. Er soll aber eine Flotte aufgebaut haben, und in seinem Namen erfolgte die erste Umsegelung Afrikas. Nach seinem Tod entschloß sich sein Sohn Psammetich II. endgültig, die Ansprüche der Kuschiten unter Aspalta auf den Thron Ägyptens zu beenden. Er drang mit seinen

Elephantine, Hauptinsel im ersten Nil-Katarakt, war seit der Urgeschichte besiedelt und galt immer als Sitz des Gaufürsten und wichtigster Südgrenzposten Ägyptens. Im Zusammenhang mit der kultischen Funktion des Nils wurde hier seit altersher (die ältesten Spuren werden auf ca. 3500 datiert) die Göttertriade Chnum – Satis – Anukis verehrt. Der große Chnum-Tempel wurde erst 1822 (n.Chr.) zerstört.

Die Bedeutung der Insel erwuchs einerseits aus ihren wirtschaftlichen und politischen Beziehungen zum Süden (Wawat/Kusch/Nubien), andererseits aus ihrer militärischen Nutzung: stets waren hier Söldner aus aller Herren Länder stationiert. Hier befand sich auch eine jüdische Kolonie mit einem Jahu-Tempel, der im 5. Jh. zerstört wurde. Die hier entdeckten Urkunden sind nicht nur für die ägyptologische, sondern auch für die biblische Forschung von unschätzbarem Wert.

Söldnertruppen bis zum 3. Katarakt vor und versuchte, das Andenken an die kuschitische Dynastie in »beiden Ländern« zu eliminieren.

Die Einbindung Ägyptens in die weltpolitischen Ereignisse zwischen Persien und Libyen führte zu weitreichenden Konsequenzen, die das Schicksal des Nillandes bestimmten. Aufgrund babylonischer Eroberungen im Westen suchten Juden in Äypten Zuflucht, wo sie u. a. als Söldner Verwendung fanden. Ob damals ihr Tempel auf Elephantine errichtet wurde, ist umstritten; er diente der dortigen jüdischen Militärkolonie noch unter persischer Herrschaft während der 27. Dynastie als Gebetsstätte.

König Apriës mischte sich, von den Libyern gebeten, in die Konflikte ein, wurde jedoch von den Griechen geschlagen. Das Militär meuterte, die Macht ergriff sein General Amasis, der offiziell jedoch die Herrschaft der Schwester seines Vorgängers, Anchesneferibre, als Regentin und Gottesgemahlin in Theben anerkannte. Er selbst heiratete eine Griechin und stiftete die griechische Kolonie in Naukratis. Während seiner Regierungszeit, die von der Geschichte besonders gewürdigt wurde, bemühte er sich, zwischen neuen politischen Konstellationen zu bestehen. An seinem Hof fanden sich als Söldner sogar Skythen. Religiös war das Schwergewicht auf Isis und Osiris übergegangen; auch Apis, dessen kultische Funktion großes Aufsehen bei fremden Reisenden erweckte, nahm an Bedeutung für die Königstheologie zu. In der Zeit der 26. Dynastie setzte sich auch die letzte Form der ägyptischen Schrift, das Demotische, durch.

Der Nachfolger Amasis', Psammetich III., spielte kaum noch eine Rolle; die Perser nahmen ihn gefangen, und Kambyses II. gliederte Ägypten als eine weitere persische Satrapie in das achämenidische Reich ein. Die Perser erkannten jedoch, daß das ägyptische Volk ohne Huldigung seiner Götter und deren Heiligtümer eine Fremdherrschaft nicht lange ertragen würde. Des-

207 Die einzigen Baudokumente einer Tempelarchitektur, die aus der Zeit der persischen Fremdherrschaft im 5. Jh. stammt, ist der Hibis-Tempel in Charga. Die Konzeption entspricht der ägyptischen Bautradition, in der die Fremden zu Pharaonen werden.

208 Charga, Amun-Tempel in Hibis (heute restauriert). Aufnahme von 1988

halb beteiligte sich schon Darius I., der zweite Vertreter der 27. persischen Dynastie, am Bau von Tempeln und Nekropolen. Es entstand ein ansehnlicher Amun-Tempel in Hibis (**207**, **208**), auch das Serapeum von Saqqara wurde erweitert. Trotzdem blieb es im Land unruhig, wobei Griechen und Libyer ihre Hände im Spiel hatten. Für kurze Zeit kamen wieder die Libyer an die Macht und bildeten die nur fünf Jahre dauernde 28. Dynastie. Die Nachfolger dieser kürzesten Dynastie des Amyrtaios waren Nepherites und Hakoris, die 19 Jahre lang als 29. Dynastie regierten. Hakoris führte eine Neuheit ein: Er prägte die ersten ägyptischen Münzen, womit die Eingliederung Ägyptens in die Mittelmeerökonomie symbolträchtig markiert wurde.

Mit dem Usurpator Nektanebos I. begann die 30., die letzte ›einheimische‹ Dynastie. Ihr folgte für kurze Zeit die zweite persische Herrschaft, die als 31. Dynastie in die Geschichte einging. Die letzten Dezennien des unabhängigen Ägypten hören sich wie ein großer Schlußakkord der Historie der beiden Länder an. Von Nord bis Süd begann erneut eine intensive Bautätigkeit; man versuchte noch einmal, sich gegen die Perser zu behaupten, jedoch ohne Erfolg. Nektanebos II. mußte nach Nubien fliehen. Der Nachwelt wurde er als mythischer »Vater« Alexanders des Großen, des Siegers über die Perser, bekannt.

Hier schließt die genuin ägyptische Geschichte. Die Historie ging zwar weiter, war allerdings nicht mehr eine ›lokale‹, sondern muß im Kontext der Weltgeschichte gesehen werden. Dennoch wurden viele Charakteristika beibehalten, die das Ägyptische weiterhin als entscheidenden Faktor erkennen lassen. An der Glorie der großen ägyptischen Vergangenheit und der Göttlichkeit der Pharaonen wollten später noch viele partizipieren. Sogar Alexander der Große pilgerte in die Oase Siwa und verstand sich seitdem als göttlicher

209 Der Horus-Tempel in Edfu gehört zu den besterhaltenen Tempeln in ganz Ägypten. In ptolemäischer Zeit erbaut, wurde er zwischen 237 und 57 systematisch ausgegraben und publiziert, hier in einem Stich aus dem 19. Jh.

210 Beispiele für den Tempelbau in den Oasen gibt es besonders reichlich aus der vorptolemäischen Periode, in der die Fremden (u. a. Perser) sich im Westen etablierten.

211 Der Tempel von Dendera, hier das Mamisi (Geburtshaus), ist rituell sehr eng mit dem Horus-Tempel in Edfu (**209**) verbunden.

Historischer Überblick

212 Der Isis-Tempel auf Philae, heute auf die Nachbarinsel Agilka versetzt, war das letzte heidnische Heiligtum Ägyptens, das erst unter Justinian die Tore schließen mußte.

213 Goldmedaillon aus der Zeit Ptolemaios' IV. (bzw. V.) mit der Darstellung der Isis mit Serapis, die sich zu universalistischen Göttern entwickelten.

214 Marmorkopf Kleopatras (VII.), der Geliebten Caesars und Marc Antons. Die Zuschreibung des Kopfes wird allerdings von vielen angezweifelt. ASB

Herrscher. Diese ›Göttlichkeit‹ wurde nicht nur von seinen Nachfolgern in Ägypten, den Ptolemäern, beansprucht, sondern faszinierte auch den römischen Rationalisten Caesar und nach ihm alle römischen Kaiser. Fortan begriff man sich auch als Pharao und pries die eigene Göttlichkeit. Das änderte sich mit der Christianisierung, obwohl man in vielem der alten Tradition verpflichtet blieb: Mumifizierung, Isis-Kult in Philae, etc.

Mit dem Erscheinen Christi erfüllte sich eine altägyptische Prophezeiung, die die Rückkehr des »himmlischen Pharao« zur Erde verkündet hatte. Möglicherweise ist hierin ein Grund dafür zu suchen, daß das frühe Christentum in Ägypten so schnell und leicht Fuß fassen konnte.

Die nachdynastische Geschichte Ägyptens läßt sich in drei Abschnitte unterteilen. Der erste Abschnitt begann mit Alexander dem Großen und endete mit dem Selbstmord Kleopatras; der zweite läßt sich ansetzen von Augustus bis Maximinus Daia; der dritte schließlich von Konstantin bis zur Eroberung Ägyptens durch die Araber.

In dieser fast 1000jährigen Entwicklung nahm Ägypten an der Geschichte des Mittelmeerraums teil. Die Ptolemäer verstanden trotz ihrer griechischen Herkunft schnell, daß es nur bei Akzeptanz ägyptischer Frömmigkeit und Religiosität möglich war, das Land als ägyptische Könige zu regieren. Deshalb pflegten sie altägyptische Sitten, bauten Tempel (die besterhaltenen sind die der Hathor in Dendera und des Horus in Edfu) und führten sich als Pharaonen ein. Nach außen repräsentierten sie eine ägyptische Politik, die sich noch lange gegenüber den Römern behaupten konnte.

Sogar die Römer, die nicht auf ägyptischem Boden residierten, ließen sich auf den Tempelwänden Ägyptens als ägyptische Herrscher darstellen **(216)** und erfüllten damit ein Minimum der ägyptischen Vorstellungen von einem göttlichen Herrscher. Aber auch ägyptische Monumente und Götter fanden den Weg nach Rom. Besonders Isis wurde allgemein verehrt, man pilgerte von Rom zu ihren Heiligtümern nach Philae und wahrscheinlich sogar bis ins ferne Meroë.

Der politische Übergang vollzog sich nach Anerkennung des Christentums als Staatsreligion in Ägypten rasch, nicht nur, weil viele Christen der ersten Stunde hier Zuflucht gefunden hatten, sondern auch, weil sich christliche Vorstellungen den ägyptischen leicht anpassen ließen. Die Geburt des »göttlichen Kindes« aus dem Schoß der Gottesgebärerin, die besondere Hervorhebung asketischer und priesterlicher Lebensweise, die theologischen Spekulationen, die friedliche Verkündigung eines neuen Gottes, liturgische Anlehnungen an die alte Tempeltradition, die Engellehre und die Seelenvorstellungen etc. ließen das Christentum in Ägypten schnell an Boden gewinnen. Bedeutende Papyrusfunde in Griechisch und Koptisch (217) – Koptisch ist bis heute die liturgische Sprache der ägyptischen Christen geblieben und stellt die letzte Stufe in der Entwicklung der ägyptischen Sprache dar – lassen erkennen, daß in Ägypten von Anbeginn an ein Zentrum des Christentums entstanden war, das schnell den ganzen Mittelmeerraum nachhaltig beeinflußte. Das geschah nicht nur durch die Schriften großer Theologen wie Klemens Alexandrinos und Origenes oder durch die Streitigkeiten des Alexandrinischen Patriarchen Athanasios, der sogar bis nach Trier kam, sondern auch durch die monastische Idee, die in den Wüsten entlang des Nils aus der dort vorhandenen Tradition geboren war und bis Irland gelangte. Aus der Sonderstellung dieses Christentums entstand eine Kirche, die mit der Hegemonie der römischen Bischöfe, aber auch mit deren christologischer Lehre nicht einig ging. Diese Unterschiede ergaben sich aus der altägyptischen Tradition, deren Denkform auch in Konzildekrete Eingang gefunden hat und Beweis für die Eigenständigkeit der koptischen Kirche ist. So setzt das Koptentum in gewisser Weise die Traditionen des Altägyptischen fort.

215 Die steigende Popularität der Isis setzte sich in römischer Zeit fort. Bildnisse der Isis, die ihr göttliches Kind stillt, gehören zum Topos, aus dem später das Bild der stillenden Gottesmutter entstanden ist. ÄSM, 4201

216 Roter Granit-Kopf Caracallas, sonderbare Synthese zwischen römischer Portraitkunst und monumentaler Tradition königlicher Bildnisse

217 Koptischer Codex als Zeugnis der tiefen Wandlung der ägyptischen Kultur: neue Schrift, Buchform statt Rollen und das Christentum als Kult

Historischer Überblick

218 Königliches Paar Echnaton und Nofretete. Bemalter Kalkstein (H. 22,5 cm) noch im Geist der ausgehenden Zeit Amenophis' III. LP, E 15593

Keine Zeit in der langen Geschichte des Alten Ägypten ist so bekannt geworden und hat so viel Interesse erweckt wie die Amarna-Zeit, obschon sie nur 15 Jahre dauerte! Das mag seine Ursache in der Einmaligkeit der Schätze aus dem Tutanchamun-Grab im Tal der Könige haben, das Howard Carter im Jahr 1922 entdeckte, und in den deutschen Ausgrabungen unter Ludwig Borchardt in Tell el-Amarna (1911 – 14), deren Funde heute zu den attraktivsten des Ägyptischen Museums Berlin gehören, aber auch in der Sonderstellung, die der revolutionäre König Amenophis IV./Echnaton (s.S. 109f.), der Vorgänger Tutanchamuns und Gemahl der berühmten Nofretete, unter den ägyptischen Pharaonen hatte. Nofretete ist im Abendland, zumindest aber in Deutschland, fast zu einem Sinnbild für Ägypten geworden. Das alles läßt diese von den Alten Ägyptern verfemte Periode in einem eigenen Licht erscheinen. Angesichts der Besonderheit der Bildnisse aus dieser Zeit kann man nicht unbeteiligt an ihnen vorübergehen. Sie unterscheiden sich von dem, was man gewöhnlich mit dem Alten Ägypten in Verbindung bringt. Paradoxerweise wurde gerade die Bildsprache dieser Zeit für viele zum Symbol des Schönen in der ägyptischen Kunst, also zu dem, was sie im Sinn der Nachfolger Echnatons absolut nicht war.

Die amarnäische Einmaligkeit, die sich in der programmatischen Ikonizität mannigfaltig niederschlug, hat zur Behauptung veranlaßt, es handle sich bei ihr um eine naturalistische Kunst, die Deformation und Degeneration zum Stilmerkmal erhoben habe. Diese Behauptungen stützen sich auf unreflektierte Beobachtungen naturgetreu wirkender Landschaftsbilder, Plastiken der Königsfamilie mit langgezogenen Köpfen oder besonders ausgeprägten Becken (bei Echnaton wie auch bei seinen Frauen) und vieler unvollendeter Werke.

Die neue Bildsprache war gewollt und entstand aus dem Geist der reformierten Sonnenreligion des Aton, der als Sonnenscheibe seine Verehrer mit seinen gütigen Strahlen segnete. Echnaton ließ sich als höchster Priester seines Gottes des Lichts darstellen, was der bisherigen Praxis entsprach, suchte aber nach anderen, nie zuvor dagewesenen Mitteln einer ikonischen Sprache, die er zum neuen, eigenen Kanon erklärte.

Die Darstellungswelt dieser Zeit beinhaltet sowohl in der Königsikonographie als auch in ihren Einflüssen aus der Ägäis nie zuvor verwendete

Elemente, die evtl. schon mit den Hyksos nach Ägypten gelangt waren, was Entdeckungen von minoisch-mykenischen Wandmalereien in den Palästen von Awaris belegen. Das jedoch war eine fremde Ikonographie, die die Ägypter ausklammerten. Problematischer erscheint das Bild des nackten Königs, der sogar geschlechtslos wiedergegeben wurde. Vermutlich sollte hierin das Androgyne, das Urzeitliche des Gottes Aton zum Ausdruck kommen. Echnaton symbolisierte so die Einheit der Polaritäten des Weiblichen und Männlichen. Der ägyptischen Tradition treu, identifizierte er sich mit dem Gott.

Die Mittel seiner ikonischen Programmatik, mit der er seinen Kanon manifestierte, haben einen dem Expressionismus vergleichbaren Zug. Nicht die Degeneration, nicht die naturalistische Wiedergabe, schon gar nicht eine Portraithaftigkeit waren entscheidend, sondern das Andere im Gegensatz zum Vorangegangenen.

Dank systematischer Untersuchungen ist es heute fast selbstverständlich geworden, die Anfänge der sogenannten Amarna-Kunst schon in die Zeit Amenophis' III. zu verlegen, in der die »weiche Linie« geboren wurde. Hierzu ist allerdings zu bedenken, daß möglicherweise fremde Einflüsse seit der Zeit der Hyksos nicht völlig verlorengegangen waren, wofür z. B. Bildnisse von Pferden oder von Olivenbäumen sprechen.

Auch das Ende dieser Zeit ist nicht einfach mit dem Tod Echnatons gleich-

zusetzen. Viele Gegenstände im Tutanchamun-Grab, aber auch die Malerei im Grab Haremhabs, ja Ramses' I. belegen das Fortleben dieser Ikonizität, die noch in den Königsplastiken Ramses' II. Spuren hinterließ.

In der Amarna-Zeit waren die diplomatischen und wirtschaftlichen Beziehungen zu Asien ausgeprägt. Das belegt der Briefwechsel mit den Hethitern, der sich in den Archiven Achetatons (Tell el-Amarna), der neuen Residenz Echnatons, erhalten hat. Diese neue Residenz war allerdings nur mit der Person des Königs und mit dessen Hof verbunden. Nach seinem Tod setzte man alles daran, sie aus dem Gedächtnis der Ägypter zu verdrängen. Man verlegte die Residenz in die früheren Kultstätten der alten Götter. Die Regierungszeit Echnatons war eine Periode von besonderer Blüte, aber nicht unägyptisch. Er, dessen Religion man als monotheistisch zu bezeichnen versucht, handelte gemäß den Gesetzen der Ma'at: Er schuf einen neuen Bildkanon, der den Inhalten und Visionen seiner Hymnen entsprach: *»Am Morgen bist du aufgekommen im Horizont und leuchtest als Sonne am Tage; du vertreibst die Finsternis und schenkst deine Strahlen ... Seit du die Welt gegründet hast, erhebst du sie für deinen Sohn, der aus deinem Leib hervorgegangen ist, der König Beider Ägypten, Nefercheprure Uanre, den Sohn des Re, der von Ma'at lebt, den Herrn der Diademe, Echnaton, groß in seiner Lebenszeit.«* (nach Hornung, 93).

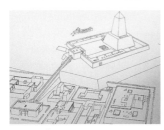

219 Aufweg zum Sonnenheiligtum des Niuserre in Abu Gurob, um 2400 ein wichtiger Kultort, in dem sich die neue religiöse Konzeption gegenüber dem Pyramidenbau zeigte

Kunst und Handwerk

Hermeneutisch-semiotische Methode: Aus den philosophischen Ansätzen der Hermeneutik (= Lehre vom Verstehen) und der Semiotik (= Zeichentheorie) entwickelte Methode, die Sinn und Wesen eines durch Menschenhand geschaffenen Werks aus seinem gesamten mentalen und kulturellen Kontext heraus zu lesen sucht, damit sich ihre in den Zeichen verschlossene Bedeutung offenbart. Sie ist mit dieser Methode weitergehend zu erfassen als mit der Ikonologie, die aus der klassischen Kunstbetrachtung entstand.

Ägyptische »Kunst« als Schlüssel zur Kultur- und Mentalitätsgeschichte

Ägypten, das alljährlich Millionen von Besuchern anzieht, manifestiert sich in zahllosen Hinterlassenschaften. Nicht alle sind so spektakulär wie die Pyramiden von Giza oder die Schätze aus dem Grab Tutanchamuns, aber sie alle strahlen noch heute die Aura aus, die die religionskulturelle Gemeinschaft bestimmt, zusammengehalten und über Jahrtausende die Geschicke des Landes am Nil bedingt hatte.

Die Schätze Ägyptens mit den traditionellen Methoden einer Kunstgeschichte zu behandeln, die nur noch Stil und Künstler sucht, ist nicht nur unmöglich, sondern auch abwegig. Nur in einer ganzheitlichen Sicht lassen sich die noch auf uns überkommenen Zeichen betrachten. Dieser hermeneutisch-semiotische Vorgang fragt in erster Linie nach dem Sitz im Leben der Zeichen (und zwar nicht nur der schriftlichen) und versucht sie auf diese Weise zum Sprechen zu bringen.

Leider sind so nicht immer eindeutige Antworten zu erlangen. Wie bei der Rezeption der natürlichen Sprache oder eines Textes, in der oder dem ganze Sätze oder Satzeinheiten fehlen, eine zweifelsfreie Aussage oft schwer erkannt werden kann, begegnet uns in den erhaltenen altägyptischen Resten ebenfalls nur ein fragmentarisches Zeichensystem, bei dem wir auf viele Rekonstruktionen und Ergänzungen angewiesen sind, die teilweise umstritten bleiben müssen. Das darf aber nicht entmutigen, sondern läßt hoffen, daß mit weiteren Ausgrabungen, Entdeckungen und ihrer Erforschung viele dieser Lücken noch geschlossen werden können. Die schon über 200 Jahre andauernde neuzeitliche Erfassung von Fakten und Erkenntnissen über Ägypten kann nicht darüber hinwegtäuschen, daß durch sie auch zwangsläufig immer neue Lücken aufgerissen werden. Das ägyptische Material ist im Vergleich zu dem aus anderen alten Kulturen viel umfangreicher und nimmt noch ständig zu.

Die Erbschaft, die uns die mythisch denkenden Alten Ägypter hinterließen, ist nicht nur eine ikonische, sondern besteht auch aus vielen anderen Relikten ihres vielseitigen Wirkens, primär aus Zeugnissen ihrer alles umfassenden Religiosität. Diese sind nicht nur individuelle Beteuerungen ihrer persönlichen Frömmigkeit, wie sie sich in dem für die Ewigkeit gedachten heiligen Raum (Grab) finden lassen, sondern in erster Linie monumentale Manifestationen (Tempel, Großplastiken etc.) des vom Herrscher repräsentierten staatstragenden Heils, das der ständigen Erfüllung der Schöpfung durch Erweiterung zu dienen hatte. In diesen Werken dokumentiert sich die kollektive Verwirklichung des sakralen Königreichs – sowohl nach außen (kosmisch), als auch nach innen (weltlich). Beispielhaft ist dafür die ›Pyramiden-Zeit‹, in der jeder einzelne die Teilnahme an der heilbringenden Errichtung eines ewig bestehenden sakralen Raums anstrebte. Der gemeinsam geschaffene Bau aus Stein, dem damals dauerhaftesten aller verfügbaren Materialien, sollte zum Himmelsaufstieg (= Pyramide) führen und erzeugte eine Bewußtseinsebene, in der die mythologisch orientierte Gesellschaft tief verwurzelt war. Es gab keinen Widerspruch dagegen – es gab nur ein bewußtes gemeinsames Streben nach ihrer Vollendung, immer im Sinn der »Erweiterung der Schöpfung«.

Ägyptische Ikonizität und ihr Wesen

Die ägyptische Ikonizität, verstanden als jegliche Art der Visualisierung von Sein und Sinnvorstellungen, umfaßte auch die Hieroglyphen, die nur für Texte auf Monumenten und Denkmälern verwendet wurden. Diese Schriftzeichen versuchten durch ihre Ikonizität im Zusammenhang mit der Rezitation kultischer Texte eine semantische Brücke zwischen Göttern und Menschen, zwischen Himmel und Erde herzustellen. Deshalb waren – und sind – die Texte untrennbarer Bestandteil der Monumente (s. S. 22ff.). Sie beinhalten eine der ältesten

Das mythische Denken
»Es gibt für das mythische Denken keinen bestimmten, klar abgegrenzten Moment, bei dem das Leben in den Tod oder der Tod in das Leben übergeht. Wie es die Geburt als Wiederkehr denkt, so denkt es den Tod als Fortdauer ... Nicht die Unsterblichkeit, sondern die Sterblichkeit ist dasjenige, was hier ›bewiesen‹ werden muß.« (Ernst Cassirer, Philosophie der symbolischen Formen, II, 49)

220 Djet-Pfeiler, Zeichen der Ewigkeit in den Grabmalereien Ramses' I. (NR) im Tal der Könige. Der Djet-Pfeiler, ursprünglich ein Fetisch, wurde auch zum hieroglyphischen Zeichen, zum Auferstehungssymbol in zyklischen Tempelfesten, was ihn in die Nähe von Osiris brachte. Das hinderte jedoch nicht, ihn auch mit Ptah, dem Schöpfungsgott, zu verbinden (Ptah-Sokar-Osiris). Seine Bedeutung universalisierte sich zum heilbringenden Symbol, das als Amulett Dauer und Teilhaftigkeit an der Ewigkeit verhieß.

Kunst und Handwerk

221 Die spätzeitliche Bronzeplastik des Schöpfungsgottes Ptah, dessen Kultzentrum in Memphis war. Er wird hier menschengestaltig in Form einer Mumie wiedergegeben, ihm unterstehen auch das Handwerk und die Künste.

222 Würfelhocker des Senenmut (wahrscheinlich aus Karnak, ÄMB, Nr. 2296). Der einflußreiche Berater der Hatschepsut war auch der Erzieher des minderjährigen Thutmosis III. sowie der Prinzessin Nefrure. Die Skulptur des seit dem MR populären Typus des Würfelhockers trägt hier die seltsame Inschrift: »Abbilder, die ich gemacht habe als Gedanken meines Herzens, wie etwas, was man im Felde ersinnt und das nicht in den Schriften der Vorfahren gefunden wird.«

Kunst und Handwerk

kodifizierten Literaturen, die »Pyramidentexte«, die in Auszügen bis in die Spätzeit, wenn nicht darüber hinaus, weiterlebten.

Die ägyptische Ikonizität ließ eine Formsprache entstehen, die bemüht war, sich einer Wandlung zu widersetzen, und der es um kodifizierbare Beständigkeit ging. Ihr Anliegen war nicht, unterschiedliche (und dadurch einfach datierbare) Stile zu entwickeln, sondern ein Zeichensystem zu kanonisieren, das für die religionskulturelle Sprache Ägyptens normativ und dauerhaft werden sollte. Deshalb hat die Feststellung »das ist ägyptisch« als Stilkriterium eine gewisse Berechtigung, wenn auch für viele andere Kulturen eine solche Klassifizierung unzutreffend wäre. Das Verlangen nach Fortbestand, nach Dauer (ägyptisch *Djet* [**220**]) führte zur Kanonisierung der ikonischen Zeichensysteme, die als Inhalts- und Sinnträger konstant zu bleiben hatten. Dadurch bildeten sich erstarrte, fast zeitlose Formstrukturen, deren Inhalt nicht das Vergängliche, sondern das Majestätische, Göttliche und damit dauerhaft Verewigte war, das u. a. in Königs- oder Gottesbildern (**221**) zum Ausdruck kam. Dem schloß sich eine konzeptualistische Tendenz an, das Typische, das allgegenwärtige Ideal darzustellen. So entstanden z. B. die Schreiberplastiken (**102**), die »Würfelhocker«, in ihrer zeitlosen Form fast kubistische Skulpturen (**222**), die unserer westlichen Moderne entsprungen sein könnten.

Die Botschaft der Unsterblichkeit im einmal Erschaffenen zu bewahren, trachtete man einerseits durch die Wahl des Materials, andererseits durch formalistische Kriterien zu verwirklichen. Nicht immer in der langen Geschichte Ägyptens blieben diese Prinzipien realisierbar, weil allen Anstrengungen zum Trotz die Unterschiede zwischen AR, MR und NR zu groß waren (**223**). Gleichzeitig läßt sich nach unruhigen Zeiten der *Isfet* immer wieder der Versuch eines Rückgriffs auf die strengen Formen des AR beobachten, die zu allen Zeiten zum Programm wurden. Man wollte damit – als Neube-

ginn – die Früh-
zeit wiederher-
stellen.

In diesem Zu-
sammenhang ist
zu fragen, wie
sich die Ikonizität der Zwischenzeit erklären und
verstehen läßt. Einige Urteile sprechen dabei von
einer »provinziellen« Kunst (**224**) im Gegensatz
zur »höfischen«, gehen dabei aber am spezifisch
Ägyptischen vorbei. Die historischen Ereignisse lassen annehmen, daß die eingedrungenen Fremden,
die das Bestehende zu zerstören drohten, schnell
erkannten, daß nur in der Bewahrung der altägyptischen Religionskultur ihre Akzeptanz als neue
Herrscher durch die Ägypter zu erreichen war.
Deshalb identifizierten sie sich alsbald mit der vorhandenen Kultur, weil es nicht möglich war, diese
zu verändern. Sie wurden zu Ägyptern.

Die fast primitiv wirkenden Formen der ikonischen Zeichen der Zwischenzeit (**224**) sind
nur scheinbar Sondererscheinungen der
ägyptischen Ikonizität. Sie unbeachtet zu lassen, was einige Kunstmonographien tun, löst
das Problem nicht, auch wenn im Sinn der
ägyptischen Mentalität die Auslöschung dessen, was ihr nicht entspricht, berechtigt sein
mag. Aus ihr erklären sich z. B. die Verfemungen
von Hatschepsut, Echnaton und
den Kuschiten. Ob deshalb jedoch in den Zwischenzeiten von
einer Diskontinuität die Rede sein
kann, ist zweifelhaft, denn es geht
nicht um ein subjektives Urteil
über eine Zeit oder eine Person,
sondern um die Wertung dieser
»verfemten Periode« im Sinn des
Ägyptischen als Ganzes.

Die Zwischenzeiten zeigten den
Verfall des ägyptischen Zentralis-
mus. Deshalb sind die lokal

223
Der Kalk-stein-Sar-kophag (a) aus Giza (AR, 4. Dynastie) stellt eine Palastfassade
dar. Sein Inhaber scheint der
königlichen Familie nahe-
gestanden zu haben. ÄMK,
JE 54934; b: Holzsarkophag
des Nacht aus Beni Hassan
(12. Dynastie) mit vergleich-
barer Bemalung, o. links, Liv.
55.82.112; c: In der Spätzeit
stieg die Produktion von Holz-
und Kartonagesarkophagen,
die nach den Wünschen und
Mitteln der Auftraggeber ausgestattet wurden. 26. Dynastie, BM, Nº 37986

Kunst und Handwerk

224 In Moalla (ca. 30 km
südlich von Luxor) finden sich
Privatgräber aus der ersten
Zwischenzeit mit schematisie-
render Ausmalung, die fern
von höfischen Meisterwerk-
stätten das festzuhalten versuchten, was das Fortleben im
Jenseits sicherte.

225 Bemaltes Holzmodell eines typischen Nilsegelbootes (L. 67,5 cm) aus Beni Hassan (11. Dynastie). Liv. 55.82.3

Kunst und Handwerk

226 Bemaltes Modell aus Beni Hassan (MR) mit Szenen der Fleischversorgung und Schlachtung. Liv. 55.82.7

Das Bildverständnis

»Das ›Bild‹ stellt die ›Sache‹ nicht dar – es ist die Sache; es vertritt sie nicht nur, sondern es wirkt gleich ihr, so daß es sie in ihrer unmittelbaren Gegenwart ersetzt.« (Ernst Cassirer, Philosophie symbolischer Formen, II, 51)

anmutenden Traditionen einer Ikonographie, deren Inhalte aber an den religionsmentalen Vorgaben festhielten, im Sinn einer Erweiterung konstant geblieben. Diese Erweiterung als paradoxe, aus der Fortsetzung der Schöpfung resultierende Konstante bedingte eine Umwandlung des Kultischen ins Magische. Erst entstanden Modelle – als Nachbildungen von Alltagsszenen (**225**, **226**) –, die zu magischen Wirklichkeiten im Jenseits werden sollten, dann schuf man die »Diener des Jenseits«, die Uschebtis (**53**), die für den ins Jenseits Gegangenen zu arbeiten hatten. Das Abbild wurde damit im magischen Sinn lebendig. Die formalen, manchmal sogar unbeholfenen Formen, die von ungeübten Handwerkern verwirklicht werden mußten, weil andere nicht verfügbar waren, deuten in erster Linie darauf hin, wie notwendig dem Ägypter dieses Bild für seine alles bedingende Unsterblichkeit war, ließen andererseits aber auch erkennen, daß es ihm dabei um die Vermittlung der Botschaft an sich ging und nicht um eine formale Ästhetik oder Struktur. Letztere war gleichwohl angestrebt, weil sie, wie auch die Kalligraphie die Lesbarkeit der Schrift erleichtert, den kommunikativen Charakter der Ikonizität verstärkte, der jedoch im Übergang zum Magischen immer symbolischer wurde und deshalb auf die ursprüngliche Direktheit in der Begegnung mit der Nachwelt verzichten konnte.

Es gab auch untypische Erscheinungen, z. B. bei der ikonischen Wiedergabe der Bewegung, so etwa im Mereruka-Grab in Saqqara, in den Grabmalereien in Beni Hassan oder in den Darstellungen der Kampfszenen im Tempel von Medinet Habu. Anliegen dabei war wahrscheinlich die visuelle Konservierung der Bewegung als Ausdruck des Lebens. Gleichzeitig war darin bereits das Prinzip des Films enthalten, indem man eine Zerlegung der einzelnen Bewegungen von Personen bei ein und der gleichen Handlung vornahm.

Nicht mehr ein ganzheitlicher Hinweis, sondern die einzelnen Phasen der Bewegung wurden ikonisch festgehalten (s. S. 148f.).

Ob damit der Versuch einer Historisierung durch Verzeitlichung und eine Subjektivierung der Bilder vorgenommen wurde, ist zweifelhaft, weil es sich jeweils nicht um konkrete Personen, sondern um das Phänomen der Darstellung der Zeit als entscheidender Kategorie, die auf dem Weg zur Unsterblichkeit zu überwinden war, ging.

Andere Besonderheiten, die religionskulturell Ausnahmen sind, beziehen sich z. B. auf die Amarna-Zeit, in der nicht nur eine quasi neue Religion, sondern auch ein neuer Kanon im Begriff war, sich zu formulieren. Der Umbruch war zu kurz, um als Konstante angesehen zu werden, doch dauerte er lange genug, um die Bildnisse in der nachfolgenden Zeit durch die neue »weiche Linie« zu beeinflussen (**227, 228**, s. S. 124f.).

Die spirituelle Überzeugung von der Richtigkeit der ikonischen Botschaft schuf einen Komplex, der nicht nur mit Gräbern, sondern auch mit Tempeln als Abbild des Kosmos verbunden war. Gräber und Tempel waren die Hauptmedien, in denen eine Verwirklichung des Urbilds stattfinden konnte. Das Medium »Grab« umfaßte den Bereich der jenseitigen Fortdauer, das des Tempels mit all seinen Ausgestaltungen die Manifestation der heilsbringenden Staatsidee, die vom König getragen und von ihm ständig vor den Göttern demonstriert werden mußte, um die Schöpfung und damit den Wohlstand Ägyptens in Gang zu halten.

Das Bild war also Abbild des Urbilds, auch seiner transzendentalen und unsichtbaren Ebene; ob es sich um Götter- oder Königsbilder, schließlich auch um solche von Menschen handelte, immer ging es um das Abbild einer idealen, fest codierten Sichtbarmachung des Unsichtbaren. Die Urbilder von Kosmos und Werden sind nur als Transformationen mythischer, Raum und Zeit enthobener Vorstellungen zu deuten, ihre Vergegenständ-

227 Unvollendetes Relief aus der Amarna-Zeit. Man kann noch die »weiche Linie« als Vorzeichnung deutlich erkennen, da einige Teile der Darstellung noch Vorzeichnung, andere aber bereits als Flachrelief gestaltet sind. Dadurch entsteht eine beinahe expressionistische Wirkung. Die sonderbaren Proportionen und Stilelemente der Amarna-Zeit sind unverkennbar. ÄMK, JE 48035

228 Reliefblock aus Memphis mit einer Darstellung Haremhabs in der Königswürde, gekennzeichnet durch die Uräusschlange, aber mit Zügen, die noch deutlich die »weiche Linie« der Amarna-Zeit erkennen lassen.

Kunst und Handwerk

lichung konnte deshalb nur in Form eines Symbols, als große Metapher erscheinen. Es sind Sinnbilder assoziativen Charakters.

Anders verhält es sich mit der Vergegenständlichung der für die Fortdauer erdachten Realität. Sie wird in einer kumulierten und idealisierten Seinsform erfaßt und als solche in der für das Fortleben erwünschten Vision dargestellt (**229**). Demgegenüber dienten die ›weltlichen Bilder‹ des sakralen Königreichs mehr der Kommunikation zwischen den Göttern und dem ihnen gleichgestellten König. Nur die Monumentalität des Tempels, seine Anwesenheit in der Welt als mikrokosmisches Abbild seines Urbilds strahlte die beruhigende Botschaft einer bestehenden Ordnung aus, der alle so lange teilhaftig blieben, als die Klänge der kultischen Rezitationen, die Musik und die Opfer im Rhythmus der himmlischen Mathematik lebendig erhalten wurden. Der Tempel war grundsätzlich kein Objekt der Betrachtung, sondern ein Haus der Götter, zu dem auch nur Götter und die von ihnen Auserwählten Zugang hatten.

Um einem solchen Programm gerecht zu werden, benötigte man ein umfassendes Repertoire von Ausdrucksmöglichkeiten, die das Flach-, das Rundbild und die mit ihnen verwobene Architektur erfaßten. Deshalb gab es neben den beachtenswerten technischen Lösungen auch immer die Frage nach den theoretischen Voraussetzungen. Die Mittel für all diese Ausdrucksformen seien kurz aufgezählt: einerseits die technisch-praktischen Möglichkeiten, andererseits die theoretischen Grundlagen, die eine ausgezeichnete Schulung voraussetzten und sich an strengen Regeln orientierten. Letztere sind für das Verständnis der ägyptischen Ikonizität entscheidend, das von einer vorgegebenen Proportions- und Farbenlehre ausging. Gerade die unvollendeten Bildwerke (**230**) übermitteln uns hierfür reiches Anschauungsmaterial, von Rastersystemen bis zu Beispielen für die Herstellung von Rundbildern.

229 Eine festliche Szene in der Grabmalerei (Grab des Anher-Khau, NR): ein Harfenspieler vor dem Ehepaar

Perspektive ist die Konsequenz einer anderen Bewußtseinsebene, in der Ikonizität nur die Erfüllung einer Illusion darstellt. Demgegenüber ging es im Alten Ägypten um die mythisch-magisch begriffene tatsächliche (lebendige) Existenz des Dargestellten. Perspektive, deren Wirkung die Ägypter aufgrund ihrer Architektur möglicherweise schon kannten, wäre für ihre Ikonizität nicht geeignet gewesen. Man kann das Altägyptische nur ganzheitlich betrachten. Dies gilt nicht nur für die ikonischen Zeichen, sondern auch für alle anderen Medien und ihre Manifestationen. Die heutige Einteilung in Flach- und Rundbilder, in Relief und Malerei, in Bildkunst und Architektur, ist für die Erfassung dieser Ikonizität ungeeignet. Diese Einteilung ist nur eine Anpassung an die uns heute gewohnten Kategorien.

230 Anhand dieser unvollendeten Plastik (wahrscheinlich Sechmet) kann man den Herstellungsvorgang nachvollziehen – von der groben zur immer feineren Bearbeitung. Liv. 1966.158

In der Mitte der ägyptischen Ikonizität stand das Menschenbild, d. h. die Umsetzung des organischen Körpers in eine zwei- oder dreidimenionale Formsprache, die sich bemühte, den wesentlichen Teilen des Menschen ihre ikonische Entsprechung zu geben. Dabei bestand eine ständige Korrespondenz zwischen dem Flach- und dem Rundbild, was der Auslassung oder Unkenntlichkeit einzelner Körperteile vorbeugen sollte.

231 Amenophis I. in einem der Privatgräber, wahrscheinlich dem eines Arbeiters im Dienst des Königs. BM, Nr. 37993

Im Flachbild erscheint der Mensch schreitend (231), sein scharf umrissener Kopf im Profil ist Ausdruck innerbildlicher Kommunikation. Es zeigt das Auge in voller Ausdehnung. Der Oberkörper ist gegenüber dem Kopf mit beiden Armen bis zum Nabel um 90 Grad gedreht, so daß eine frontale Ansicht des Körpers entsteht. Die Beine zeigen sich dann wieder im Profil und sind damit innerbildlich mit dem Haupt verbunden. Die Füße werden nur durch die großen Zehen kenntlich gemacht, die Hände lassen deutlich die Finger erkennen. Männergestalten sind meist mit einer Schürze bekleidet, im AR jedoch noch so, daß die Geschlechtsteile erkennbar bleiben (232). Die Gestalt ist also eher stilisiert als naturalistisch wiedergegeben. Tierbil-

Kunst und Handwerk

232 Nackte Männer mit deutlich sichtbaren Geschlechtsteilen (AR)

233 Naturalistische Tierdarstellung als Intarsienarbeit (sogenanntes Pastenrelief) aus dem Grab des Nefermaat in Meidum (AR, 4. Dynastie). ÄMK, JE 43809

234 Die kanonischen Proportionen des menschlichen Körpers wurden durch ein festgelegtes Rastersystem gewährleistet.

der sind demgegenüber von Anfang an naturalistisch dargestellt (**233**).

Das praktische Herstellungsverfahren, für das man von vorliegenden Musterbüchern ausgehen kann, läßt die kanonischen Prinzipien gut erkennen, nach denen gearbeitet werden mußte. Die Gestalt war standardisiert, die Größe des stehenden Menschen durch ein Raster festgelegt (**234, 235**), nämlich 19 Quadratmodule für die gesamte Gestalt, davon für den Kopf drei, für den Oberkörper fünf, für den Unterkörper vier und für die Beine sieben. Mit solchen Rastern wurden auch alle anderen zur Ausgestaltung vorgesehenen Flächen eingeteilt, um eine korrekte Vorzeichnung (die mit roten Strichen erfolgte) zu ermöglichen. Dabei spielten die Gesetze der Symmetrie eine große Rolle, nach denen sich die Gesamtaufteilung der Flächen, aber auch der Inschriften regelten. Grundsätzlich sollten alle Flächen und alle Skulpturen bemalt werden. Die Farbe hatte dabei zwei Funktionen: zum einen verdeutlichte sie den Unterschied zwischen Gestalten und Gegenständen, zum anderen hob sie die Bedeutungen (Wasser=blau, Baum=grün, Wüste=rotbraun etc.) hervor, wobei die Farben nicht immer der Natur entnommen waren, sondern v. a. symbolischen Wert hatten, z. B. Gold=Sonne.

Grundsätzlich verwendeten die altägyptischen ›Künstler‹ ungemischte Mineralfarben – Schwarz, Weiß, (Grau), Rot, (Braun), Gelb, Blau und Grün –, die mit Hilfe nicht mehr eindeutig zu klärender Bindemittel aus Gummi Arabicum, Leim, Bienenwachs, Eiweiß und verschiedenen Harzlösungen auf die Flächen aufgetragen wurden.

Jeder Arbeitsvorgang wurde von besonderen Handwerkern bzw. Einzelspezialisten ausgeführt, vergleichbar den Arbeitsvorgängen an einem modernen Fließband (**236**). Wenn man das bedenkt, so ist die Frage nach einem ›Künstler‹ schon beantwortet. Den gab es im Alten Ägypten nicht.

Den Ägyptern ging es nicht um ›Kunst‹, sondern um die Verwirklichung der Schöpfung, einerseits durch Erweiterung, andererseits durch Schaffung einer im magischen Sinn dauerhaften Wirklichkeit. Die ägyptische Ikonizität ist »um ihres reinen Seins willen« entstanden, nicht um betrachtet zu werden. Damit entzieht sie sich allen gegenwärtigen kunstbestimmenden Maßstäben. Deshalb kannte auch die ägyptische Sprache kein Wort für »Kunst« oder »Künstler«. Es gab nur Handwerker, die das herstellten und ausführten, was ihnen vorgeplant und in Auftrag gegeben war. Ihre ›Freizeit‹ verwandten sie nach Kräften zur Sicherung ihres eigenen Fortlebens, indem sie ihre eigenen Gräber in höchster Qualität herstellten.

Die Handwerker gehörten einer gebildeten Schicht an. Vieles spricht dafür, daß sie schriftkundig waren, wenn nicht alle, so jedenfalls die Vorzeichner, die sich als Spezialisten für Hieroglyphen die »göttlichen Worte« der ägyptischen Ikonizität zu eigen gemacht haben mußten. Es gab auch keinen Unterschied zwischen Malen, Zeichnen und Schreiben, nicht nur, weil die Übergänge fließend waren, sondern auch, weil das Bild gelesen werden und das Schriftzeichen die Funktion des Bildes übernehmen konnte. Diese wechselseitig korrespondierenden Beziehungen zwischen den verschiedenartigen ikonischen Zeichen finden sich in erster Linie in der Architektur, die ohne Hieroglyphen und Bildprogramme unvorstellbar wäre.

Die ägyptische Architektur

Wenn man von ägyptischer Architektur spricht, meint man damit in erster Linie die Tempel, den heiligen Raum, in dem die magischen Kräfte zu walten hatten. Ihre Erbauung war kein Zweck an und für sich, sondern Teil eines Programms, dem alle verfügbaren Medien unterstellt bzw. in dem sie alle miteinander verwoben waren. Weil für den Ägypter das Irdische, Vergängliche nicht von

235 An einigen unvollendeten Objekten hat sich das Rastersystem erhalten, hier auch als Lehrbeispiel auf einer Ostraka. Nationalmuseum, Warschau

236 Die Herstellung der monumentalen Königsplastik läßt den quasi modernen Arbeitsvorgang erkennen, den man mit »Fließbandarbeit« vergleichen könnte. Jeder der Arbeiter ist nur mit einem Abschnitt bzw. mit einer der Arbeitsphasen beschäftigt. Der eine bringt mit einem Stift die Inschrift auf der Rückleiste der Statue an (oben links), der andere haut sie aus dem Stein usw. Nach der Umzeichnung von Ippolito Rosellini

Kunst und Handwerk

237 Die Luftaufnahme von Karnak läßt erkennen, daß es sich um eine Tempelstadt handelt, die übrigens bislang nur zum kleineren Teil ausgegraben ist – insofern verständlich, als an der Anlage fast kontinuierlich 2000 Jahre lang gebaut wurde.

Der Tempel als Mikrokosmos
»Die gesamte Raumwelt und mit ihr der Kosmos überhaupt, erschien nach einem bestimmten Modell gebaut, das sich uns bald in vergrößertem, bald in verkleinertem Maßstabe darstellen kann, das aber stets im Größten wie im Kleinsten dasselbe bleibt. Aller Zusammenhang im mythischen Raum beruht zuletzt auf dieser ursprünglichen Identität ...« (Ernst Cassirer, Philosophie symbolischer Formen, II, 110f.)

238 Architekturdarstellungen finden sich überall: auf Sarkophagen (223) wie in den Grab- und Papyrusmalereien. Fragment aus dem Pap

Bedeutung war, wurden die dem täglichen Leben dienenden Bauten und Erzeugnisse auch nicht dauerhaft hergestellt und blieben demgemäß kaum erhalten. Sie waren aus Lehm und anderen kurzlebigen Stoffen, wurden darüber hinaus oft in Gebieten errichtet, die durch Überschwemmungen gefährdet waren, so daß sie häufig der Nilflut zum Opfer fielen. Trotzdem kann man aus späteren Formen erhaltener Steinarchitektur Rückschlüsse darauf ziehen, wie ihre Urbilder aus Holz und Lehm ausgesehen haben. Auch Grabmalereien geben Bilder von Häusern, Palästen und Tempeln wieder (238). Erweitert um die Kenntnisse von Resten alter Lehmziegelarchitektur in Tempelbezirken (z. B. im Ramesseum) bekommen wir eine Vorstellung, wie die Architektur des diesseitigen Alltagslebens ausgesehen haben mag.

Der ägyptische Tempel war ein Mikrokosmos, ein Sinnbild der Welt. Deshalb finden sich in den Sockelpartien der Wände und Säulen vegetative Darstellungen von Pflanzen, Säulen haben die Funktion von Bäumen (239), Tempeldecken werden zum gestirnten Himmel, über den die Sonnenbarke ihren Tagesweg steuert (240). Die ältesten uns bekannten Heiligtümer, z. B. das der Kataraktengöttin Satet auf Elephantine, waren gegenüber späteren Bauten noch kleine Stätten für Opfer und Verehrung, ursprünglich wahrscheinlich aus Holz und Lehm erbaut.

Das Bildprogramm inner- und außerhalb der Heiligtümer korrespondierte mit dem räumlichen Aufbau eines universellen Tempelplans, der immer ähnlich gestaltet war, unabhängig vom Kult des jeweiligen Gottes. Die eigentlichen Kultbilder der Gottheiten, die während der Prozession in der Barke getragen werden konnten und die wie ein Mensch behandelt wurden, haben sich kaum erhalten. Man kann aber von vergleichbaren Phänomenen ausgehen, wie sie z. B. im indischen Tempelkult oder in Wallfahrtskirchen des Marienkultes zu beobachten sind. Der Liturgie entsprechend werden die verehrten Bildnisse immer wieder unterschiedlich bekleidet.

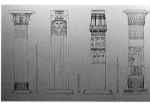

239 Aus dem Verständnis des Tempels als Mikrokosmos erwuchs auch die Funktion der Säulen als Bäume und Pflanzen. Schematischer Überblick über einige Typen

Das kultische, auf den Wänden der Tempel dargestellte Ritual zelebrierte der König, dessen »lebendige« Plastiken sich neben seinen Flachbildern in den Höfen der Tempelanlagen (**241**) finden. Die Rundbilder repräsentierten magisch die ständige lebendige Anwesenheit des Königs, obwohl die Rituale kultisch stellvertretend meist von Priestern ausgeführt wurden.

240 In den Tempelreliefs (hier Dendera) wird auch der Gang der Sonnenbarke dargestellt.

Das Bildprogramm der Tempelanlagen war früher viel umfangreicher, als man den noch in situ erhaltenen Heiligtümern entnehmen kann. Man muß davon ausgehen, daß alle Flächen farbig bemalt – beschriftet – waren. Das Programm reichte von

241 Zelebrierender König in ein quasi Comic-strip-ähnliches Konzept integriert (Dendera)

realistischen jahreszeitlichen Szenen (Sonnenheiligtum el-Gurob) über Bilder des Königs als erfolgreichem Jäger über zahlreiche Darstellungen von Sed-Festen bis zu historischen Schlachtkompositionen aus der Zeit des NR auf den Außenwänden von Tempeln und Pylonen oder der Darstellung der erfolgreichen Expeditionen zu »Ehren Gottes«, dargestellt im berühmt gewordenen Punt-Relief im Totentempel der Hatschepsut in Deir el-Bahari. Ikonisch manifestierten sich auch die Ritua-

Die oberägyptische Göttin **Satet** mit einer Krone aus Antilopenhörnern stand in Verbindung zu Chnum und Anuket, mit denen zusammen sie eine Göttertriade bildete. Sie wurde sogar mit Isis gleichgesetzt und war die Bewacherin der Südgrenze des Reichs (Elephantine).

Kunst und Handwerk

242 Obelisk auf der Piazza del Popolo (aus Heliopolis). Von Sethos I. in Auftrag gegeben, unter Ramses II. vollendet, unter Augustus nach Rom gebracht und von Papst Sixtus V. 1589 hier aufgestellt

243 Tutanchamun als Bezwinger der wilden Tiere, mit »Hirtenstab« und Wedel auf dem Rücken eines Leoparden stehend. Beispiel für die typische, schon seit dem MR gebräuchliche Königsikonographie, die wohl auf viel frühere Vorbilder zurückgeht. Außer Herrscher über die Tiere ist der König auch guter Hirte. ÄMK, JE 60714–15

le, die die Welt in Gang halten sollten und in den Augen der Ägypter zur Erhaltung der kosmischen Ordnung erforderlich waren. Sie stellten die direkte Verbindung zum Himmel her, die bildhaft auch durch die Obelisken mit ihren vergoldeten Spitzen (**242**) vor den Tempeln ausgedrückt wurde. Da die Tempelbezirke dem ägyptischen Erweiterungsprinzip unterlagen, waren sie über die Jahrtausende, speziell in Residenzen und Machtzentren, ständige Baustellen. Die imposanten Reste des Karnak-Tempels (**237**) vermitteln noch heute einen Eindruck davon, wie riesig diese Anlagen waren und wie lange man an ihnen baute. Es gibt im Abendland nichts Vergleichbares.

Der Tempel als »Dokument des königlichen Rechenschaftsberichts« vor den Göttern war gleichzeitig Verwaltungszentrum des Staats, dessen sakraler Charakter von niemandem in Frage gestellt wurde. Der König war als Gott für alle da, auch für ›Waisen und Witwen‹. Er war ebenso der strahlende Sieger wie der ›gute Hirte‹ (**243**). Der Tempel hatte unmittelbare Verbindung zu dem, was wir heute Grab nennen, was im Alten Ägypten jedoch völlig anders gesehen wurde. In dieser Tatsache liegt eine der Schwierigkeiten unserer Zeit, die altägyptische Mentalität nachzuvollziehen. Für den Ägypter war das, wofür sich das Leben auf Erden lohnte, das, was danach kam, die Ewigkeit. Im positiven Sinn kann man bei den Ägyptern von einer jenseits- bzw. einer ›zukunfts‹-orientierten Gesellschaft sprechen.

Die ersten allgemein erkennbaren Manifestationen dieser mentalen Haltung waren die Pyramiden, die die Allgemeinheit meist für die größten Gräber der Welt hält, obwohl sie in erste Linie alles andere als das waren. Begräbnisstätten sind sie in einem gänzlich anderen Sinn als dem des heutigen Friedhofs.

Man hat in Ägypten bis in urgeschichtliche Zeiten zurück bei Ausgrabungen Bestattungsformen gefunden, die deutlich erkennen lassen, daß die

Idee des Fortlebens im Niltal sehr früh Gegenstand des Glaubens geworden war. Zunächst legte man den Verstorbenen in ihren Gräbern einfache Gegenstände bei, die sich dann zu einem immer verfeinerteren Repertoire von alldem, was geeignet war, das Leben ›danach‹ schöner und wertvoller zu machen. Es gab deshalb keinen Bereich des irdischen Betätigungsfelds, der nicht auch der (jenseitigen) ›Zukunft‹ zugedacht gewesen wäre. Baugeschichtlich gesehen waren schon die ersten sogenannten Mastabas, die in der Region von Abydos entstanden, als Häuser für die Dauer anzusehen. Diese Mastabas bildeten im AR die Grundform des Grabs, ursprünglich auch für den König. Sie sind zur vortrefflichen Quelle unseres Wissens über das – in den Gräbern sicher idealisierte, aber aus ihnen doch rekonstruierbare – Alltagsleben im AR geworden. Die Vielzahl der in ihnen wiedergegebenen Themen zeigen Feldarbeit, Tierherden und ihre Betreuung, Szenen von Jagd- und Fischfang sowie den Schiffbau (**244**). In dem den Gräbern vorgelagerten größen Empfangsraum, d. h. in ihrem Kontaktbereich mit der Außenwelt, fanden vor den sogenannten Scheintüren die Opfer für den ins Jenseits Gegangenen, den Grabherrn, statt, die von diesem »lebendig« durch seine Holz-, später auch Steinplastik (**245**) repräsentiert, aus dem Serdab durch kleine Schlitzöffnungen in Augenschein genommen wurden. Diese Privatgräber unterscheiden sich in ihrem Wesen von den Begräbnissen der Könige. Das ist verständlich, weil es sich bei den Königen nicht um Menschen, sondern um Götter handelte.

Nur aus diesem Verständnis erklärt sich die Entstehung der Pyramiden, die mit König Djoser ihren Einzug in die ägyptische Ikonizität hielten. Zunächst war die Stufenpyramide entstanden, die technisch gesehen aus sechs aufeinander gesetzten, sich verjüngenden Mastabas bestand. Sie war die Krönung einer riesigen sakralen Anlage, die für die Bedeutung der Pyramide als Urhügel am

244 Schiffbau. Darstellung im Grab des Ti (AR), Saqqara

245 Eine typische Grabplastik des AR: der Grabherr in Begleitung seiner Gemahlin und des Kindes

Kunst und Handwerk

Die **Zahl der Pyramiden** ist nicht einfach zu bestimmen. Neben den ca. 40 Königspyramiden gibt es eine ganze Reihe von Nebenpyramiden für Angehörige der Königsfamilie. Hinzu kommen noch die unvollendeten bzw. zerstörten Pyramiden. Schließlich finden sich bei Gebel Barkal in Nurri und in el-Kurru weitere Königspyramiden aus der kuschitischen Dynastie und die jüngsten in Meroe. Später errichteten die Römer Pyramiden als Grabdenkmäler (Cestius-Pyramide in Rom). Auch heute noch sind sie in Mode (Glaspyramide vor dem Louvre in Paris [302]), und kein Ende ist in Sicht.

Anfang der Schöpfung unerläßlich war. Die Pyramide war mit Taltempeln durch lange Aufwege verbunden, mit denen zusammen sie einmalige Baukomplexe bildete, die im Lauf der Zeit offenbar zu aufwendig geworden waren, als daß sie weiterhin kultiviert wurden. Es gibt in der Ägyptologie kaum ein anderes Thema, das so riesige Bibliotheken zu füllen vermag wie die Pyramidenforschung. Dennoch sind die mit ihr verbundenen Fragen noch lange nicht alle beantwortet. Die »Pyramidologie« ist ebenso wenig geklärt wie die Festlegung der Anzahl aller Pyramiden.

Trotz ihrer Symbolik und Bedeutung wurden in Ägypten seit dem NR Pyramiden nicht mehr erbaut, mit Ausnahme der Pyramiden der 25. Dynastie im fernen Kusch, heute Sudan (**206**). An die Stelle der Pyramiden traten Felsgräber, die tief in den Bergen angelegt wurden. Möglicherweise sah man dadurch die »Urhügel«-Symbolik weiter gewährleistet. Damit verschwanden auch äußerlich die Unterschiede zu den Privatgräbern, die nun ebenfalls in den Felsen auf dem thebanischen Westufer angelegt wurden. Für den Kult eines verstorbenen Königs entstanden allerdings sogenannte Totentempel (erhalten sind z. B. die von Hatschepsut, Tutmosis III., Amenophis III., Sethos I., Ramses II. und Ramses III.) außerhalb des eigentlichen Grabbereichs. Wahrscheinlich baute man sie bewußt von den Gräbern entfernt, jedoch nicht deshalb, weil man nicht in der Lage gewesen wäre, Felstempel dieses Ausmaßes zu errichten (Abu Simbel), sondern weil die Sicherheit der Königsgräber immer wichtiger wurde und man deshalb die Lage der eigentlichen Grabstätten geheimzuhalten versuchte.

Die Königsnekropole des NR in Theben West ist mit den bis heute bekannten Königsgräbern ein einmaliges Beispiel für unterirdische Bauanlagen, die einerseits verraten, wie technisch hochentwickelt der Bergbau schon gewesen sein muß, andererseits aber wiedergeben, welch unermeßlicher Aufwand zur Errichtung dieser unterirdischen Paläste, die bis heute neue Rätsel aufgeben, getrieben wurde. Was von ihnen erhalten blieb, sind u. a. die in Stein verewigten Jenseits- und Unterweltbücher, in deren Zentrum die Schilderung der Nachtreise der Sonne steht (**246**). Ihr mythisches Bildprogramm ist ein Beispiel für das Verweben heiliger Texte mit sakralen Bildern. Beides bildet eine Einheit. Die Malereien sind oft noch von ausgezeichneter Qualität, ihre Farben kaum durch die Einwirkung von Licht verblaßt. Die in ihnen noch sichtbaren Bildnisse der Könige in Begleitung der Götter verraten nicht nur handwerkliches Können, sondern auch das Fortleben verfemter Spuren, nämlich der sogenannten weichen Amarna-Linie, die deutlich spürbar blieben.

246 Die Sargkammer im Grab Ramses' VI. (NR), Tal der Könige, mit der Darstellung der Nachtreise der Sonne auf der Decke

Im Gegensatz zum AR, in dem Königsgemahlinnen in unmittelbarer Nähe in Nebenpyramiden bestattet worden waren, fanden die großen Damen des NR ihre Ruhestätten südlich der Pharaonen-Nekropole, im Tal der Königinnen. Das berühmteste Grab (Nr. 55) ist das der Nefertari, der Gemahlin Ramses' II. (**247**). Neben den Königsfrauen begrub man hier in der Zeit der Ramessiden auch Prinzen und Prinzessinnen.

Was uns das Alte Ägypten näherbringt, sind die Hunderte, wenn nicht Tausende von aufschlußreichen Bildsequenzen in den Beamtengräbern. Auch bei ihnen lassen sich, trotz ihrer Vielfalt, stereotype Kompositionen erkennen, die ihrem kanonischen Repertoire angehörten. In diesen Gräbern kann man heute noch die Wandmalereien bestaunen. Von den Grabbeigaben ist nicht viel erhalten. Das wenige jedoch verschafft uns Erkenntnisse über die Qualität der Goldschmiedearbeiten, der Kleinkunst, der Herstellung von Gläsern, der Keramik (**248**) und der Fayence-Arbeiten (**249**).

Ornamentale Ausmalungen in den Gräbern der Handwerker in Deir el-Medina

Kunst und Handwerk

247 Fragment der berühmtesten Wandmalereien im Grab der Nefertari (Nr. 55), Gemahlin Ramses' II., im Tal der Königinnen

248 Schale, eine Lotosblüte imitierend, charakteristisch für die meist blau bemalten Gefäße im Amarna-Stil. Liv. 56.21.603

249 Fayence-Schüssel mit symmetrisch eingelegten Motiven: Fische und Lotosblüten (D. ca. 17 cm), NR, 18.–19. Dynastie. Liv. 1977.109.1

250 Die Ornamentik, meist an den Decken der Privatgräber erhalten, ist sehr reich an Ideen. Doch die Motive tragen auch jeweils eine Bedeutung und sind nicht im Sinne von L'art pour l'art zu verstehen.

Kunst und Handwerk

lassen auf die gut entwickelte Kunst des Webens schließen. Bei den vorzüglichen Goldarbeiten sollte man allerdings nicht von Schmuck sprechen, da wir hier dem gleichen Problem wie bei der ägyptischen Kunst begegnen. Es gab in Ägypten kein »L'art pour l'art«, auch nicht den Wunsch, sich für das Diesseits zu schmücken, sondern nur den nach einem Schutz vor bösen Mächten, vor Krankheiten. Hierzu dienten eine Reihe von Amuletten. Die Juwelen der Könige und der Königinnen waren in erster Linie Insignien der legitimen und göttlichen Macht. Die Bedeutung ihrer Ornamentik ist ablesbar und hatte keinen dekorativen Charakter, wie das zuweilen irrtümlich angedeutet wird.

Die reichhaltige Grabarchitektur ging auch mit dem NR nicht zu Ende, sie setzte sich bis in die römische Zeit fort, aus der man noch sonderbare, katakombenartige Nekropolen gefunden hat (z. B. in Kom el-Schuqafa [251]). Auch aus der Spätzeit und der Ära der Ptolemäer sind viele Bildprogramme erhalten, aus denen sich neue kulturelle und fremde Einflüsse erkennen lassen (z. B. in den Malereien des Grabs von Petosiris oder in denen der Oase Dachla). Dort hat man das Fortleben der alten Themen und Vorstellungen, z. B. des Jüngsten Gerichts ebenso gefunden wie eine Assimilierung der Tierkreis-Bilder der hellenistischen Hemisphäre (252). Noch aus frühchristlicher Zeit sind hausähnliche ausgemalte Gräber erhalten, z. B. in der el-Baqawat-Nekropole. Schließlich wurde die Fortsetzung der altägyptischen Traditionen mehr und mehr durch kaiserlichen Edikt (438 n. Chr.) unterbunden, so auch die Mumifizierung, die nach einem Erlaß von Theodosius nicht mehr vorgenommen werden durfte.

Mit der Mumifizierung und der kunstvollen Ausgestaltung der Särge begegnen wir einem breiten Spektrum handwerklicher Fähigkeiten. Dazu gehört die Ausmalung der Sarkophage mit den Sargtexten. Im Lauf der Zeit wurden ihre Programme wieder weniger individuell, man könnte sogar

von ihrer industrieartigen Produktion sprechen, die sich in der Endphase nur noch auf Tafelmalerein beschränkte, die Fayum-Portraits (**253**), die jedoch nach wie vor den ›Lebendigkeitsaspekt‹ der menschlichen Bilder bestätigen (s. S. 145).

In diesem Zusammenhang denkt man v. a. an die Rundbilder, die nicht isoliert betrachtet werden dürfen, weil dadurch eine Zerstörung der ägyptischen Zeichensysteme erfolgen würde. Genau dies geschieht aber durch die traditionelle Museologie, in der eine isolierte, aus ihrem »Sitz im Leben« entfernte Ikonizität zum Einzelkunstwerk erhoben und ihrem mentalen Kontext entzogen wird.

Bei den dreidimensionalen Bildnissen haben wir zwischen der Königs- und der Privatplastik zu unterscheiden. Erstere diente dazu, die göttliche Sohnschaft der Könige, ihr Horus-Sein vor den Göttern zu manifestieren, aber auch, ihr irdisches Handeln vor den Göttern zu rechtfertigen. Hieraus folgten formale Gebote für die Gestaltung der Königsplastik, die nicht an der Verwandlung des menschlichen Körpers durch den Alterungsprozeß teilhaben durfte. Nicht das Subjektiv-Irdische, sondern das Objektive, d. h. die sich ständig (durch das Sed-Fest) erneuernde Kraft und Macht dessen, der die Welt in Gang hielt, war zu manifestieren, nicht vor dem Volk, sondern vor den Göttern. Das ging so weit, daß der König als Osiris (**254**) auftreten konnte. Die zweite, die Privatplastik, stellte nur den Menschen dar. Aber er wurde nicht als zerbrechliches, von Krankheiten geplagtes, alterndes Wesen gezeigt, sondern in seiner idealen Form, was auf uns durchaus realistisch wirkt (»Dorfschulze«, Kairo). Dahinter stand die Absicht, ihn in seinen ›besten Jahren‹, in denen er auch im

251 In den vielen Privatgräbern der Oase Dachla befinden sich an den Decken Zodiak-Bilder (oben links), die eindeutig hellenistisch beeinflußt sind.

252 Die alexandrinische unterirdische Nekropole (Katakombe, oben rechts) am Kom el-Shuqafa hielt sich bis in römische Zeit.

253 Fayum-Portrait aus der Sammlung des Nationalmuseums, Warschau. Die sog. Fayum-Porträts, meist enkaustische Tafelbilder, stellen als Mumienporträts die letzte Phase der Grabbildnisse dar, die zwischen dem 1. Jh. vor und dem 4. Jh. n. Chr. entstanden sind.

Kunst und Handwerk

254 Die terrassenartigen Tempelhallen in Deir el-Bahari (Totentempel der Hatschepsut) sind mit König-Osiris-Pfeilern (Osiriaka) versehen. Sie knüpfen eindeutig an die Osiris-Horus-Tradition an, die zur Grundlage des sakralen Königreichs in Ägypten gehörte.

255 Die ›Ersatzköpfe‹ vom Fuß des Grabschachtes der Mastabas des AR sind bis heute ein Rätsel. Die Interpretationen reichen von Modellen bis hin zu individualisierten tatsächlichen Ersatzköpfen mit portraithaften Merkmalen.

Parallelvorstellungen dieser Art lassen sich auch bei Grabfunden aus der Frühgeschichte Chinas (ca. 3. Jh.) nachweisen. So dürfte die Armee von Soldaten aus Ton, die man dort als Grabbeigaben fand, der Idee der »Lebendigkeit der Bilder« entsprungen sein.

Jenseits fortzuleben glaubte, wiederzugeben. Für die Alten Ägypter war die Plastik, unabhängig von der Größe des Objekts, eine dauerhaft verwirklichte Realität lebenswerter Zukunft. Das Wesen an sich stellte die tatsächliche Erkenntnis über das Sein dar und nicht den mechanistischen Prozeß des biologischen Alterns und Vergehens.

Die Bilder und auch die Plastik sublimierten das Wesen, indem sie zum Abbild der unzerstörbaren Wesenheit wurden; hierin liegt wahrscheinlich der Sinn der sogenannten Ersatzköpfe des AR, deren Bedeutung jedoch immer noch umstritten ist (**255**). Es handelte sich also um Vorgänge, die nur für einen mythisch Denkenden selbstverständlich waren, für jemanden, dem der irdische Tod nur eine Verwandlung in eine andere Seinsform bedeutete, für die man Vorsorge zu treffen hatte, indem man dafür das lebendige Bild in seiner besten, sogar besser als je zuvor dagewesenen Form herstellte.

Beliebt als Grabbeigaben waren eine große Zahl von sogenannten Konkubinenfiguren (**256**). Auch Tierplastiken fand man in vielen Gräbern. Neben »Opfertieren« modellierte man auch solche mit schützendem Charakter oder zum Zweck einer Jagdmagie. Der Vorstellung folgend, daß der Besitz des Bildes Macht über das Dargestellte verlieh, wird verständlich, daß Figuren oder Flachbilder von Feinden dazu dienten, sie im magischen Sinn gefangenzuhalten.

Die Wirkung des großen Reichtums der Ägypter an plastischen Bildern aus Holz, Stein, Bronze und Gips wurde durch verschiedene Mischtechniken und durch Bemalung, aber auch durch Verarbeitung verschiedener Materialien in einem Stück erreicht. Besonders faszinierend wirken die aus Glasmasse hergestellten Augen der Plastiken (**257**), die wie kein anderes Mittel deren Lebendigkeit wiederzugeben vermochten und gleichzeitig die weitreichende Symbolik der Augen ausdrückten.

Kunst und Handwerk

›Literatur‹

Es ist zwar irreführend von einer altägyptischen Literatur im Sinne europäischer Klassik zu sprechen, man kann aber nicht übersehen, daß man es in Ägypten mit dem Anfang fast aller literarischen Formen zu tun hat. Einerseits macht der bildhafte Charakter der Schrift die Übergänge zwischen Literarizität und Ikonizität fließend, andererseits wird dadurch der Zugang zur Mentalität einfacher, weil der Ägypter – als Schreibender – uns das gesprochene Wort, das zum Bild wurde und umgekehrt, verkünden läßt. Die Texte – meist religiöse – bildeten einen Kanon, der auch während des Rituals im Tempel laut rezitiert wurde. Zu diesen Schriften gehörten neben reichhaltiger »Totenliteratur« auch Ritualsprüche, Hymnen und Gebete sowie die »dramatischen Texte«, die als Grundlage ritueller Spiele als älteste Theatervorlagen gelten können.

Darüber hinaus gab es mythische Erzählungen und Märchen (z. B. vom Schiffbrüchigen, von Sinuhe u. ä.), aber auch Lehren, Tagebücher, Reise- und Kriegsberichte, Autobiographien. Die Aufgabe dieser Selbstdarstellungen war die Bewahrung der Individualität des Verstorbenen in der Ewigkeit. Manche Werke sind mit Namen versehen, die aber nicht unbedingt die ihrer Autoren sein müssen. Im wesentlichen ging es darum, den ethisch und moralisch wirkenden »Lehren« die notwendige Autorität zu verleihen, indem man z. B. dem Prinzen Djedefhor, dem Wesir Ptahhoteps, oder einem Prinzen namens Anch-Scheschonki die Autorenschaft zuschrieb.

Eine Sonderstellung nimmt die Poesie ein. Insgesamt spiegelt sie als die der Ma'at untergeordnete Manifestation die Frömmigkeit der Alten Ägypter wider. Allen altägyptischen Schriften gemeinsam ist, daß sie die ägyptische Welt und ihre Werte, den König und die Götter preisen. Wenn sie dabei auch andere Sitten und Völker erwähnen, so nur als Unterstreichung des subjektiven, aber einzig möglichen wirksamen Lebensbildes.

256 Tonstatuetten, die die Fruchtbarkeit sichern sollten, dienten auch als Weihegeschenke im Hathorkult (MR und Zweite Zwischenzeit). Liv. 16.11.06.261, 16.11.06. 24, 16.11.06.262

257 Eine der unzähligen Bronze-Statuetten der stillenden Isis aus der Spätzeit. Die mit Glasmasse eingelegten Augen erzeugen eine besondere Lebendigkeit der Plastik.

Kunst und Handwerk

258 Die sich heute in Berlin (ÄMB, Nr. 21443) befindende Scherbe aus der Zeit der 20. Dynastie, gefunden in Deir el-Medina, scheint eine Illustration zur Hathor-Erzählung aus dem Mythoskreis vom Sonnenauge zu sein. Damit könnte man z.B. die Katze mit der Göttin Tefnet identifizieren und sie mit Hathor verbinden.

259 Muu-Tanz. Aus archaischer Zeit stammender Männer-Tanz. Man begleitete in charakteristischen Kopfbedeckungen aus Papyrusstengeln den Verstorbenen zum Westufer an die Begräbnisort. Später handelte es sich wahrscheinlich um die Fährleute, die für den Himmelsaufstieg der Toten zu sorgen hatten.

Viele Werke, besonders die zu schulischen Zwecken, waren sehr populär, was ihre auf Ostraka und Papyri erhaltenen Illustrationen (258) belegen. Ob sie tatsächlich illustriert wurden, ist schwer zu sagen. Zwar kennt man einen erotisch-satirischen bebilderten Papyrus, aber ob man ihn mit dem Maßstab illustrierter Bücher messen kann, ist zweifelhaft.

Gerade die Zeit der untergehenden Reiche war an literarischen Produktionen reich, unter denen sich auch die in dialogischer Form geschriebenen Werke finden, die an Texte des AT erinnern. Sie enthalten nicht nur Weisheitslehren, sondern auch »Vorwürfe an Gott«, die eine theologische Reflektion über den Sinn der Schöpfung und der eschatologischen Endzeit andeuten. Ihnen folgen die »Streitgespräche des Lebensmüden mit seiner Seele«. Die Erzählungen zeichnen ein vielschichtiges Bild der Ägypter, die auch humorvoll und ironisch (in unserem Sinn) sein konnten. Zudem sind wir in der Lage, einige ägyptischen Märchenmotive – wie z.B. die zwei Brüder, der verwunschene Prinz oder der betrogene Ehemann – bis heute nachzuverfolgen.

Die ägyptische Poesie, die von einfachen Arbeits-, über Klage-, Sieges- und Liebeslieder bis zur kunstvollen Hymnik eines Echnaton reicht, ist wahrscheinlich die individuellste Form ägyptischen Ausdrucks. Überwiegend stammt sie aus der Zeit des NR und greift sogar zu Naturschilderungen, die wir in Europa erst seit Petrarca kennen. Ihre Sprache ist voller Metaphern. Wenn sie beim beliebten Fest des schönen Wüstentals erklang, erreichte sie weltliterarische Größe.

Gerade in der Dichtung wird deutlich, daß die Texte auch in Verbindung mit Musik und Tanz gestanden haben müssen, was schon seit dem AR in Gräbern wie in Tempeln bildhaft festgehalten wurde. Musik und Tanz dienten kultischen Zwecken, und die wichtigsten Tempel- und Königsfeste (Aufrichtung des Djet-Pfeilers, Opet-, Min-, Sed-Fest,

Prozessionen etc.) wurden davon begleitet. Tänze, die auch der König ausführte, müssen im Zusammenhang mit allen rituell-kultischen Spielen (»Dramatische Papyri«) gesehen werden, z. B. bei den sogenannten Muu-Tänzen (259). Manchmal erreichte er sogar kunstvoll akrobatische Formen. Tänzerinnen hatten innigen Bezug zu Göttinnen, so die Musikantinnen in den Hathor- und Isis-Heiligtümern (260).

> »Keiner kommt von dort, daß er ihren Zustand künde, daß er künde, was sie brauchen, und unsere Herzen beruhige, bis wir gelangen zu dem Ort, zu dem sie gegangen sind.«
> Übersetzung S. Schott

Zwar sind die Tänze und Tänzerinnen, die uns in Privatgräbern des AR begegnen (Mereruka), auch zur Unterhaltung bei vergnüglichen Stunden denkbar. Wie aber in der gesamten kulturellen Semiotik Ägyptens dürfen auch hier die religiösen Begründungen und Verbindungen nicht außer acht gelassen werden. Eine scharfe Grenze zwischen Tanz und Musik zu ziehen ist kaum möglich. Die Ägypter kannten eine Vielzahl von Instrumenten – Harfen, verschiedene Lautenarten, Leiern (261), Blasinstrumente wie Oboen, Doppelklarinetten, Flöten, Trommeln und Tamburins.

260 Tänzerinnen beim großen Opet-Fest im Luxor-Tempel. Wandrelief, Westwand, innen (NR)

Wenn man sich alle diese Ausdrucksformen vor Augen hält, ergibt sich, abgesehen von einigen historisch bedingten Spezifika und Entwicklungen, das mehr oder weniger konstante Bild einer religiösen Kultur, in der alle semiotischen Zeichen einem Gesamtkunstwerk untergeordnet waren. Der Mensch wiederholte als Homo ludens das Spiel der Götter, das in Ägypten vom König als Gottes Sohn in Gang gehalten wurde, und versuchte, sich und sein Tun vor Gott und dem Jüngsten Gericht zu verantworten. Alle Manifestationen der ägyptischen Kultursprache waren eine einzige und notwendige Kommunikation mit den Göttern. Dafür spricht auch die langsame ›Demokratisierung‹ des ägyptischen Kults, in dem schließlich im Jenseits jeder zu Osiris, zu Gott, werden konnte.

261 Bes als Leierspieler auf einem Relief in Philae

Kunst und Handwerk

262 Tanzende ›Derwische‹ aus Elfenbein (MR, 12. Dynastie), die mit einer Schnur bis zu einer Umdrehung bewegt wurden. ÄMK, JE 63858

Die Idee des Films war keine Entdeckung der Neuzeit! Schon seit dem AR bemühten sich die Alten Ägypter darum, die irdische Lebendigkeit im Bild festzuhalten. Dabei begnügte man sich nicht damit, bewegliche, puppenartige Bildnisse herzustellen, deren Glieder sich (schon wegen des Liebesaktes!) bewegen konnten. Vielmehr versuchte man sogar mit Hilfe von Schnüren Gruppenbilder zum Tanzen zu bringen (262). Um Bewegung nicht-mechanisch zu erzielen, schuf man eine Art von ›comic strip‹. Auf diese Weise gaben die Ägypter Bewegungsabläufe in ihren einzelnen Phasen wieder, z. B. in den Wandmalereien aus Beni Hassan in Mittelägypten (265). So entstand eine Idee, die später zur Grundlage des Trickfilms wurde. Jede Phase der Bewegung wurde in getrennten, aufeinanderfolgenden Bildern, in ›Momentaufnahmen‹ von ca. 16–18 Kadenzen möglichst genau nachgezeichnet, um so die ›filmische‹ Illusion eines Bewegungsablaufs zu erwecken.

Dieser Beitrag der Alten Ägypter – man möchte fast sagen: zur heutigen Filmtheorie und der Kinetik – läßt vermuten, daß schon damals die mathematischen Prinzipien der Rhythmik und Harmonie und damit das Geheimnis der Konservierung einer Bewegung im Flachbild bekannt waren. Gaston Maspero, Heinrich Schäfer, Emma Brunner-Traut und Hans Hickmann haben in ihren diversen Untersuchungen zu Kunst, Tanz und Musik auf die rhythmischen und musikalischen Strukturen in den ägyptischen Darstellungen, besonders bei Ringenden (264) und Tanzenden hingewiesen. Sie lieferten die Grundlage zu der Erkenntnis, daß durch diese kinetischen Mittel der Darstellung auch der beigefügte hieroglyphische Text besser verständlich wurde, also eine Wechselbeziehung zwischen Text und Bild bestand. Das theatralischfilmische der Darstellung unterstreicht bzw. verstärkt die Wirkung des Wortes. Die Bilder sind in ihrer

263 Die sich drehenden Mädchen in der Mastaba des Mereruka in Saqqara (links) weisen eindeutig auf kinetische, wenn nicht sogar auf kinematographische Strukturen hin: Es handelt sich dabei um die Abbildung von zwei und nicht, wie es auf den ersten Blick scheint, drei Mädchen. Die senkrecht stehende Figur schwingt die an ihr hängende Figur im Kreis. Diese wird in zwei Positionen der Bewegung dargestellt: einmal zur linken und dann zur rechten Seite hängend.

264 Umzeichnung der Ringkämpfe aus Beni Hassan (Fragment) durch Zeichner der Lepsius-Expedition nach Ägypten (1842–45)

nachhaltigen Wirkung einer mündlichen Mitteilung gleichwertig. Am häufigsten wurden auf diese Weise Tanz- (**263**) oder Kampfszenen dargestellt, die allerdings im Alten Ägypten eine rituell-kultische Bedeutung hatten, die als wichtiger Bestandteil der ägyptischen Mythogrammatik anzusehen ist. Ägypter waren stets bemüht, die scheinbar nur ›zeitlich‹ bedingten Handlungen des Seins auch für die Ewigkeit, d. h. für die mythische Zeitlosigkeit im Jenseits, zu konservieren. Sie wollten damit das eigentliche Weiterleben – als existenzielle Kategorie des ständigen Bestehens – in einer Vollkommenheit sichern, die als mythische Tatsache von den Bedingtheiten von Raum und Zeit frei war. Es handelte

sich also um die Transformation der irdischen Vergänglichkeit in eine ›wahre‹ Lebendigkeit im Jenseits, indem man versuchte, eine Verlängerung des irdischen »Gestern« in das fortdauernde jenseitige »Heute« durch die Darstellung der heiligen Handlungen zum Zweck ewiger Wiederholung zu erzeugen. Bei diesem mythisch bedingten »Kinematograph« ging es den Ägyptern keinesfalls um Darstellungen von Sport etc. (eine Bezeichnung, die den Ägyptern sowieso unbekannt war und die für die altägyptischen Verhältnisse irreführend ist), sondern um die Überwindung der Vergänglichkeit des Diesseits durch die handlungsbedürftige Verjüngung in der kosmischen Dimension des Jenseits.

265 Kämpfende Männer. Sequenz aus den Malereien aus Beni Hassan (Umzeichnung)

266 So wie noch in Dendera das astronomische Observatorium, ein Kiosk ohne Dach, auf dem Flachdach des Tempels erhalten geblieben ist, kann angenommen werden, daß es in allen Tempeln entsprechende Einrichtungen gegeben hat. Himmelsbeobachtungen waren von eminenter Bedeutung, nicht nur wegen Kalenderkorrekturen, sondern auch, um die liturgischen und kultischen Feiern festsetzen zu können, die sich nach den Gestirnen (Sonnen- und Mondkonstellationen) richteten.

Der **ägyptische Kalender** kannte drei Jahreszeiten. Jede umfasste vier Monate zu je 30 Tagen. Am Ende des Jahres rechnete man fünf Tage dazu, die als Feiertage galten.

Ägypten hat wie kaum eine andere Kultur Quellen hinterlassen, bei denen man fast von Wissenschaft und ihren Teil-Disziplinen sprechen könnte. Zwar gab es private Büchersammlungen, die größten befanden sich aber in den Tempel- oder Hofbibliotheken, die in erster Linie nicht zur Verbreitung, sondern zur Bewahrung des Wissens dienten. Was davon erhalten ist, kann nur eine annähernde Vorstellung von dem geben, was im Alten Ägypten an Wissen tatsächlich vorhanden war. Sicher scheint jedoch, daß ohne die geistigen Traditionen Ägyptens die alexandrinische Bibliothek und die hellenistische Kultur nicht möglich gewesen wären.

Astronomie oder Astrologie?

Diese Frage gehört zum klassischen Diskurs der Geschichte der Disziplinen, die sich mit Himmelskörpern beschäftigen. Die Antwort muß die gleiche sein, die indirekt schon J. Keppler gab. Ohne objektive Beobachtungen und Berechnungen des himmlischen Geschehens kann es auch keine astrologischen Aussagen geben, die objektive Abläufe der Natur mit den Himmelskonstellationen in Zusammenhang bringen und daraus Schlüsse für das Leben eines Reichs ziehen. Es handelte sich in Ägypten um einen praktischen ›Kosmotheismus‹, der kein Interesse an persönlicher Horoskopie hatte. Man ordnete die Lenkung des Staats, indem man nicht nur den Kalender, sondern auch seine Korrektur, das sogenannte Sothis/Sirius-Jahr zum Ausgleich der Unvollkommenheiten, einführte.

Die Beobachtung des Himmels oblag besonderen Priestern, den »Stern-« oder »Stundenzählern«, die aufgrund ihrer Erkenntnisse sowohl den liturgischen als auch den Arbeitskalender für das Land bestimmten. Die Anlage der Tempel orientierte sich an den Himmelsrichtungen. Ohne genaue astronomische Berechnung wurde kein Tempel, keine Pyramide und kein Königsgrab angelegt. Neben Sonne und Mond kannte man nicht nur die Dekangestirne, sondern auch die fünf ›klassischen Planeten‹ als »die Sterne, die nicht ruhen«. Mars wurde z. B. als »roter Horus« bezeichnet; einige Sterne des zirkumpolaren Fixsternbilds des Großen Wagens nannte man »das Bein des Stiers«. Weil die Ägypter andere Aufteilungen und Gruppierungen der Sternbilder vornahmen als die Babylonier und später die Griechen, ist es immer noch schwer, genaueres über die ägyptische Astronomie zu sagen.

Kunde von den Himmelsbeobachtungen der Alten Ägypter geben Deckenmalereien oder Reliefs in Gräbern und Tempeln (z. B. Dendera). So sprach man von einer Sonnenfinsternis schon als von der »Begegnung von Sonne und Mond«, von Meteoriten als von »Himmelsblitzen«. Die Berichte lassen jedoch bis heute nicht mit Sicherheit klären, ob man z. B. unter Thutmosis III. den Halleyschen Kometen tatsächlich beobachtete.

Quellen für ›reine‹ Astrologie sind späteren Datums, sie hängen mit den unterschiedlichen Strömungen des hellenistischen okkulten Wissens zusammen. Ob allerdings ein schon früheres Vorhandensein dieses Wissens verneint werden darf, ist zu bezweifeln. Die Anwendung von astronomischen Erkenntnissen für die Organisation des Staats ist jedoch nicht in Frage zu stellen, womit Astrologie von Anfang an Bestandteil der ägyptischen Astronomie war. Individuelle Horoskope, die man bildhaft in Gräbern, z. B. in der Oase Dachla oder in Atribis (267) fand, gehörten wie im Vorderen Orient der späteren Zeit an. Die astronomischen Grundlagen dafür hatte es im Alten Ägypten aber seit alters gegeben. Wenn man von einer Untrennbarkeit der Disziplinen ausgeht, dann war Astrologie als Einheit mit Astronomie eingebettet in eine

Auf der Basis der ägyptischen und hellenistischen **Astronomie** hat Klaudios Ptolemaios, der im 2. Jh. n.Chr. in Alexandria lebte und in der dortigen berühmten Bibliothek arbeitete, grundlegende Werke der Astronomie (»Almagest« und ›Tetrabyblos‹) geschaffen, die bis zur Kopernikanischen Wende maßgeblich waren und für die Astrologie immer noch von Bedeutung sind.

267 Die hellenistisch beeinflußten Zodiakbilder in der Gräbern der Oase Dachla aus der griechisch-römischen Zeit stellten wahrscheinlich Horoskope dar.

Wissen und Technik

268 Tabelle mit Zahlzeichen

|	w^c	1
∩	m_dw	10
ϱ	st	100
𓆼	ḫ3	1000
𓆐	db^c	10 000
𓆑	ḫfnw	100 000
𓁶	ḥḥ	1 000 000

7 =	|||||||
24 =	∩∩ ||||
369 =	ϱϱϱ ∩∩∩||||| ∩∩∩||||
142235 =	𓆑||||| ϱϱ ∩∩∩|||||

𓀀 ||| |||	s7	sieben Männer
⊗ 𓏺 △ |	níwt ḫ	1000 Städte

Kosmologie, deren mythische Sprache noch immer nicht eindeutig verstehbar ist.

Mathematik und Geometrie

Die astronomischen Berechnungen setzten Mathematik und Geometrie voraus, Disziplinen, die auch praktische Bedeutung für den Alltag und das Jenseits hatten. Aus erhaltenen Quellen kann man Vorstellungen von den ägyptischen Kenntnissen über Arithmetik und die mit ihr eng verbundene Geometrie gewinnen. Die Ägypter kannten Zahlen, jedoch ohne Null, und Brüche. Sie verstanden zu multiplizieren und zu dividieren, durch Verdoppeln und Halbieren. Dies weist auf eine andere als unsere Erfaßbarkeit der Maße und Mengen hin. Äußerlich spricht alles für ein Dezimalsystem, in dem jede Zehnerpotenz von 1 bis 10 ihr eigenes Zahlenzeichen besaß (**268**). Die Ägypter arbeiteten mit ständigen Verifikationen, was ihnen eine sichere Kontrolle der Ergebnisse erlaubte. Der additive Charakter der ägyptischen Mathematik drückte sich in den Bezeichnungen aus. »Vereinigen« bedeutete addieren; subtrahieren hieß »abbrechen« oder auch »ergänzen«. Vieles weist darauf hin, daß auch Näherungswerte der Zahl Pi bekannt waren. Das altägyptische Rechenbuch des Ahmes gibt für Pi den Näherungswert 3,1605 an.

Die Geometrie, die von der Vermessung der Fläche ausging und die auch bei den Rastersystemen als Einteilungsgrundlage der kanonischen Ikonizität angewandt wurde, fand praktisch bei der Vermessung der Felder und zur Berechnung der Erträge sowie bei der Baukunst Verwendung. Hierfür entstanden auch entsprechende Meßgeräte, die über Jahrtausende beständig blieben. Bei allen geometrischen Erkenntnissen spielte eine Wertvorstellung der Zahlen eine bedeutende Rolle. So galt z. B. die Zahl neun nicht nur unter den Göttern als absolut (Götter-Neunheit), sondern sie besaß den bestmöglichen Wert, weil sie die »Quadratur des Kreises« zu erklären schien.

Die Ägypter beherrschten die Berechnung aller geometrischen Figuren. Allgemein wird versucht, die ägyptische Mathematik nur als eine praktisch angewendete Disziplin einzustufen, besonders im Vergleich zu Mesopotamien; bei näherer Betrachtung muß aber festgehalten werden, daß z. B. im Papyrus Rhind (**269**) auch Ansätze zu einer theoretischen Mathematik zu finden sind.

Geographie und Kartographie

Trotz der religiös bedingten Kosmologie und Kosmogonie haben schon in unserem Sinn objektive Kenntnisse von der Erde bestanden (Umfang und Größe), die sich im Lauf der ägyptischen Geschichte erweiterten, die aber offiziell nicht verwendet wurden. So kam für die Ägypter der Nil immer noch aus den Quellen des 1. Katarakts, obwohl sie selbst mindestens schon bis zum 4. Katarakt vorgedrungen waren. Darin zeichneten sich zwei Bedeutungsebenen ab: die traditionell mythische und eine rationalistische. Sie widersprachen sich für den Ägypter nicht, sondern standen zueinander im dualen Verhältnis. Der Nil blieb als Weltachse für die geographische Terminologie der Ägypter entscheidend, unabhängig von den auch für die Ägypter erkennbaren Unterschieden. Der Westen war immer am linken Ufer; auch dann, wenn der Fluß Mäander bildete und de facto das linke Ufer z. B. gen Süd oder Nord lag.

Spätestens seit dem MR läßt sich eine Erweiterung des geographischen Horizonts beobachten, die Auswirkungen bleiben jedoch gering bzw. das Wissen auf gewisse Kreise beschränkt. Dennoch hatten die Seereisen nach Punt dazu geführt, daß im Auftrag König Nechos II. die Umseglung Afrikas unternommen wurde. Die Quellen zu diesen Expeditionen sind dürftig, weil sie wahrscheinlich hermetisch behandelt wurden. Auch das, was man für die älteste Karte der Menschheit hält (**270**), erscheint frag-

269 Mathematischer Papyrus Rhind, um 1550, aus Theben, heute im BM (Umzeichnung/Fragment)

270 Karte der Goldminen in Wadi Hammamat (20. Dyn.), die sogenannte Turiner Karte

Wissen und Technik

153

271 In der Ostwüste gefundene Steinmühlen für die Goldgewinnung

lich, weil es kaum möglich oder zumindest schwer ist, eine wahrscheinlich ›heilige Topographie‹ auf unsere Vorstellungen zu übertragen. Aus erhaltenen Plänen ergibt sich aber, daß die Ägypter in der Lage waren, Karten von und zu ihren verschiedenen Explorationsgebieten anzufertigen. Da sie jedoch auf Papyri gezeichnet waren, haben sie sich kaum erhalten, andererseits wollte man die Kenntnis über Vorkommen von Bodenschätzen (z. B. Gold [271]) nicht preisgeben und hielt die Karten daher geheim.

Mineralogie, Metallurgie und Technik
Die praktisch ausgerichteten Ägypter haben ihre Rohstoffe seit frühester Zeit klassifiziert und exploriert. Mit der Einführung von Stein als Baumaterial und Rohstoff für Skulpturen versuchte man, die verschiedenen Arten zu bezeichnen und angepaßt zu verwenden. Offenbar verzichtete man bei Steinen mit natürlicher Färbung – etwa bei der Chephren-Plastik (272) – auf die sonst übliche Bemalung.

272 Die Dioritskulptur des Chephren (H. 168 cm, ÄMK, JE 10062) manifestiert wie keine andere das im AR festgelegte sakrale Königtum und das Verständnis vom Horus-Sein des Königs.

273 Bis heute sieht man in den ägyptischen Steinbrüchen Spuren der Sprengtechnik. Holzpflöcke in den ausgeschlagenen Löchern wurden mit Wasser zum Aufquellen gebrachte. Das Holz war stark genug, um das härteste Gestein zu spalten.

Die Härte der Steine war ausschlaggebend für die Art ihrer Verwendung beim Bau. Es ist bekannt, daß Cheops für seine Pyramide die härtesten Gesteine aus der nubischen Wüste holen ließ, um die Stabilität des Bauwerks sicherzustellen. Daß dies wichtig war, bestätigt die Geschichte des Pyramidenbaus. Auch Obelisken waren deshalb aus Granit, ungeachtet der Tatsache, daß man hatte feststellen müssen, daß diese Monolithen nur bis zu einer bestimmten Größe bruchsicher waren. Die Ägypter experimentierten viel, um Erfahrungen zu sammeln. Deshalb überwog zunächst die experimentelle ›Wissenschaft‹, um erst später einer theoretischen Grundlage Raum zu geben. Steinkunde, Kenntnis der Lage der Vorkommen, sei es in Steinbrüchen (273) oder Gruben ›waren seit dem AR hoch entwickelt. Dies gilt auch für andere Technologien, zunächst für das Brennen von Ton, dann für die Verarbeitung weicher Metalle. Hier-

aus entstand eine hochentwickelte Keramik- und
Fayenceproduktion, im 15. Jh. gelang sogar die
Herstellung von Glas. Glasierte Waren scheinen
von nun an die früher benutzten farbigen Massen,
mit denen man Tiefreliefs im AR auszulegen pflegte, ersetzt zu haben. Man legte von nun an auch
Böden und Lehmziegelwände der Paläste mit Flie-
sen (**274**) aus.

Ägypten war auch auf den Gebieten der Technologien sehr konservativ. Das führte einerseits zu
großer Perfektion bei den vorhandenen Techniken,
hinderte aber andererseits die Entwicklung neuer
Technologien, z. B. der Herstellung von Eisen. Die
späteren Entdeckungen der alexandrinischen
Schule lassen vermuten, daß die Ägypter zwar
vieles kannten, aber nicht in die Praxis umsetzten.
Sie experimentierten zwar, scheuten sich aber,
Neues, Unbekanntes sofort anzuwenden.

Botanik und Zoologie

Auch auf diesem Gebiet verfügten die Ägypter
über beachtliche Kenntnisse. Die realistische und
naturalistische Darstellung von Pflanzen und Tieren
belegt ihre gute Beobachtungsgabe. Man importierte auch neue Arten, pflanzte sie an, so etwa
Olivenbäume (**275**) und Weihrauchsträucher, die
sich jedoch nicht akklimatisierten. Auch fremde
Tierarten fanden hier eine Heimat, besonders
Pferde, die nachweislich gezüchtet wurden.

Die Landwirtschaft wurde intensiv betrieben und
war ausgezeichnet organisiert. Noch in römischer
Zeit produzierte Ägypten einen so hohen Überschuß an Korn und Weizen, daß das Imperium
Romanum von dort Getreide importierte.

Um diese Erfolge zu erzielen, hatte man eine
hohe Technik der Bewässerung entwickelt. Die
Ägypter waren in der Lage, umfangreiche Kanäle
und Dämme zu bauen, niemals hätten sie jedoch
den Lauf des ihnen heiligen Nilstroms versucht zu
unterbrechen. Ägypten war in seiner alten Geschichte nie darauf angewiesen, Lebensmittel zu

274 Vieles deutet darauf
hin, daß die Paläste mit Flie-
sen ausgelegt waren. Das
zeigen auch einige Beispiele
aus Medinet Habu aus der
Zeit Ramses' III. Darstellungen
von Fremden (26 x 7 cm) in
der charakteristischen Farbig-
keit ihrer Kleider und mit rassi-
schen Spezifika (ÄMK, JE
36457).

275 Olivenzweig in einem
Relief aus der Amarna-Zeit
(Schimmel Collection)

Wissen und Technik

Heilmittel für eine Wunde
»Wenn sie [die Wunde] aber [zu] sehr fault, dann sollst du sie verbinden mit fauligem Brot von Gerste, so daß sie infolgedessen trocknet. Dann sollst du sie noch einmal verbinden, so daß sie fault. Wenn sie sich aber schließt über ihren Sekreten, dann sollst du sie verbinden mit Fett des Steinbocks, Föhrenöl, zerriebenen Erbsen [?]. Wenn die Wunde darunter aufbricht, dann sollst du sie pudern mit Mehl von grünem Glasfluß. Danach sollst du sie verbinden mit Fasern der Lein-Pflanze [?] über Abechet-Flüssigkeit. Wenn sie sich danach überzogen hat, dann sollst du eine Salbe [machen] für das Stärken der Gefäße; werde damit verbunden, so daß sie gesund wird.«
(nach Westendorf, Medizin, 144f.)

276 Mumie aus römischer Zeit (L. 160 cm). Liv. M 13997

importieren, sondern zog zu allen Zeiten Reichtum aus ihrem Export.

Medizin, Pharmazie und (Al-)Chemie
Im Gegensatz zu anderen Wissenschaften sind Medizin und die mit ihr verbundenen Disziplinen durch relativ reichhaltige Quellen belegt und gut erforscht. Viele Krankheiten wurden in erster Linie durch ›Zauberei‹ kuriert. Die Beherrschung magischer Kräfte, die nach Meinung der Alten Ägypter auch Krankheiten verursachten, war entscheidend. Hierzu diente ein ganzes Arsenal von Sprüchen und sonderbar anmutenden Rezepturen. Dennoch kann man aufgrund erhaltener medizinischer Texte auch von dem Vorhandensein einer Medizin ausgehen, die unseren Vorstellungen entspricht. Es gab Augen- und Zahnärzte, Chirurgen (Schädelbohrer) und Gynäkologen, selbst Abhandlungen über Anatomie und Physiologie sind überliefert.

Wie in anderen Bereichen, so waren die Ägypter auch in der Medizin Pragmatiker, woraus sich die enge Verbindung von Medizin und Pharmazie

ergab. Zwar waren die Ursachen vieler Krankheiten wohl nicht bekannt, ihre Therapie war dennoch erstaunlich wirksam. Man kannte eine große Zahl von Krankheitsbildern der Atem-, Verdauungs- und Harnwege, die Bilharziose und Migräne. Einige der angewendeten Heilmittel kennt man bis heute, so z. B. Rizinusöl, diverse reinigende Substanzen, besonders Weihrauch, dessen heilende Wirkung die moderne Modizin bestätigt, aber auch Mittel, die aus ›Dreck‹ gewonnen wurden. Ob diese Stoffe (Schimmel, Kot u. ä.) unmittelbar angewendet wurden, muß aufgrund der Tempellaboratorien bezweifelt werden, in denen Destillieren und andere chemische Vorgänge zur Gewinnung von Extrakten bekannt waren. Mit Sicherheit müssen gewisse Vorstellungen von Hygiene vorhanden gewesen sein, zumal man Beschneidungen auch für eine solche Maßnahme halten kann. Große Erfolge feierte die ägyptische Chirurgie in der Behandlung von Knochenbrüchen. Die Anleitungen hierzu sind einsichtig und in der Methode richtig. Die medizinischen Instrumente, die man aus Tempeldarstellungen (**277**) kennt, sind zwar jüngeren Datums, sie bestätigen aber die Wertschätzung der Medizin als einer reinen Tempelwissenschaft. Im Gegensatz zur Gegenwart wagten ägyptische Ärzte in entsprechenden Fällen auch zu sagen, daß es sich um »eine Krankheit, für die man nichts tun« könne, handelte. An einigen Mumien ist zu erkennen, daß die Zahnmedizin schon in der Lage war, Zähne zu ›plombieren‹, einfache Brücken mit Hilfe von Golddraht herzustellen und Eiterungen des Zahnfleisches zu behandeln.

Ob die Kunst der Mumifizierung der Medizin zuzurechnen ist, erscheint fraglich. In erster Linie ging es dabei um eine mythisch begründete, kultische Handlung und nicht um das Sezieren in unserem Sinn von Anatomie. Daß man daraus, sozusagen nebenbei, auch medizinisch anwendbare Erfahrungen gewann, ist nicht auszuschließen. Die ägyptische ›Fachsprache‹ ist für uns bis heute nicht immer eindeutig und verursacht deshalb Schwierigkeiten, was die uns verständliche Übersetzung der Bezeichnungen für Krankheiten und organische Prozesse anlangt. Letztlich ist jedoch nicht anzuzweifeln, daß Galen und Hippokrates einen Teil ihrer medizinischen Kenntnisse ägyptischen Werken verdankten, die sie im Tempel von Memphis kennengelernt hatten.

Gelehrte oder Priester? Der große Imhotep

Die ägyptische Kultur entzieht sich grundsätzlich modernen Versuchen, alles und jedes in spezielle ›Schubfächer‹ einzuordnen. Sie war hochkomplex

Zauberspruch
»Gelöst werden möge die Last, weichen möge die Schwäche, die ein Wurm in diesen Leib gelegt hat, den ein Gott (oder) ein Feind erzeugt hat.«
(Nach Westendorf, Medizin, 29)

277 Chirurgische Instrumente in einem Relief in Kom Ombo, die dem entsprechen, was in der Zeit des römischen Imperiums im gesamten mittelmeerischen Raum zu finden war. Man erkennt daran die ägyptische Fähigkeit, auch fremde Errungenschaften aufzunehmen. Die Darstellung der medizinischen Instrumente in einem Tempel bestätigt eine alte Tradition, die vermuten läßt, daß die Tempel auch die Stätten der medizinischen Versorgung und Heilung waren.

Wissen und Technik

157

Harpokrates

»Den Harpokrates der Ägypter darf man nicht für einen
unvollkommenen und kindli-
chen Gott halten, sondern für
den, der über die Rede der
Menschen bezüglich der Götter gesetzt ist, die nur unvollkommen, stammelnd und un-
artikuliert ist, und zugleich
der, der sie reguliert und korri-
giert; wobei der Finger an seinem Mund ein Symbol für
Schweigen und Verschwie-
genheit ist.«
(Plutarch, nach Assmann,
Weisheit, 37)

278 Die Höhlen der Ana-
choreten (Einsiedler) in
Naqlun, dem alten Nakloni
(Fayum), wo eine große
Klosteranlage des hl. Gabriel
entstanden war, die heute von
polnischen Archäologen ausgegraben wird

und kann nur als Ganzes behandelt werden.
Eine Voraussetzung für den Zugang zu jeglichem
Wissen des Alten Ägypten, von dem man sich eine
Vorstellung machen kann, sind dessen Spuren und
Botschaften, die die »kulturelle Erinnerung« (J. Assmann) bilden. Dazu gehören traditionellerweise
Bibliotheken, die es auch in Ägypten gab. Die meisten Werke waren, wie schon ausgeführt, in der
Obhut der Priester in den Tempeln. Daß man sie
sammelte, ist nicht zu bezweifeln. Einige dieser
Sammlungen sind bekannt geworden. Man hat
z. B. in Tebnutis (Fayum) eine Priesterbibliothek gefunden, in der Werke aus allen möglichen Bereichen erhalten geblieben sind. Diese Relikte sind jedoch angesichts der antiken
Berichte, die von umfangrei-
chen Tempelbibliotheken
sprechen, eine Seltenheit. Es
ist anzunehmen, daß viele
Papyrusrollen vernichtet wurden, viele trotz des günstigen
Klimas nicht erhalten blieben
oder nach wie vor in ihren
Verstecken ruhen. Dafür sprechen die Entdeckungen der
frühchristlichen und gnostisch-koptischen Literatur
bei Nag Hamadi und die neuesten Funde in Naqlun (Nakloni/Fayum [278]).

Nicht übersehen werden darf, daß die Tradie-
rung des Geheimwissens, auf das hellenistische
Quellen und Autoren oft hinweisen, nur mündlich
erfolgte. Diese hermetischen Kenntnisse unterlagen
einer strengen Geheimhaltungspflicht. Ihre Inhalte
noch zu ergründen ist der Forschung meist unmöglich, u. a. auch, weil die Grenzen zwischen okkulten Vermutungen und magischen Formeln (*Tabula
smaragdina*) unklar sind. Alles spricht dafür, daß
die Zentren des Wissens in den Tempeln und bei
den Priestern waren. Das kann angesichts der Ge-
pflogenheiten im abendländischen Mittelalter nicht
wundern, in dem ebenfalls Geistliche nicht nur die

Schriftkundigen, sondern auch diejenigen waren, die sich schon aus theologischen Gründen allgemeinen Erkenntnissen öffneten.

Für das Alte Ägypten ist die Persönlichkeit von Imhotep (**279**), des vergöttlichten Priesters und Gelehrten, Berater Djosers und Erbauer seines heiligen Pyramidenbezirks, ein besonderes Beispiel. Dieser ›Leonardo des Alten Ägypten‹ (wenn der Vergleich erlaubt ist) ist heute eher legendär denn faktisch zu erfassen. Die Bücher, die er geschrieben haben soll, sind verloren; über sein persönliches Leben wissen wir wenig mehr, als daß er unter Djoser Wesir des Landes war. In der Spätzeit wuchsen sein Ruf und seine Bedeutung jedoch immer mehr. Er galt als »Gott der Medizin«, wurde von den Griechen mit Asklepios gleichgesetzt und Imuthes genannt. In Saqqara errichtete man ihm eine Kapelle, zu der man wie zu einer Walfahrtsstätte pilgerte. Diese prototypische Vorstellung des Gelehrten macht deutlich, daß die Pflege der kulturellen Erbschaft (der Mnemosyne/Erinnerung) mit den Tempeln als heiligen Orten verbunden war.

Aus dem späteren Aufzeichnen traditioneller Erkenntnisse läßt sich entnehmen, daß sich im AR vieles noch auf der oralen Ebene bewegte. Die Schicksalsschläge der Geschichte und die Rückerinnerung an die Herkunft veranlaßten die Priesterschaft erst spät, das in der Vergangenheit errungene Wissen ›sicherer‹ (d. h. schriftlich) zu bewahren. So entstanden Literatur und ›Wissenschaft‹, aber auch eine Philosophie, ja eine Weisheitslehre, die für die ganze Kulturgeschichte Ägyptens bestimmend blieb, auch dann, als man schon glaubte, das Ägyptische endgültig verloren zu haben. Sie lebt indessen noch heute in der koptisch-christlichen Literatur weiter. Sie wurde zwar nicht mehr unmittelbar tradiert, aber ihre Weisheit ist bis heute von der unzerstörbaren Kraft der Wahrheit bestimmt: »*Wer eilt, um viel zu finden, findet nicht einmal Weniges.*« (Brunner, Weisheit, Nr. 35).

279   Imhotep. Bronze-Statuette aus der Spätzeit (ca. 3./2. Jh.). Museum Stuttgart (z. Zt. in Tübingen, N° 367). Der Berater des Königs und Erbauer des Djoser-Bezirks in Saqqara wurde später wie kein anderer vergöttlicht. Deshalb wurde er in der Spätzeit als weiser Mann, sitzend, mit einer Rolle auf den Knien, dargestellt. Der Erfinder des Steinbaus wird schon seit der Perserzeit als Schutzherr der Baumeister verehrt. Seine Schriften und sein Grab sind uns nicht bekannt, obwohl überall von ihnen die Rede ist. Die Griechen setzten ihn mit Asklepios gleich, und sein Heiligtum in Saqqara, das Asklepeion, wurde zur Pilgerstätte aller, die daran glaubten, daß er Wunder wirke. Deshalb wurde er auch außerhalb Ägyptens populär und für das Vorbild des Hermes Trismegistos gehalten: »Da sah ich einen Greis, den Schönsten der Menschen, auf einem Sessel sitzen; er war in weiße Gewänder gehüllt und hielt in seiner Hand eine Tafel, auf der ein Buch lag ... Als ich fragte, wer dieser Greis sei, erhielt ich die Antwort: ›Es ist Hermes Trismegistos ...‹«

Ägypten hat sich der modernen wissenschaftlichen Erforschung mit dem Feldzug Napoleon Bonapartes (1798) geöffnet. Sein legendärer Ausspruch angesichts der Pyramiden, »5000 Jahre Geschichte schauen auf euch herab«, und sein Auftrag an die ihn begleitenden Gelehrten, alles zu erfassen, was vorhanden war, setzte eine Lawine in Bewegung. Ihr erstes Ergebnis, die »Description de l'Egypte«, ist noch heute lesenswert und nützlich.

280 Der bekannte italienische Maler und Architekt Giovanni Battista Piranesi (1720–78) gehörte zu den ersten, die von der ägyptischen Welt fasziniert waren. So setzte er ägyptische Motive in große Wanddekorationen um, konzipierte Kamine in ägyptischem Stil wie den hier dargestellten (Radierung, um 1769).

Der Beginn der Ägyptologie als neuzeitliche Wissenschaftsdisziplin bleibt jedoch mit dem Namen des Franzosen Jean François Champollion d. J. verbunden, dem die Entzifferung der hieroglyphischen Schrift gelang (s. S. 22ff. [281]). Er unternahm auch zusammen mit Ippolito Rosellini eine Reise nach Ägypten zur Dokumentation der Denkmäler, die neues Material für seine Entschlüsselung der Hieroglyphen brachte. Inzwischen waren eine ganze Reihe von Abenteurern, Reisenden und Gelehrten unterwegs, um Reste der ägyptischen Vergangenheit zu erjagen (G. Anastasi, B. Drovetti, Henry Salt, Giovanni Belzoni, J. J. Rifaud, J. L. Burckhardt, F. Chr. Gau u. a.). Es entstanden die ersten Sammlungen ägyptischer Altertümer in Paris, London, Leiden und Turin (in Ägypten selbst wurden sie erst 1860 durch den französischen Ägyptologen Auguste Mariette eingerichtet, wo sie bis 1952 unter europäischer Leitung blieben). Weitere Sammlungen ägyptischer Altertümer entstanden in Berlin, Wien, Hannover etc.

281 Die berühmte farbige Lithographie von David Roberts, dem schottischen Zeichner und Reisenden, der mit seinen Werken zu der sich ausbreitenden Ägyptomanie beitrug

Bald öffneten auch die Universitäten Ägypten ihre Tore. In Frankreich übernahmen Vicomte Emmanuel de Rouge, in England Flinders Petrie, in Holland Conrad Leemands und in Preußen Carl Friedrich Lepsius die Leitung des neuen Fachs.

Lepsius unternahm eine wissenschaftliche Expedition (1842–45), die zum ersten Mal auch Denkmäler »Äthiopiens«, d. h. der Kuschiten im heutigen Sudan, zu erfassen suchte. Die Ergebnisse, dargestellt in seinem monumentalen Werk »Denkmaeler aus Aegypten und Aethiopien«, setzten Maßstäbe für die weitere Entwicklung der Erforschung Ägyptens. Die ersten Erfolge der ägyptischen Archäologie blieben nicht ohne internationales Echo. So begann eine ausgedehnte Ausgrabungstätigkeit, die mit so großen Namen wie G. Maspero, W. M. Flinders Petrie, V. Loret, G. A. Reisner, L. Borchardt, H. Carter, J. Garstang, G. Möller, J. H. Breasted, P. Montet, J.-Ph. Lauer u. v. a. verbunden sind und die ständig neue Entdeckungen von Gräbern, Tempeln und Städten mit sich brachten.

Seit dieser Zeit – und später infolge der Dammbauten bei Assuan (1902–1907, 1933 und 1960) – entwickelten sich Forschungsvorhaben schier explosionsartig, die alle internationalen Kräfte mobilisierten, um zu retten, was in den Wassern des gestauten Flusses sonst für immer verloren zu gehen drohte. Heute sind, neben fast allen europäischen Staaten, Kanada und die USA, aber auch viele andere von Argentinien bis Japan in der Erforschung der ägyptischen Vergangenheit tätig. Im Land selbst wurden zu diesen Zwecken wissenschaftliche Institute gegründet (u. a. amerikanische, deutsche, französische, polnische), die der Koordination der Ausgrabungstätigkeit und Forschung dienen. Die Archäologie ist jedoch nur eine Methode zur Gewinnung von Erkenntnissen über alte Kulturen. Was Ägypten immer in besonderer Weise auszeichnete, war sein Reichtum an schriftlichen Quellen, die die Philologie entstehen ließen. Auf diesem Gebiet waren besonders die Deutschen (H. Brugsch, A. Erman, K. Sethe, W. Spiegelberg, H. Grapow, H. J. Polotsky), die Engländer (F. L. Griffith, A. Gardiner) und die Franzosen (G. Maspero, G. Posner, S. L. Sauneron) sowie J. Černy erfolgreich. Sie übersetzten und edierten literarische Texte, Ostraka und hieratische Dokumente, erarbeiteten Wörterbücher und Grammatiken und schufen damit die Voraussetzung für die moderne ägyptische Linguistik.

Unter den alten Kulturländern gibt es kein anderes, dessen Hinterlassenschaften man bis in die

282 Der Vater der Ägyptologie, Jean François Champollion, gehörte zu den schillerndsten Persönlichkeiten der europäischen Aufklärung. Aufgrund seiner Leistungen auf dem Gebiet der alten Sprachen gehört er zu den genialsten Männern der Forschungsgeschichte. Seine Werke haben bis heute nicht nur rein forschungsgeschichtliche Bedeutung, sondern beinhalten die ersten und wichtigsten Beiträge zur Erfassung der altägyptischen Kultur.

Rezeptionsgeschichte

Gegenwart so intensiv auszugraben und zu erforschen suchte. Neue Ergebnisse und Untersuchungen füllen viele Fach-, aber auch populäre Zeitschriften. Sie alle zu überblicken ist inzwischen kaum noch möglich.

Ägypten und die »Welt der Bibel«

Bei der Beschäftigung mit Ägypten und seiner Begegnung mit dem Abendland können wir auf eine Brücke vertrauen, die über manche Verständnisschwierigkeiten hinwegführt. Die Reise in eine gemeinsame Vergangenheit ist vielversprechend, möglicherweise auch nicht ganz unbeschwerlich, wenn es darum geht, unsere Projektionen zu hinterfragen. Dennoch soll sich eine ›Spurensicherung‹ der Frage widmen, ob der Zauber Ägyptens nur eine Ägyptomanie ist oder Ergebnis einer sich kontinuierlich erfüllenden Geistesgeschichte.

Schon früh hatte es immer wieder Versuche gegeben, das, was in der Bibel über Ägypten berichtet wird, zu begreifen und zu erfassen. Die biblischen Berichte über Ägypten wurden unkritisch hingenommen, dann mit anderen, meist antiken und frühchristlichen Nachrichten verglichen, die schon bald durch Berichte über Reisen zum Heiligen Land und nach Ägypten ergänzt wurden.

Natürlich hatte niemand in der ersten Phase der Begegnung mit der Bibel vermutet, daß viele biblische Motive und literarische Formen auf ägyptisches Schrifttum zurückgehen. Das gilt für Sprüche, Psalmen und einige Bücher (z. B. das Buch Hiob); sie verdanken den ägyptischen Quellen mehr, als man gemeinhin annimmt. Dank der neuen vergleichenden Studien und Untersuchungen besteht gerade heute kein Zweifel mehr an der zündenden Kraft der ägyptischen Literatur für das AT. Die ägyptische *Lingua sacra* setzte sich als Metasprache durch und bedingte nicht nur die bis heute heilige Form der Thora-Rollen, sondern auch ihren Duktus. Auf diese Weise hat sich der ägyptische Geist als Phänomen unsichtbar einen Weg

283 Josefsgeschichte in der Wiener Genesis: Josef legt die Träume des Pharao aus. Die heute in Wien (Nationalbibliothek) aufbewahrte fragmentarische Purpurhandschrift aus der Spätantike (wahrscheinlich in jüdischen Kreisen um das 6. Jh. n. Chr., wenn nicht schon früher entstanden) enthält überwiegend Miniaturen zur Geschichte Josefs (Gen. 37–50). Da sie sich in Ägypten abspielt, ist anhand der Bilder interessant zu beobachten, wie die hellenistischen Vorstellungen von Ägypten das spätantike bzw. frühmittelalterliche Wissen über dieses Land geprägt haben (nach der Faksimile-Ausgabe).

durch die geistige Geschichte des Christentums
gebahnt. Das Land gehörte somit zu den heiligen
Ländern der Bibel und war Ziel von Pilgerschaften.
Das bedingte auf der einen Seite die ständige Anwesenheit Ägyptens im abendländischen (und im
jüdischen) Bewußtsein, ließ aber andererseits
Ägypten darin zum Symbol des Bösen werden.
Man kann sagen, daß viele fast unbewußt entstandene ›Bilder‹ Ägyptens sich aus der Auseinandersetzung mit der biblischen Sicht ergaben. Die prototypische Vorstellung einer »Despotie«, die nur mit
Gottes Hilfe zu überlisten war (Exodus), die Verwendung der Bezeichnung Pharao, die Vorstellung von den »fetten Fleischtöpfen Ägyptens«,
Traumdeutung und Magie sind darauf zurückzuführen. Einige biblische Szenen haben früh Zugang in die Ikonographie gefunden; über koptische und später auch byzantinische Einflüsse haben sich ägyptische Strukturen tradiert. Später hat
die Ausbreitung des Islam im Mittelmeerraum bis
hin zu den Kreuzzügen immer häufiger den bis dahin vorhandenen Austausch zwischen den Kulturen
verhindert oder doch stark eingeschränkt. Noch
unter den Karolingern kam Papyrus als Schreib-
material aus Ägypten nach Europa, Aegyptiaca
fanden sich sogar im Ambo des Aachener Doms
(**284**).

Schließlich verursachten die Ideen der Renaissance (**286**) und Reformation die ersten kritischen
Ansätze in der Rezeption und Exegese der Bibel.
Man suchte nach den Entsprechungen für die biblischen Bilder und erklärte die Pyramiden als die
biblischen Josefsspeicher (**285**). Man mußte angesichts der Herodotschen Sicht im zweiten
Buch seiner »Historien« die biblischen Überlieferungen überdenken bzw. ergänzen.

Erste Reisen nach Ägypten im 16. Jh.
n. Chr. waren der Anfang einer bis heute
nicht mehr abreißenden Gewohnheit. Die
»Welt der Bibel« war also das erste Fenster
Europas zu den Geschehnissen des alten

284 Isis als Beschützerin des alexandrinischen Hafens. Eine spätantike Elfenbeinarbeit fand später Verwendung als Einlage für den sogenannten Ambo Heinrichs II. im Aachener Dom.

285 Das Mosaik in San Marco, Venedig, gibt die mittelalterliche Vorstellung wieder, nach der die Pyramiden als die Kornspeicher Ägyptens verstanden wurden, die Josef für die Hungersnot bauen ließ.

Rezeptionsgeschichte

Elogium hieroglyphicū
FERD.III.CÆSARIS
immortalitati
huius erectione obelisci
æternum consecrauit
A. K. S. I.

286 Athanasius Kircher,
Polyhistoriker und Vertreter
des Barock, war von den
ägyptischen Obelisken in
Rom so fasziniert, daß er eine
Widmung für Kaiser Fer-
dinand III. in Form eines Obelisken entwarf, den er mit
phantasievollen ›Hieroglyphen‹ bedeckte.

Orient, vermittelte aber auch einen ständigen indi-
rekten Kontakt zu einer Welt, in der Ägypten eine
besondere Rolle gespielt hatte.

Ägypten, Kreta, Ägäis und die »Seevölker«
Die Geschichte Ägyptens hat gezeigt, daß seine
Welt nur scheinbar isoliert und auf sich selbst angewiesen war. Kontakte im Norden existierten seit
alters zur Ägäis, wahrscheinlich waren sie wesentlich älter, als man lange Zeit annahm. Die frühen
Verbindungen belegen sich durch Funde, die
einerseits ägyptische Waren im ägäischen Raum,
andererseits minoische und mykenische Güter in
Ägypten ans Tageslicht brachten. Auch die Beziehungen zur Levante und nach Kreta wurden immer
intensiver, wofür neueste Forschungen des Österreichischen Archäologischen Instituts unter Leitung
von M. Bietak in Tell el-Dab'a sprechen. Sogar im
mythischen Stoff will man gemeinsame Wurzeln
entdecken.

Ein Blick auf die vorabendländischen Kontakte
im östlichen Mittelmeerraum läßt eine Basis für die
späteren Entwicklungen und Begegnungen, die
besonders im Zusammenhang mit der europäischen Klassik (J. J. Winckelmann) wichtig geworden sind, erkennen.

Es besteht auch kein Zweifel, daß die Malerei
der Amarnazeit der kretisch-minoischen sehr nahe
stand, sowie auch umgekehrt mögliche Einflüsse,
u. a. in der Großplastik, feststellbar sind. Die kulturelle Auseinandersetzung im Dreieck der Kontinen-
te wurde durch die sogenannten Seevölker verstärkt, die in der Zeit der Ramessiden für viel Un-
ruhe sorgten und später für die Entstehung der
sogenannten mittelmeerischen Randkulturen verantwortlich wurden. Mit ihrer Ausdehnung über
die Mittelmeerinseln (Malta, Sardinien, Balearen)
und bis zur iberischen Halbinsel könnte sich in indirekter Weise auch das Kulturgut Ägyptens in diesem Raum verbreitet und ägyptische Motive und
Formen verursacht haben, die später antikisierend

wieder aufkamen, ohne daß man sich ihres Ursprungs bewußt geworden wäre. Dieser Vorgang hat u. a. Spuren in der Ornamentik hinterlassen. Die so beginnende Popularität ägyptisierender Motive (u. a. der Skarabäen) setzte sich mit den Puniern fort, wurde dann von den Etruskern und schließlich von den Römern übernommen.

Ägypten und Griechen

Die Auswirkungen der gegenseitigen Beziehungen zwischen Ägyptern und Griechen sind auf fast allen religionskulturellen und wissenschaftlichen Gebieten sehr nachhaltig gewesen. Schon daß Griechen in Ägypten als Söldner dienten, ein Grieche Pharao wurde, die ägyptische Sprache in letzter Entwicklung das griechische Alphabet übernahm und man schließlich den Griechen die ersten Kenntnisse über Ägypten verdankt und bis heute die griechische Form der ägyptischen Königsnamen verwendet, macht die Sonderstellung der ägyptisch-griechischen Kontakte deutlich.

Die hervorragendsten Namen der Hellenenkultur stehen bei diesen Beziehungen Pate. Nicht nur Herodot, der »Vater der Geschichte«, hatte sich im Jahr 450 in Ägypten aufgehalten, sondern auch der große Philosoph Plato besuchte etwa 150 Jahre nach dem Historiker Ägypten und stand voller Bewunderung vor der Dauer und Beständigkeit der ägyptischen Kultur. Die sakrale Struktur des ägyptischen Reichs scheint ihm als Vorbild für seine »Politeia« gedient zu haben; in seiner »Paideia« (Erziehung, Bildung) hat er eindeutig die ägyptischen Vorbilder als beispiellos hervorgehoben. Es ist in diesem Rahmen nicht möglich, die griechische Literatur in ihrem Bezug zu Ägypten zu behandeln; es muß aber betont werden, daß es kaum ein griechisches Werk gibt, das nicht in diesem Zusammenhang gesehen werden könnte. Man denke z. B. an Danaos (ägypt. *Dne* = Danaer aus dem Kreis der Seevölker) und seine Flucht mit seiner Sippe aus Ägypten. Alle diese Motive

Danaos und Aigyptos
Epaphos wurde später der Vater der Libye, diese die Mutter des Belos, der verschiedene Söhne, unter ihnen Danaos und Aigyptos, hatte. Der letzte besaß fünfzig Söhne, während der erstere fünfzig Töchter hatte. Als die Brüder einst miteinander in Streit gerieten, mußte Danaos, der der schwächere war, das Land verlassen ...
(H. J. Rose, Griechiche Mythologie, München 1982⁶, 168)

287 Unter seinen Nachbarvölkern war Ägypten wegen seiner Bilder und Motive sehr populär, die vielfach Nachahmung fanden, so auch diese phönikische Elfenbeinplakette mit der Geburt des Sonnenkindes aus der Lotosblüte (ca. 8. Jh.).

288 Der Verstorbene beschützt von Anubis (Fragment), enkaustische Malerei auf Leinwand (römisch, 3. Jh. n.Chr.) mit deutlich synkretistischen Zügen, die einen Zusammenschluß der hellenistischen mit der ägyptischen Kultur suchen

Naukratis, heute Kom Gaef, wurde unter Psammetich I. im 7. Jh. im Nildelta als griechische Handelniederlassung gegründet. Man pflegte besonders intensive Kontakte mit Milet und Korinth, aber auch mit dem ägyptischen Hinterland, bis weit nach Meroë, wo griechische Vasen und andere Waren gefunden wurden. Von Naukratis ging die erste Welle aus, die für die spätere schnelle Hellenisierung des Nordens Ägyptens verantwortlich war.

sind auch eng verwandt mit den biblischen Stoffen. Über die griechische Literatur sind also Fabeln und Märchen etc. tradiert worden, die man ursprünglich nicht mit Ägypten in Verbindung brachte, obwohl sie dort eindeutig ihre Wurzeln hatten.

Auch die ägyptische Götterwelt wurde von den Griechen rezipiert; schon in archaischer Zeit verehrten sie sogar auf Delos ägyptische Götter, und diese stiegen im Hellenismus in griechisierter Form zu Universalgöttern auf. Genannt sei u. a. Isis (ihr Heiligtum bestand schon im 5. Jh. in Athen), bzw. der synkretistische Gott Serapis.

Solche Aufnahmen und Verschmelzungen konnten nicht entstehen, ohne auch Spuren in der griechischen Ikonizität zu hinterlassen. So dürften etwa einige Vasenbilder ägyptische Totenbücher zum Vorbild gehabt haben, andere versuchten ägyptische Motive zu parodieren.

Der ständige Handels- und Kulturaustausch wurde nicht nur durch die in Ägypten (als Söldner) dienenden Griechen erweitert, sondern auch durch griechische Kolonien auf ägyptischem Boden, der ältesten in Naukratis. Sie gewährleisteten bis zum nahtlosen Übergang in die Gründung Alexandrias die guten wechselseitigen Kontakte. Die mühsamen Versuche, Alexandria aus der ägyptischen Kulturgeschichte auszuklammern und der Stadt einen besonderen Status einzuräumen, müssen fehlschlagen. Die Verbindungen Alexandrias zum ägyptischen Hinterland waren nicht weniger groß und bedeutungsvoll als die nach Hellas.

Die Epoche der Ptolemäer zeichnet sich durch eine Verflechtung des hellenistischen Kulturempfindens mit dem ägyptischen Geist aus, was sich in der alles überragenden Königstheologie manifestierte und auch ihre äußeren Formen bedingte.

Alexandria wurde in seiner geglückten Verquikkung von ägyptischem und griechischem Geist zur Keimzelle dessen, was wir ohne Wenn und Aber heute als Grundlage der abendländischen Kultur bezeichnen können. Die alles beherrschende

Rezeptionsgeschichte

griechische Sprache hatte an der Verbreitung des Kulturguts und der religiösen Vorstellungen einen nicht zu unterschätzenden Anteil. Ein Symbol dessen, was Alexandria repräsentierte, war das Museion und seine berühmte Bibliothek. In letzterer versuchte man, alles Wissen und alle Weisheit der Alten Welt im Auftrag der göttlichen Könige, der Ptolemäer, zu sammeln. Sogar das fremde, fast möchte man sagen ägyptenfeindliche AT wurde ins Griechische übertragen. Wie hätte man da das Nächstliegende, das Ägyptische, außer acht lassen können! Die ägyptische Priesterschaft dieser Zeit war bilingual geworden; Manetho und der Stein von Rosette sind hierfür gute Beispiele. Man übersetzte alles ins Griechische oder war doch dabei; so entstanden Werke, von denen einige zu großer Bedeutung und Ausbreitung gelangten, z. B. die astrologisch-astronomischen Schriften des Klaudios Ptolemaios, die auf sehr alten, u. a. auch ägyptischen Quellen basierten. Gleiches gilt für das »Traumbuch« des Artemidor, das mit vollen Händen aus der altägyptischen Tradition schöpfte und dessen Auswirkung bis zur Freudschen Psychoanalyse reicht.

»Aus Ägypten kamen sie ...« – Gnosis, Alchemie und andere Geheimwissenschaften

Die von den ägyptischen Priestern und im Hellenismus in Alexandria gepflegte Idee, Wissen zu bewahren, war ein urägyptisches Konzept, dessen Verwirklichung man immer neu zu realisieren suchte. Die Römer, die nach dem Selbstmord Kleopatras (30 v. Chr.) die Macht am Nil übernommen hatten, übertrugen als große Pragmatiker diese Idee auf das Imperium Romanum, das kulturell die hellenistische Tradition fortzusetzen suchte. Nicht nur das ›objektive‹ Wissen, die naturwissenschaftlichen Erkenntnisse, sondern auch die ägyptische Religion und ihre hellenistisch gewordenen Kulte breiteten sich in Rom aus, besonders die Isis-Osiris-Mysterien, die eine große Anhängerschaft gewan-

289 Die ptolemäischen Königsköpfe, die immer Teil einer Statue waren, sind nur schwer einem König zuzuschreiben, auch wenn Inschriften diesen oder jenen Pharao nennen. Wie man in Tempeln viele Kartuschen leer ließ, um sie später mit einem Königsnamen zu versehen, scheinen auch die Plastiken für einen beliebigen König hergestellt worden zu sein. Erst aus der Inschrift, die man spater nachtrug, ergab sich ihre Zuordnung.

290 Auch die römischen Herrscher als Pharaonen setzten mit ihren Bildnissen die ptolemäische Tradition fort, indem sie die archaische Kopfbedeckung, das Tuch *nemes*, trugen. Die Haarlocke, die man aus den römischen Bildnissen des Augustus kennt, läßt vermuten, daß es sich um eine Statue dieses Kaisers als Pharao handelt.

291 Die Aufstellung des nach New York gebrachten ägyptischen Obelisken am am 22. Januar 1881 im Central Park (nach Harper's Weekly vom 12. Februar 1881)

292 Das Nilmosaik von Palestrina zeugt von der großen Popularität der ägyptischen Thematik seit dem 3./2. Jh. auch in Rom, obwohl die beteiligten Meister wahrscheinlich Alexandriner waren, was nur bestätigt, daß in Rom meist Griechen und Fremde als Künstler tätig waren.

nen. Die Vorstellungen von Auferstehung und einer nur qualitativen Veränderung durch den Tod führten zu neuen Ansätzen und Verbindungen, u. a. zu den geheimen Dionysos-Kulten. Es bildete sich eine synkretistische Mentalität, die für alles offen war, was Anregung und neue Lösungen bot. Auf diese Weise wurde der Boden für die Ideen des kommenden Christentums geschaffen. Es kann auch nicht erstaunen, daß theologische Spekulationen gerade in Ägypten, wo sich u. a. die ältesten Fragmente des NT gefunden haben, schon früh entstanden sind. Die alexandrinische Schule wurde zur Schmiede der neuen Theologie. Daß man dabei auch aus den ägyptischen Quellen schöpfte, ist mehr als verständlich.

Auch der exotische Aspekt Ägyptens wurde im kaiserlichen Rom populär und zahlreich rezipiert, was sich in den Werken der klassisch-lateinischen Literatur niederschlug. Tibull und Ovid, Properz und Juvenal seien Beispiele für das, was später unterschwellig auch durch das gesamte lateinische Mittelalter fortwirkte.

Rom wäre jedoch nicht Rom, wenn sich das Ägyptische nicht auch seiner Bildwelt mitgeteilt hätte. Die Denkmäler, z. B. Obelisken, die man aus Ägypten nach Rom holte (der älteste von Thutmosis III. ist heute als Lateran-Obelisk bekannt [242]), aber auch deren Nachbildungen und Neuschöpfungen finden sich in Pompeji im berühmten Nil-Mosaik aus Palestrina (292), in der Villa Hadriani in Tivoli, auf Sarkophagen (Ariccia-Relief) usw.

Die neue Lehre des Christentums konnte sich mit Windeseile über die ägyptischen Gaue ausbreiten. Die Vorstellung von Gottessohnschaft, Gottesmutter und Trinität hatten in Ägypten tiefe religiöse Wurzeln und bedingten schließlich auch deren dogmatische Festlegung in den ersten christlichen Konzilien.

Die Idee des »himmlischen Pharao«, des Sohns Gottes auf Erden, wurde auf anderer mentaler Ebene im Christentum neu verwirklicht.

Auch die koptische Ikonizität übernahm die vorchristliche ägyptische und trug sie bis zu den kanonischen Vorbildern der sogenannten byzantinischen Kunst weiter. Sie beeinflußte die frühchristlich-irische Kunst und wirkte sich über sie in der karolingischen Renaissance aus (293). Auch Motive und Formen der Romanik erweisen ihren ägyptischen Quellen bis heute Ehre.

Der Sieg der neuen Lehre im Imperium Romanum war nicht zu stoppen. Sie ersetzte langsam die heidnischen religiösen Vorstellungen. Dennoch blieb manches Alte in Form von Magie, Zauberei und allen möglichen okkulten Erscheinungen bis in die Gegenwart erhalten.

Gnosis (besser Gnostizismus), Engels-, Teufels- und Höllenvorstellungen erfreuten sich im Volk einer besonderen Beliebtheit. Gnostikgeprägte Spekulationen fanden Zugang zur spätantiken und mittelalterlichen Philosophie und Literatur, die nicht immer kirchenkonform war. Dabei spielten auch Traditionen eine Rolle, die im Abendland als hermetisch galten. Zu ihnen gehörte in erster Linie die des »Hermes Trismegistos« (eine hellenistische Umwandlung des ägyptischen ibisköpfigen »dreimalgroßen« Schreiber-Gottes Thot), der nicht nur im Abendland, sondern auch bei den Arabern als Urvater aller Geheimwissenschaften (Alchemie, Astrologie, Medizin) galt. Nicht minder bedeutend blieb der anonyme »Physiologus«, dessen Tierbilder noch in der christlichen Ikonographie bis weit in die Neuzeit zu finden sind (Pelikan/Phönix [295]); ihr Ursprung ist in Ägypten zu suchen.

Die ägyptischen Vorbilder blieben in jeder Hinsicht prägend und waren über die koptische Literatur und das Mönchtum ins Abendland gekommen. Was wäre Dantes Inferno in seiner »Divina commedia« ohne die ägyptischen Höllenvorstel-

293 In karolingischer Zeit waren koptische Motive ein verbreitetes Gut, das schon viel früher mit der Völkerwanderung (4.–6. Jh.) Europa erreicht hatte.

294 Die biblische Geschichte von Jonas, der vom Walfisch geschluckt wurde, als Thema eines koptischen Stoffes (Fragment), Leinen und Wolle, ca. 7. Jh. LP

Ägyptisierung des religiösen Lebens in Rom
»Seither lag mir nichts so sehr am Herzen als täglich vor der Himmelskönigin Isis zu knien, die hier vor der Tempelanlage ihren Namen hat und als ›Isis vom Marsfeld‹ besonders innige Verehung genießt. So war ich ihr stetiger Diener, fremd im Tempel, aber heimisch im Glauben.«
(Apuleius, Metamorphosen, XI, 26, 3)

Rezeptionsgeschichte

295　Über den Physiologus (anonyme Schrift aus dem 2./4.[?] Jh.) wurden mythische Bilder Ägyptens in die Metaphorik des Christentums aufgenommen. Der Pelikan (= Phönix) wurde zum Symbol der Erlösung, der Erneuerung der Schöpfung. Er ernährt seine Jungen mit seinem Blut. Vignette im Culenborch-Missale, um 1430, Brixen, Tirol

296　Über die Bibel und geheime Traditionen drangen altägyptische Vorstellungen in das abendländische Gedankengut ein, die auch bei Dante Alighieri in der »Divina comedia« in der Höllenbeschreibung (Inferno) mitspielen. Die scheinbar schwerelosen Gestalten schwimmen wie die Verdammten der Höllenbücher Ägyptens. Miniatur aus einer Bildhandschrift, 15. Jh. Bibliothèque nationale, Paris, zum Inferno, 33. Gesang, nach C. Morel

lungen (296)? Selbstverständlich gelangten sie nicht unmittelbar aus dem Alten Ägypten in sein Werk, sondern auf dem Umweg über die aus dem Koptischen entlehnten Schriften, wie z. B. die »Petrusapokalypse«, Märtyrergeschichten, aber auch Märchen. Auch hellenistische Brücken sind zu bedenken. Daß solche Vorstellungen auch auf die Malerei des Mittelalters befruchtend wirkten, zeigen u. a. die Bilder von Stefan Lochner, Matthias Grünewald, Hieronymus Bosch u. v. a. m.

Die heute so selbstverständlich gewordene Engelsvorstellung als geflügelte und schützende Wesen haben ihr Vorbild im ägyptischen BA-Vogel, aber erst die koptische Engelslehre führte dazu, daß man sich auch im Abendland die Vorstellung von Engeln sehr bald zu eigen machte.

Schon in der Spätantike und im Mittelalter reisten Pilger nach Ägypten und von dort weiter über den Sinai nach Palästina; ihre Berichte belegen die unterschwellige Fortwirkung einer Kultur, die man mit dem Heiligen Land in Verbindung brachte, wo die ehrwürdigen Wüstenväter lebten. So fand die Erzählung des alexandrinischen Patriarchen Athanasios über »Antonios und Paulos« Eingang in die abendländische Hagiographie – wobei die Tatsache, daß es sich um ägyptische Asketen der Ostküste handelte nicht ins allgemeine Bewußtsein gedrungen ist.

Mit der italienischen Renaissance, die gegenüber dem Mittelalter nur scheinbar einen Bruch bedeutete, setzte sich eine immer bewußtere Rezeption des Ägyptischen fort. Man entdeckte die Hieroglyphen nach der Schrift von Horapollon und deutete sie als geheime Zeichen, was zu sonderbaren Entwicklungen führte, die in die Emblematik des Barocks mündeten. Zu beachten sind auch die vielen ägyptischen und ägyptisierenden Hinterlassenschaften Roms. Ägypten kam in Mode; im Vatikan stellte Pinturicchio (um 1454–1513) Isis als Kulturbringerin dar (Sala dei santi); ab dem 16. Jh. versuchte man auch außerhalb Roms Aegyptica aufzustellen und sogar zu sammeln.

Auch in der Literatur finden sich Gestalten, die Ägypter sind und die Weisheit ihres Landes zu vertreten haben, so z. B. in der »Utopia« von Thomas Morus. Die beinahe numinöse Bedeutung Ägyptens im Abendland beschäftigte auch zwei bedeutende Gestalten europäischer Kultur, Athanasius Kircher und Gottfried Wilhelm Leibniz. Beide haben schon zu ihrer Zeit zur Schrift und Sprache Ägyptens Richtiges gesagt. Kircher erkannte im Koptischen die Fortsetzung des Altägyptischen und las das erste Wort »Wasser/Mooy«, Leibniz vermerkte den historischen Charakter der Obeliskeninschriften. Die Versuche Kirchers zur Entzifferung der Schrift scheiterten allerdings, weil er in der Hieroglyphik nach einer beinahe kabbalistischen Bedeutung der Zeichen suchte und deshalb ihre tatsächliche Struktur nicht ergründen konnte.

Die Auswirkungen Kirchers, der schon erste Kataloge ägyptischer Denkmäler bearbeitete, zeigten sich bei den Architekten seiner Zeit, bei J. B. Fischer von Erlach, G. B. Piranesi, beim Goldschmied J. M. Dinglinger aus Dresden (Apis-Altar) und dem Bildhauer der Kaiserin Maria Theresia, F. X. Messerschmidt, der wahrscheinlich mehr der okkultistischen Richtung zuzurechnen war. Letztere wurde von der Freimaurerei aufgenommen, als orientalisierte Strömung kultiviert und darüber hinaus als Zeichen des Neuen in Gang gesetzt.

Diese »verwissenschaftlichte« gelehrte Beschäftigung mit Ägypten, aber auch die Freimaurerei als Auftakt zur Aufklärung, waren eine Grundlage für die spätere moderne Erfor-

Aus dem »Oedipus Aegyptiacus« (1652–1654) von **Athanasius Kircher:**
»Die Weisheit der Ägypter war nichts anderes als dies: das Wissen über Gottheit und Natur in der Gestalt von Fabeln und allegorischen Geschichten über Tiere und andere natürliche Dinge darzustellen« (A. Kircher, Oedipus Aegyptiacus, II,1, 40).

297 Die Cestius-Pyramide in Rom, um das Jahr 20 als Grabdenkmal errichtet, stellt mehr eine Nachbildung einer kuschitischen bzw. meroitischen als einer ägyptischen Pyramide dar. Sie faszinierte viele Reisende, die sie in ihren Tagebüchern verewigten – auch Johann Wolfgang von Goethe ließ sie zeichnen. Hier ein Stich aus dem Jahr 1833 von Dom. Amici

298 Die Mozart-Oper »Die
Zauberflöte« beflügelte mit
ihren ägyptischen Motiven
nicht nur die Musikwelt, sondern auch den preußischen
Architekten und Künstler Karl
Friedrich Schinkel zu Szenen-
entwürfen, die aus historischen Gründen manchmal
auch heute noch bei Vor-
führungen dieser populär gewordenen Oper verwendet
werden.

schung einer Kultur, die dem abendländischen Bewußtsein niemals fern gewesen ist. Immer mehr
Reisende fanden den Mut, das Land am Nil zu be-
suchen. Das wurde auch durch die neue politische
Situation erleichtert, in der das Osmanische Reich
nicht mehr der Schrecken des Orients war und
sogar Fremde als Berater ins Land holte. Nach
Ägypten und darüber hinaus gelangten Christoph
Fürer v. Haimendorf (1610), Jean de Thevenot,
Vansleb und in den Jahren 1698–1710 Jesuiten
und Franziskaner, darunter Theodor Krump, dessen Bericht noch immer von eminenter Bedeutung
ist, dann der Arzt Poncet, der Däne Frederik Ludwig Norden, der 1732/38 Ägypten besuchte,
der Schotte James Bruce, der 1771–72 entlang
des Niltals reiste. Ihre Berichte, die immer noch
lesenswert sind, haben ihre Wirkung nicht verfehlt.
Man war bereit, Ägypten neu zu entdecken.

»Zauberflöte« – Der Zauber hält an ...
Es ist bekannt, daß W. A. Mozart und E. Schikaneder, der Librettist der »Zauberflöte«, wie viele
bedeutende Zeitgenossen mit der Freimaurerei
sympathisierten bzw. Freimaurer waren. Die Oper,
basierend auf einem früheren Werk Mozarts, »Tha-
mos, König in Ägypten« (1776), wurde 1791 ur-
aufgeführt und belebte die Ägyptomanie neu. Sie
geht zurück auf den Hauptmann der Wiener Frei-
maurerloge »Zur wahren Eintracht«, I. v. Born, sowie auf A. Graf Cagliostro (eigtl. G. Balsano).

   Die hohen Ideale der Freimaurer, eingebettet in
die »hermetische« Tradition Ägyptens, schienen zu
bestätigen, daß in ihr eine besondere Quelle des
Interesses für das Alte Ägypten zu suchen ist. Auch
die Großen dieser Zeit, von denen viele der Freimaurerei nahestanden, z. B. J. G. Herder, J. W. v.
Goethe, waren an Ägypten interessiert. In dieser
Epoche entstand die Erkenntnis, daß man das Alte
Ägypten in keiner wissenschaftlichen Auseinandersetzung unbeachtet lassen kann. Im Gegensatz zu
der richtungweisenden Monographie von S. Mo-

renz muß aber betont werden, daß die damals gerade entstehende neuzeitliche biblische Exegese an der sachlichen Erforschung des Alten Ägypten ernsthaft interessiert war. Es würde zu weit führen, alle Tendenzen und Persönlichkeiten zu erwähnen, die sich im 19. Jh. dem Nilland zuwandten und es zu bewerten suchten. Sie alle trugen zu seiner Rezeption bei, insbesondere aber die, die wagten, Ägypten zu bereisen und darüber zu schreiben oder Ägypten und seine Denkmäler im Bild festzuhalten. Zu diesen Reisenden gehörte der große Abenteurer H. Fürst von Pückler und Muskau, der 1813 sogar den Sudan erreichte, aber auch sein wissensdurstiger Gegenspieler Rüppel, der sich in der Naturkunde hervortat. Zu den großen Namen gehören nicht zuletzt G. Flaubert und G. de Nerval, aber auch die ersten Meister der Fotografie (du Camp u. a.) sowie bedeutende Zeichner wie etwa David Roberts und L.-F. Cassas. Sie wurden zu Botschaftern Ägyptens im Abendland, wenn nicht unter den Gelehrten, so doch in der interessierten Gesellschaft. Die Literaten benutzten ägyptisches Kolorit als Hintergrund für ihre historischen Romane, noch lange bevor Waltari mit seinem Roman Sinuhe unsterblich machte. Sogar der Ägyptologe G. Ebers versagte es sich nicht, der Ägyptomanie auch mit leichter Feder den Weg zu öffnen. Ihm folgten andere Literaturgrößen wie R. M. Rilke, F. Werfel, F. Kafka, E. Friedell bis zu Th. Mann , Th. Wilder und I. Bachmann. Sie alle liefern in ihren Werken Beispiele für die Beliebtheit Ägyptens. Wenn sie das Nilland nicht zum Schauplatz ihrer Handlungen wählten, so suchten sie mindestens nach ägyptischen Motiven. Nicht umsonst bevorzugte Kafka in der »Verwandlung« den Skarabäus. Diese psychologisch orientierten Motive bewegten auch den Vater der Psychoanalyse, Sigmund Freud. Umgeben von Aegyptiaca, beschäftigte er sich u. a. mit Traumdeutung und rezipierte die Revolution Echnatons, indem er sie mit Moses in Verbindung brachte (s. S. 162).

Gustave Flaubert
»Die Kolosse. – Die Wirkung von der Sonne, wenn man durch das Tor des großen Tempels blickt ... als blicke man durch ein Kellerloch. Im Hintergrund drei Kolosse im Schatten wahrgenommen ... Schöne Köpfe, häßliche Füße.« (Gustave Flaubert, Reise in den Orient, 125)

299 Aufnahme von Maxime du Camp (vom 29. März 1850), dem Reisebegleiter Gustave Flauberts, der interessante Tagebuchaufzeichnungen von seiner Ägyptenreise hinterließ

Ingeborg Bachmann
im Juni 1964 an A. Opel: »Ich gehe herum und lebe, in jedem zweiten Augenblick sage ich mir vor: ich lebe, ich lebe wieder ... Dazu kommt, daß dieses unwahrscheinliche Ägypten eine Kraft hat, die anhält, die Wüste, die anhält, ich lebe davon nicht wie von einer Ration, sondern wie von einer Wirklichkeit, die stärker ist als dies hier. Berlin hat gar keine Wirklichkeit ...«

Rezeptionsgeschichte

300 Die mit dem Ende des 18. Jh. sich ausbreitende Ägyptomanie hinterließ überall ihre Spuren, so auch im Möbelbau: hier ein Teil eines Bücherschranks, der von Johann Hoegel 1828 speziell für die Aufbewahrung der »Description de l'Egypte« in der Benediktinerabtei St. Peter (Salzburg) entworfen wurde.

301 Paul Gauguin ließ sich in seinen Bildern von den ägyptischen Bildstrukturen gerade des NR inspirieren. »Ta Matete« (Der Markt), entstanden 1892 auf Tahiti, weist in der Anordnung der Frauen parallele Strukturen zu ägyptischen Wandmalereien auf. Kunstmuseum, Basel

Seit dem Klassizismus, seit der »Zauberflöte«, scheint es in Literatur und Kunst kaum ein Gebiet gegeben zu haben, in dem sich Ägypten nicht spiegelte. Schon K. W. Schinkel bemühte sich – in Anlehnung an die utopistische Architektur E.-L. Boullées – Szenenbilder zu dieser Oper zu schaffen (**298**).

Mit der Romantik, dem Orientalismus des 19. Jh. und den historischen Themen, in denen Ägypten und seine Geschichte wiederzufinden sind, setzte sich eine Ägyptomanie durch, die nicht nur sonderbare Werke in allen denkbaren Sparten der bildenden Künste, Keramik, Plastik, Malerei, Möbel- und Kleinkunst erzeugte, sondern auch Kitsch, der schier ›pyramidale‹ Ausmaße erreichte und dem noch immer keine Grenzen gesetzt sind (**300**).

Andererseits gibt es auch unter den modernen Künstlern viele, die durch die Idee »des Wesentlichen« in der ägyptischen Ikonizität angeregt wurden. Ob zu ihnen auch Paul Gauguin gehört, muß angesichts der zahlreichen exotischen Einflüsse in seiner Malerei trotz dafür sprechender Hinweise (**301**) offen bleiben. Gerade heute, wo man Exotismus und afrikanische Kunst untersucht, zeigt sich deutlich, daß bei ihm eventuell ägyptische Spuren als sekundäre Erscheinungen eingeflossen sein könnten. Anders verhält es sich bei Intellektuellen des Bauhauses wie bei Wassily Kandinsky und Paul Klee (**303**), der auf der Suche nach archaischen Formen war und sich hiervon leiten ließ. Ägypten wird zur Quelle inspirativer Erwägungen, die auch den letzten österreichischen Expressionisten, Herbert Boekkel, bei der Ausführung seines unvollendeten Werks in der Seckauer Engelskapelle bewogen haben mögen. Seine an der Apokalypse ange-

lehnte ikonische Sprache greift Motive auf, mit denen er einen großen Bogen über viele Kulturen und Zeiten zu spannen versucht. Die ägyptischen Elemente werden von ihm fast ohne Zusätze übernommen und kopiert. Andere wiederum bleiben nur Torso, dessen Inhalte christlich geworden sind.

Die Rezeption Ägyptens im Abendland ist eine »unendliche Geschichte«. Nicht nur die neue Glaspyramide vor dem Louvre (302) in Paris und unzählige Versuche in Bild, Wort und Ton, sondern auch die neue sogenannte esoterische Welle hat sich des Ägyptischen bemächtigt und meint, »Einweihungsriten« zu neuem Leben erwecken zu können.

302 Die Glaspyramide vor dem Louvre in Paris, entworfen von I. M. Pei im Jahr 1989

Psychogramm einer Kultur oder nur einer Erinnerung an den Ursprung?

Aus dem Gesagten ist ein »Gigant ohne Schatten« (denn Seelen haben keinen Schatten) entstanden, der sich der abendländischen Mentalität unterbewußt bemächtigt und seine Spuren und Botschaften überall hinterlassen hat. Durch den Filter des Hellenismus und die geistigen alchimistischen Küchen des Mittelalters geprägt, entstand eine Legierung, die nicht mehr zerlegt werden kann. Die Mentalität Ägyptens ist uns nicht fremd, ihre Metaphern und symbolischen Bilder sind damals wie heute gleich. Wer dächte nicht an Gerechtigkeit, wenn er z. B. an Gerichtsgebäuden die Waage erblickt, das Bild des ägyptischen Totengerichts. Wer dächte nicht an Ägypten, wenn er Friedhöfe voller »Häuser des Westens« antrifft.

Ägypten ist nur scheinbar fern, das Weiterleben seiner Kultur ist im Abendland allenthalben zu spüren, in den basilikalen Anlagen der Kirchen, deren Urformen in Ägypten entstanden sind, in liturgischen Handlungen der nachägyptischen Religionen, in den Skriptorien und Bibliotheken, überall waltet ein besonderer, teilweise noch altägyptischer Geist.

303 Paul Klee reiste im Winter 1928/29 nach Ägypten und war von den Motiven, Hieroglyphen und mythischen Inhalten fasziniert. So entstand auch seine »Legende am Nil« (1937), die wie kaum ein anderes Bild der Moderne den Geist der Alten mit der Neuzeit vereinigt. Kunstmuseum, Basel. »Mein Mann« – so schrieb am 5.7.1929 Lily Klee – »ist von seiner Aegyptenreise begeistert und künstlerisch intensiv angeregt heimgekommen. Er hat Wundervolles gesehen ... Klee hat nach der ägyptischen Reise enorm viel gearbeitet. Es entstanden viele neue Ölbilder, Aquarelle, Zeichnungen.«

Rezeptionsgeschichte

175

Zeittafel
Alle Angaben wurden abgerundet.

Vorgeschichte (6./5. Jt.)

um 5000	Stein-Kupfer-Zeit (Merimde, Fayum, Omari, Tasa, Badari)
um 4000–3500	Amra-Kultur (Negade I)
um 3500–3200	Girza-Kultur (Negade II)
um 3150	vor der Dyn. »0«, Skorpion I.
3050–3000	Dyn. »0«

Reichseinigungszeit (um 3000)

Frühzeit oder Thinitenzeit (1. und 2. Dynastie)

um 3000–2850	1. Dyn. (This)
um 2850–2740	2. Dyn. (This)

Altes Reich (3.–8. Dynastie)

um 2740–2670	3. Dyn. (Memphis)
um 2670–2500	4. Dyn. (Memphis)
um 2500–2350	5. Dyn. (Memphis)
um 2350–2170	6. Dyn. (Memphis)
um 2170–2165	7., 8. Dyn. (Memphis)

Erste Zwischenzeit (9.–11. Dynastie)

um 2135–2000	9., 10. Dyn. (Herakleopolis)
evtl. 1970	11. Dynastie (Theben)

Mittleres Reich (11.–13. Dynastie)

um 2080–1935	11. Dyn. (Theben)
um 1935–1760	12. Dyn. (Memphis)
um 1760–1650	13. Dyn. (Memphis)

Zweite Zwischenzeit (14.–17. Dynastie)

um 1715–1650	14. Dyn. (Stadtfürsten in Unterägypten)
um 1650–1525	15. Dyn. (Hyksos in Unter- und Mittelägypten)
um 1650–1550	16. Dyn. (lokal, Vasallen der Hyksos in Unter- und Mittelägypten)
um 1620–1525	17. Dyn. (Theben)

Neues Reich (18.–20. Dynastie)

um 1535–1300	18. Dyn. (Theben)
um 1300–1190	19. Dyn. (Memphis, später im Ostdelta bei Tanis)
um 1190–1070	20. Dyn. (Ostdelta bei Tanis)

Beginn der Spätzeit oder Dritte Zwischenzeit (21.–24. Dynastie)

um 1070–950	21. Dyn. (Tanis)
gleichzeitig	Thebais unabhängig unter den Hohenpriestern des Amun
um 950–720	22. Dyn. (Libyer in Bubastis)
um 810–720	23. Dyn. (Lokalkönige in Tanis)
um 730–715	24. Dyn. (Lokalkönige in Sais)

Spätzeit (25.–31. Dynastie)

um 750–655	25. Dyn. (Äthiopen bzw. Kuschiten in Theben)
671–664	Assyrische Herrschaft
664–525	26. Dyn. (Saiten in Sais)
525–404	27. Dyn. (erste Perserzeit)
404–399	28. Dyn. (Amyrtaios von Sais)
399–380	29. Dyn. (Mendes)
380–343	30. Dyn. (Sebennytos)
343–332	31. Dyn. (Zweite Perserzeit)

Griechische Zeit (332–30)

332–323	Alexander der Große
323–304	Diadochenkämpfe
304–30	Ptolemäer

Römische Zeit (30 v. Chr.–395 n. Chr.)

Byzantinische Zeit (395–641)

Islamische Zeit (seit 641)

Museen mit ägyptologischen Sammlungen (Auswahl)

Nicht nur Ägypten, sondern auch viele andere Länder und Stätten sind für den ›Ägypto-manen‹ von Interesse, weil seit dem 19. Jh. große Sammlungen ägyptischer Altertümer in Europa, Amerika und sogar im fernen Osten und Australien entstanden sind. Sie alle zu erfassen ist unmöglich, weil es neben öffentlichen Museen und Galerien auch reichhaltige Privatsammlungen gibt. Für wissenschaftliche Zwecke erscheinen entsprechende Angaben in den »Newsletters« des Internationalen Ägyptologen-Verbandes (vgl. Newsletter 14,

Museen

1994, Sektion Museums & Collections, Pelizaeus-Museum, Hildesheim 1995).

Für viele der verzeichneten Museen gibt es allgemein zugängliche Kataloge, die mit dem Zeichen # kenntlich gemacht sind. Neben den populären Museumskatalogen, die oft nur eine Auswahl von Objekten bieten, gibt es vollständige wissenschaftliche Kataloge, wenn nicht der gesamten Bestände, so doch von jeder Art Objekt (z.B. Holzfigurinen, Uschebtis, Königsplastiken u. ä.). Im Rahmen internationaler Zusammenarbeit ist beabsichtigt, die Objekte aller Museen und Sammlungen wissenschaftlich und museographisch zu erfassen. So ist die Idee des *Corpus Antiquitatum Aegiptiacum* (= CAA) entstanden (**CAA**. Geschichte, Ziele, Richtlinien und Arbeitsbeispiele für das Erfassen ägyptischer Altertümer in Form eines Lose-Blatt-Kataloges. Hg. v. Arne Eggebrecht, Hildesheim 1981), der inzwischen zahlreiche Hefte aus unterschiedlichen Museen zu verdanken sind. Die Beendigung dieses Projekts ist angesichts der Größe der Sammlungen und immer neuer Funde kaum abzusehen.

Das Verzeichnis folgt in alphabetischer Reihenfolge den Orten der Sammlungen.

Für die Länder (Staaten) wurden die international geltenden Kraftfahrzeugkennzeichen verwendet.

Amsterdam, NL
Allard Pierson Museum #
Ann Arbor, USA/MI
Kelsey Museum of Ancient &
Medieval Archeology #
Assuan, EG
Kitchener Island Museum
Baltimore, USA/MD
Walters Art Gallery
Collection of the University
(Department of Near East
Studies) #
Berkeley, USA/CA
Museum of Anthropology,
University #
Berlin, D
Ägyptisches Museum und
Papyrussammlung #
Birmigham, UK
City Museum & Art Gallery
Bologna, I
Museo Civico Archeologico
Boston, USA/MA
Museum of Fine Art/Department of Ancient Egypt #
Bremen, D
Übersee-Museum
Brooklyn, USA/NY
The Brooklyn Museum/
Department of Egyptian Art #
Brüssel, B
Musées Royaux d'art et d'histoire/Collection Egyptienne #
Budapest, H
Szépmüvészeti Múzeum
Cambridge, UK
The Fitzwilliam Museum #
Chicago, USA/IL
Oriental Institute Museum #
Cleveland, USA/OH
The Cleveland Museum of Art
Detroit, USA/MI
The Detroit Institute of Art #
Edinburgh, UK
National Museum of Scotland #
Florenz, I
Museo Egiziano #
Frankfurt/M, D
Liebieghaus #
Genf, CH
Musée d'art et d'histoire #
Hamm, D
Gustav-Lübcke-Museum
Hannover, D
Kestner-Museum #
Heidelberg, D
Sammlung des Ägyptischen Institutes der Universität #
Hildesheim, D
Pelizaeus-Museum #
Jerusalem, ISR
Bible Lands Museum #
The Israel Museum #
Kairo, EG
Ägyptisches Museum #
Khartoum, SUD
National Museum
Kopenhagen, DK
National Museum
Ny Carlsberg Glyptotek #
Krakau, PL
National Museum (Czartoryski)
Archäologisches Museum
Leiden, NL
Rijksmus van Oudheden #
Leipzig, D
Ägyptisches Museum der Universität #
Liverpool, UK
Liverpool Museum & Gallery on Merseyside #
Sammlung der Universität
London, UK
British Museum #
The Petrie Collection, University College
Los Angeles, USA/CA
County Museum of Art #
Luxor, EG
Luxor Museum #
Madrid, E
Museo Arqueológico Nacional #
Marseille, F
Musée d'archéologie mediterranéenne
Milano, I
Civiche Raccolte Archeologiche #
Montreal, CAN
Redpath Museum McGill University #

Moskau, RUS
Puschkin Museum #
München, D
Staatliche Sammlung ägypti-
scher Kunst #
New York, NY
The Metropolitan Museum of
Art #
Newark, NJ
The Newark Museum
Oslo, N
Etnografisk Museet
Oxford, UK
Ashmolean Museum of the
University of Oxford #
Paris, F
Musée du Louvre #
Philadelphia, USA/PA
University Museum #
Prag, CR
Náprstkovo Museum #
Universitäts-Sammlung
Rom/Vatikan, I
Museo Gregoriano #
St. Petersburg, RUS
Eremitage #
Stockholm, S
Medelhavsmuseet #
Tokio, J
Kokuritsu Hakubutsukan
(National Museum) #
Toronto, CAN
Royal Ontario Museum #
Tübingen, D
Ägyptisches Institut der Uni-
versität #
Turin, I
Museo Egiziano #
Uppsala, S
Institute of Egyptology/
Gustavianum
Warschau, PL
National Museum
Wien, A
Kunsthistorisches Museum #
Würzburg, D
Martin-von-Wagner-Museum
der Universität #
Zürich, CH
Universitäts-Sammlung #

Bibliographie

Die Literatur zum Alten Ägypten ist umfangreich und viel-
seitig (seit 1947 erscheint in
Leiden jährlich die »Annual
Egyptological bibliography«,
hg. v. InternAssEgypt). Diese
Auswahl soll der Begründung
und Erweiterung der vorgetra-
genen, aber auch der Präsen-
tation der voneinander ab-
weichenden Ansichten die-
nen, möchte den Leser aber
zugleich in die Welt derjeni-
gen ägyptologischen Probleme einführen, die hier nur unzureichend oder gar nicht zur
Sprache kommen konnten.

Grundsätzlich ist allgemein
zugängliche deutschsprachi-
ge Literatur bevorzugt worden. Nur wo kein bzw. nur
unzureichendes deutsches
Schrifttum vorhanden ist, wurde fremdsprachiges einbezo-
gen. Auf Zeitschriften wurde
fast gänzlich verzichtet.

Die Aufteilung der »Bibliographie« mag stellenweise
nicht konsequent genug erscheinen, sie ist jedoch u. a.
durch die Zielsetzung einiger
Reihen: ARS ANTIQUA, KUNST
DER WELT oder KUNST DES UNI-
VERSUMS bedingt, die im Sinn
der »Kunstgeschichte als Geistesgeschichte« (J. Strzygows-
ki) einen allgemeinen kulturhi-
storischen Charakter haben.

In diesem Zusammenhang
wird auf gute und komprimie-
rende Einzelartikel – als Stich-
worte zum hier behandelten
Stoff – in unterschiedlichen
vielbändigen Reallexika hingewiesen: zur Religion (Lexikon f. Theologie u. Kirche/3.

Aufl., Neues Bibel Lexikon,
Reallexikon f. Antike u. Christentum, Religion in Geschichte u. Gegenwart/3. Aufl.,
Theologische Realenzyklopä-
die, Theologisches Wörterbuch z. AT), Literatur (Kindlers
Literatur-Lexikon/1. Aufl., 2.
Aufl.), Musik (Musik in Geschichte u. Gegenwart/1.
Aufl., 2. Aufl.) und Kunst (Lexikon d. Kunst, LexIconMyth-
ClassAnt, Encycl. d. Arte).

Lexikalisches

Arnold, Dieter: Lexikon der
ägyptsichen Baukunst,
München/Zürich 1994
Bonnet, Hans: Reallexikon
der ägyptischen Religions-
geschichte, Berlin 1952,
Rp 1971
Helck, Wolfgang/Otto, Eber-
hart (Hgg.): Kleines Wör-
terbuch der Ägyptologie,
Wiesbaden 1953/³1987
Helck, Wolfgang/Otto, Eber-
hardt/Westendorf, Wolf-
hart (Hgg.): Lexikon der
Ägyptologie, Wiesbaden
1975–1986, 6 Bde. + 7.
Ergänzungsband 1992
Posner, Georg u. a.: Lexikon
der ägyptischen Kultur,
München 1960
Schneider, Thomas: Lexikon
der Pharaonen, München/
Zürich 1994
Shaw, Ian/Nicholson, Paul
(Hgg.): Reclams Lexikon
des alten Ägypten, Stutt-
gart 1998

Allgemeines (und Bildbände)

Ägypten. Geschichte, Kunst,
Menschen, Stuttgart 1984

Bibliographie

Baines, John/Málek, Jaromir: Weltatlas der alten Kulturen. Ägypten, München 1980

Eggebrecht, Arne (Hg.): Das Alte Ägypten. 3000 Jahre Geschichte und Kultur des Pharaonenreiches, München 1984

Hornung, Erik: Einführung in die Ägyptologie, Darmstadt ⁴1993

Lange, Kurt/Hirmer, Max: Ägypten. Architektur, Plastik, Malerei in drei Jahrtausenden, München 1967

Leclant, Jean (Hg.): Ägypten. UdK, 3 Bde., München 1979–1981

Michalowski, Kazimierz: Ägypten. Kunst und Kultur, AA, Freiburg 1983/87

Quirke, Stephen/Spencer, Jeffrey: The British Museum Book of Ancient Egypt, London 1992/93

Schulz, Regine / Seidel, Matthias (Hgg): Ägypten. Die Welt der Pharaonen, Köln 1997

Westendorf, Wolfhart: Das alte Ägypten, Baden-Baden 1968

Wildung, Dietrich: Ägyptische Kunst. Die großen Kulturen der Welt, Freiburg 1989

Woldering, Irmgard: Ägypten. Die Kunst der Pharaonen, Baden-Baden 1962

Wolf, Walther: Kulturgeschichte des alten Ägypten, Stuttgart 1962

Ders.: Das alte Ägypten, München 1971/78

Wreszinski, Walter: Atlas zur altägyptischen Kulturgeschichte, Leipzig 1923–35, 3 Bde.; Rp. 1988 in zwei Kassetten

Quellen und Texte

Assmann, Jan: Ägyptische Hymnen und Gebete, Zürich/München 1975

Beckerath, Jürgen von: Handbuch der ägyptischen Königsnamen, München 1984, 1999²

Bissing, Friedrich Wilhelm von: Altägyptische Lebensweisheit, Zürich 1955

Blumenthal, Elke (Hg.): Altägyptische Reiseerzählungen, Leipzig 1982

Braested, James Henry: Ancient Records of Egypt. Historical Documents, with commentary, 5 Bde., Chicago 1906, Rp. 1988

Brunner, Hellmut: Altägyptische Weisheit, Zürich/München 1988

Brunner-Traut, Emma: Altägyptische Märchen, München 1963, ¹⁰1991

Dies.: Pharaonische Lebensweisheit, Freiburg 1985/1992

Erman, Adolf: Die Literatur der Ägypter. Gedichte, Erzählungen und Lehrbücher aus dem 3. und 2. Jt. v. Chr., Leipzig 1923

Flaubert, Gustave: Reise in den Orient, Frankfurt 1985

Hornung, Erik: Altägyptische Dichtung, Stuttgart 1996

Ders.: Ägyptische Unterweltsbücher. Zürich/München 1972, ³1989

Ders.: Gesänge am Nil. Dichtung am Hofe der Pharaonen, München 1990

Ders.: Das Totenbuch der Ägypter, Zürich/München 1979

Kitchen, Kenneth A.*: Ramesside Inscriptions, translated and annotated, Oxford 1993 (7 Bde. Übersetzung und 7 Bde. Kommentare vorgesehen)

Kuhn, Dietrich: Treffpunkt der Götter. Inschriften aus dem Tempel des Horus in Edfu. Eingeleitet, übersetzt und erläutert, Zürich/München 1994

Schott, Siegfried: Altägyptische Liebeslieder mit Märchen und Liebesgeschichten, Zürich 1950

Urkunden des ägyptischen Altertums*, seit 1904 Leipzig/Berlin

Landeskunde, Ökologie und die Nachbarvölker

Boessneck, Joachim: Die Tierwelt des Alten Ägypten, München 1988

Brunner-Traut, Emma: Kleine Ägyptenkunde, Stuttgart ³1992

Drenkhahn, Rosemarie: Darstellung von Negern in Ägypten. (Diss.) Hamburg 1967

Germer, Renate: Flora des pharaonischen Ägypten, Mainz 1985

Dies./Kreissel, Barbara/Schoske, Sylvia: »Anch«. Blumen für das Leben. Pflanzen im Alten Ägypten, München 1992

Hölscher, W.: Libyer und Ägypter. Beiträge zur Ethnologie und Geschichte libyscher Völkerschaften nach den altägyptischen Quellen, Glückstadt ²1955

Houlithan, Patrick/Goodman, Steven: The Birds of Ancient Egypt, Warminster 1986

179

Bibliographie

Ibrahim, Fouad N.: Ägypten. Eine geographische Landeskunde, Darmstadt 1996

Kees, Hermann: Das alte Ägypten. Eine kleine Landeskunde 1956, Berlin ⁴1977

Mélaze Modrzejewski, Joseph: The Jews of Egypt from Ramses II to Emperor Handrian (frz. Original 1992), Edinburgh 1995

Nibbi, Alessandra: Ancient Egypt and Some Eastern Neighbours, New Jersey 1981

Säve-Söderbergh, Torgny: Ägypten und Nubien, Lund 1941

Schamp, Heinz (Hg.): Ägypten. Natur, Gesellschaft, Geschichte, Kultur, Wirtschaft, Tübingen 1977

Scholz, Piotr O.: Kusch – Meroe – Nubien, AW 2, SoHefte 1986/1987

Wildung, Dietrich: Sudan. Antike Königreiche am Nil, Tübingen 1996

Alltags- und Mentalitätsgeschichte

Aldred, Cyril: Ägypten, Köln 1962

Assmann, Jan: Ägypten. Eine Sinngeschichte, München 1996

Ders.: Ma'at. Gerechtigkeit und Unsterblichkeit im alten Ägypten, München 1990

Ders.: Stein und Zeit (Sammelband 1976–1991), München 1991

Breasted, Richard: Die Geburt des Gewissens, Zürich 1950

Brunner, Hellmut: Altägyptische Erziehung, Wiesbaden 1957

Brunner-Traut, Emma: Die alten Ägypter. Verborgenes Leben unter Pharaonen, Stuttgart 1974, ²1976

Dies.: Frühformen des Erkennens. Am Beispiel d. alten Ägypten, Darmstadt 1991

Dies.: Der Tanz im alten Ägypten (1937/58), Glückstadt, ³1992

Decker, Wolfgang: Sport und Spiele im Alten Ägypten, München 1987

Donadoni, Sergio (Hg.): Der Mensch des alten Ägypten, Frankfurt/N.Y. 1992

Erman, Adolf/Ranke, Hermann: Ägypten und ägyptisches Leben im Altertum, Tübingen 1923, Rp. Hildesheim 1981

Friedell, Egon: Kulturgeschichte Ägyptens und des alten Orients, München 1936, Rp. 1963

Hickmann, Hans: Ägypten (Musikgeschichte in Bildern), Leipzig 1961

Ders.: Das »Offen-Geheime«: Begegnungen mit Eros im AÄ, Eranos, NF 8 (2001), 287–320

Hornung, Erik: Geist der Pharaonenzeit (Sammelband), Zürich/München 1989

Ders.: Pharao ludens, ERANOS 51 (1982), S. 479–518

James, T. G. H.: Pharaos Volk. Leben im alten Ägypten, Zürich/München 1988

Kemp, Barry J.: Ancient Egypt. Anatomy of a Civilization, London 1989

Kosmetik im Alten Ägypten. Schönheit – Abglanz der Göttlichkeit, AK München 1990

Lesko, Leonard H.: King Tut's Wine Cellar, Berkeley 1977

Ders.: Pharaoh's Workers. The Villagers of Deir el-Medina, Ithaca 1994

Manniche, Lise: Liebe und Sexualität im alten Ägypten, Zürich/München 1988

Dies.: Music and Musicians in Ancient Egypt, London 1991

Mertz, Barbara: Red Land, Black Land. Daily Life in Ancient Egypt, New York 1966

Montet, Pierre: Ägypten. Leben und Kultur in der Ramses-Zeit, 1946, Stuttgart ²1982

Otto, Eberhard: Wesen und Wandel der ägyptischen Kultur, Berlin u.a. 1969

Schott, Siegfried: Das schöne Fest vom Wüstentale. Festbräuche einer Totenstadt, AWLit Mainz, Abh.G.-Soz.wiss.Kl. Jg. 1952, 11

Spiegel, Joachim: Das Werden der altägyptischen Hochkultur. Ägyptische Geistesgeschichte im 3. Jt., Heidelberg 1953

Westendorf, Wolfhart: Erwachen der Heilkunst. Die Medizin im Alten Ägypten, Zürich 1992

Wildung, Dietrich: Sesostris und Amenemhet. Ägypten im Mittleren Reich, München 1984

Ders.: Imhotep und Amenhotep, München-Berlin 1977

Wilkinson, John Gardner: The Ancient Egyptians. Their Life and Customs 1836, Rp. London 1994

Wolf, Walther: Ägypten (Hdb.d.KultGe), Frankfurt/M 1961/1966

Bibliographie

Zoffili, Ermanno: Kleidung und Schmuck im Alten Ägypten, Frankfurt/Main-Berlin 1992

Geschichte

Bagnall, Roger S.: Egypt in Late Antiquity, New Jersey 1993

Beckerath, Jürgen von: Abriß der Geschichte des Alten Ägypten, München 1971

Ders.: Chronologie des ägyptischen Neuen Reichs, Hildesheim 1994 (HÄA 39)

Braested, James Henry: Geschichte Ägyptens, Berlin 1910

Desroches-Noblecourt, Christiane: Tut-anch-amon. Leben und Tod eines Pharao, Frankfurt/M. u. a. 1963

Dies.: Ramses, Bergisch Gladbach 1997

Dreyer, Günter/Grimm, Alfred/Schoske, Sylvia: Am Beginn der Zeit, München 2000

Fischer Weltgeschichte Bde. 2-4: Die orientalischen Reiche, Frankfurt 1965

Gardiner, Allan H.: Geschichte des Alten Ägypten, Stuttgart 1965

Grimal, Nicolas: A History of Ancient Egypt, Oxford 1992

Helck, Wolfgang: Die Beziehungen Ägyptens und Vorderasiens zur Ägäis bis ins 7. Jh. v. Chr., Darmstadt 1979

Hölbl, Günther: Geschichte des Ptolemäerreiches, Darmstadt 1994

Hornung, Erik: Grundzüge der ägyptischen Geschichte, Darmstadt ²1978

James, Peter u. a.: Centuries of Darkness, London 1991

Junker, Hermann: Die Ägypter, Freiburg 1933

Kitchen, Kenneth A.: Pharaoh Triumphant. The Life and Times of Ramses II., Warminster 1982

Ders.: The Third Intermediate Period in Egypt (1100-650 BC), Warminster 1986

Kienitz, Friedrich Karl: Die politische Geschichte Ägyptens vom 7. bis zum 4. Jh. vor der Zeitwende, Berlin 1953

Müller, C. Detlef G.: Grundzüge des christlich-islamischen Ägypten von der Ptolemäerzeit bis zur Gegenwart, Darmstadt 1969

Mysliwiec, Karol: Herr beider Länder. Ägypten im 1. Jt. v. Chr., Mainz 1998

Otto, Eberhard: Ägypten. Der Weg des Pharaonenreiches, Stuttgart 1953/1966

Ratié, Suzanne: Hatschepsut. Die Frau auf dem Thron der Pharaonen. Wiesbaden 1976

Redford, Donald B.: Egypt, Canaan, and Israel in Ancient Times, New Jersey 1992

Schlögl, Hermann: Ramses II., Reinbek 1993

Spencer, A. Jeffrey: Early Egypt. The Rise of Civilisation in the Nile Valley. London 1993

Religion

Assmann, Jan: Ägypten. Theologie und Frömmigkeit einer früheren Hochkultur, Stuttgart 1984/1991

Ders.: Re und Amun. Die Krise des polytheistischen Weltbildes im Ägypten der 18.-20. Dyn., Fribourg/ Göttingen 1983 (OBO 51)

Ders.: Tod und Jenseits im Alten Ägypten, München 2001

Brunner, Hellmut: Grundzüge der altägyptischen Religion, Darmstadt 1984

Brunner-Traut, Emma: Gelebte Mythen, Darmstadt ³1988

Erman, Adolf: Die Religion der Ägypter, Berlin/Leipzig 1934, Rp. 1968

Hart, George: Ägyptische Mythen, Stuttgart 1993

Hopfner, Theodor: Plutarch über Isis und Osiris, Prag 1940-41, Rp. 1991

Hornung, Erik: Der Eine und die Vielen, Darmstadt ⁵1993

Ders.: Die Nachtfahrt der Sonne. Eine altägyptische Beschreibung des Jenseits. München 1991

Ders.: Verfall und Regeneration der Schöpfung, ERANOS 46 (1977) 411-449

Junker, Hermann: Pyramidenzeit. Das Wesen der altägyptischen Religion, Einsiedeln 1949

Kákosy, László: Zauberei im Alten Ägypten, Leipzig 1989

Kees, Hermann: Der Götterglaube im alten Ägypten, Leipzig 1956

Ders.: Totenglauben und Jenseitsvorstellungen der alten Ägypter, Leipzig 1956´

Koch, Klaus: Geschichte der ägyptischen Religion: Von den Pyramiden bis zu den Mysterien der Isis. Stuttgart u. a. 1993

Bibliographie

Morenz, Siegfried: Ägyptische Religion (RdM), Stuttgart u. a. 1960

Ders.: Gott und Mensch im alten Ägypten, Leipzig 1984

Otto, Walter: Priester und Tempel im hellenistischen Ägypten. 2 Bde., Leipzig/Berlin 1905–08

Quirke, Stephen: Altägyptische Religion. Stuttgart 1996

Roeder, Günther: Die ägyptische Religion in Texten und Bilder, 4 Bde., Zürich 1959–61

Sethe, Kurt: Urgeschichte und älteste Religion der Ägypter. Leipzig 1930

Das sakrale Königtum

Assmann, Jan: Die Zeugung des Sohnes, in: Ders., Burkert, Walter, Stolz, Fritz, Funktionen und Leistungen des Mythos, Fribourg/Göttingen 1982, 13–61

Barta, Winfried: Untersuchungen zur Göttlichkeit des regierenden Königs, München 1975 (MÄS 32)

Bonheme, Marie-Ange/Forgeau, Annie: Pharao, Sohn der Sonne. Die Symbolik des ägyptischen Herrschers, Zürich/München 1989

Brunner, Hellmut: Die Geburt des Gottkönigs. Studien zur Überlieferung eines altägyptischen Mythos, Wiesbaden 1964/1986[2] (ÄgAbh 10)

Brunner-Traut, Emma: Die Kopten. Leben und Lehre der frühen Christen in Ägypten. Köln 1982

Gerhards, Albert/Brakmann, H. (Hgg.): Die koptische Kirche. Einführung in das ägyptische Christentum, Stuttgart u. a. 1994

Goedicke, Hans: Die Stellung des Königs im Alten Reich, Wiesbaden 1960 (ÄgAbh 2)

Hornung, Erik/Staehelin, Erika: Studien zum Sedfest, Basel/Genf 1974

Jacobsohn, Helmuth: Die dogmatische Stellung des Königs in der Theologie der alten Ägypter, Glückstadt 1939/55

Moftah, Ramses: Studien zum ägyptischen Königsdogma im Neuen Reich, Mainz 1985

Morenz, Siegfried: Die Erwählung zwischen Gott und König, 1956, in: Ders., Religion und Geschichte der alten Ägypter. Köln/Wien 1975, 120–138

Ders.: Die Heraufkunft des transzendenten Gottes in Ägypten, 1964, ebd. 77–119

Otto, Eberhard: Legitimation des Herrschens im pharaonischen Ägypten. SECULUM 20 (1969) 385–411

Ders.: Gott und Mensch nach den ägyptischen Tempelinschriften der griechisch-römischen Zeit. Heidelberg 1964 (Abh AkadWiss HD, 1964,1)

Schlögl, Hermann: Der Sonnengott auf der Blüte. Eine ägyptische Kosmogonie des Neuen Reichs, Basel/Genf 1977

Scholz, Piotr O.: Abu Simbel. In Stein verewigte Herrschaftsidee. Köln 1994

Zibelius-Chen, Karola: Das alte Ägypten, in: Fetscher, I. und Münkler, H. (Hgg.): Pipers Handbuch der politischen Ideen, Bd. 1, 113–134

Literatur (s. a. Mnemosyne)

Brunner, Hellmut: Grundzüge einer Geschichte der altägyptischen Literatur, Darmstadt [4]1986, revidierte und erweiterte Aufl.

Otto, Eberhard: Studien zum Gedenken an … Fragen an die altägyptische Literatur. Wiesbaden 1977

Parkinson, R. B.: Voices from Ancient Egypt. An Anthology of Middle Kingdom Writings, London 1991

Kunst & Architektur

Arnold, Dieter: Die Tempel Ägyptens, Zürich 1992

Cenival, Jean-Louis de: Ägypten (Architektur der Welt). Fribourg 1964

Iversen, Erik/Shibata, Yoshiaki: Canon and Proportions in Egyptian Art, Warminster 1975

Kayser, Hans: Ägyptisches Handwerk, Braunschweig 1969

Kunst des Alten Reichs, Symposium im Deutschen Archäologischen Institut Kairo 1991, Mainz 1995

Lauer, Jean-Philippe: Das Geheimnis der Pyramiden. Baukunst und Technik, München 1980

Maspero, Gaston: Geschichte der Kunst in Ägypten, Stuttgart 1913

Bibliographie

Mekhitarian, Arpag: Ägyptische Malerei, Genf 1954, Rp. 1989

Peck, William H.: Ägptische Zeichnungen aus drei Jahrtausenden, Bergisch Gladbach 1978

Schäfer, Heinrich: Von ägyptischer Kunst. Eine Grundlage, Leipzig ³1932 (engl. Übers. Oxford 1974)

Smith, William Stevenson (Simpson, William Kelly): The Art and Architecture of Ancient Egypt (2nd integrated ed.), o. O. 1981

Vandersleyen, Claude (Hg.): Das alte Ägypten (PKG 15), Berlin 1975 (mehrere SA)

Wolf, Walther: Die Kunst Aegyptens. Gestalt und Geschichte, Stuttgart 1959

Kunsttopographie

Bietak, Manfred: Avaris. The Capital of the Hyksos, London 1996

Curto, Silvio: Nubien. München 1966

David, Rosalie: Kunstschätze Ägyptens. Entdeckungen am Nil. Hamburg 1981

Golvin, Jean-Claude/Goyon, Jean-Claude: Karnak. Anatomie eines Tempels, Tübingen 1990

Goyon, Georges: Geheimnis der Cheops-Pyramide, Bergisch Gladbach 1979

Hodel-Hoenes, Sigrid: Leben und Tod im Alten Ägypten. Thebanische Privatgräber des NR, Darmstadt 1991

Hornung, Erik: Tal der Könige, Zürich/München 1982

Kurth, Dieter: Edfu. Ein ägyptischer Tempel gesehen mit den Augen der alten Ägypter, Darmstadt 1994

Lauer, Jean-Philippe: Saqqara. Die Königsgräber von Memphis, Bergisch Gladbach 1977

Martin, Geoffrey T.: Auf der Suche nach dem verlorenen Grab, Mainz 1994

Porter, Bertha/Moss, Rosalind: Topographical Bibliography of Ancient Egyptian Hieroglyphic Texts, Reliefs and Paintings I–VII, Oxford 1927–52, ²1960

Sauneron, Serge/Stierlin, Henri: Die letzten Tempel Ägyptens. Edfu und Philae, Zürich 1978

Verner, Miroslav: Die Pyramiden, Reinbek 1998

Weeks, Kent: Ramses II. Das Totenhaus der Söhne, München 1999

Reiseführer

Baedecker: Ägypten und der Sudan, Leipzig ⁸1928 (u. a. mit Beiträgen von Georg Steindorff)

DuMont: Ägypten und Sinai von Hans Strelocke, Köln 1976ff.

Kohlhammer: Ägypten. Kunst- und Reiseführer von Emma Brunner-Traut, Stuttgart 1978ff.

Nagel: Ägypten (mit Beiträgen führender frz. Ägyptologen), Genf u. a. 1976

Sattin, Anthony/Fraquet, Sylvia: Ägypten, Spirala, Ostfildern 2002

Tondok, Sigrid u. Wil: Ägypten individuell, Hohentam 1999¹³

Walter: Ägypten, von Samir F. Girgis, Olten 1984

Archäologie, Forschungsgeschichte, Ägypten und das Abendland

Ägyptomanie, AK: Ägypten in der europäischen Kunst 1730–1930. Zur Begegnung von Orient und Okzident am Beispiel des Alten Ägypten, Wien 1994

Assmann, Jan: Herrschaft und Heil, München 2000

Ders.: Moses der Ägypter, München 1998

Ders.: Weisheit und Mysterium, München 2000

Clayton, Peter A.: Das wiederentdeckte alte Ägypten in Reiseberichten und Gemälden des 19. Jh. Bergisch Gladbach 1983

Dawson, Warren R./Uphill, Eric P.: Who Was Who in Egyptology, London ²1972, ³1995

Dewitz, Bodo von/Schuller-Procopovici, Karin: Die Reise zum Nil, Köln 1997

Dondelinger, Edmund: Der Obelisk. Ein Steinmal ägyptischer Weltanschauung, Graz 1977

Freier, Elke/Grunert, Stefan: Nach den Zeichnungen der Lepsius-Expedition in den Jahren 1842–1845 eine Reise durch Ägypten, Berlin 1984

Glanville, Stephen Ranulph Kingdon (Hg.): The Legacy of Egypt. Oxford 1942

Grimm, Alfred: Ägypten. Die fotografische Entdeckung im 19. Jh., München 1980

Ders.: Joseph und Echnaton. Thomas Mann und Ägypten, Main 1992

Ders.: Rilke und Ägypten, München 1997

Bibliographie

Harris, J. B.: The Legacy of
Egypt, Oxford ²1971

Hornung, Erik: Das esoterische Ägypten, München
1999

Morenz, Siegfried: Die Begegnung Europas mit Ägyp-
ten, Zürich/Stuttgart 1969

Opel, Adolf: Ingeborg Bachmann in Ägypten, Wien
1996

Pharaonen-Dämmerung, AK:
Wiedergeburt des Alten
Ägypten. Straßburg 1990

el-Saghir, Mohammed: Das
Statuenversteck im Luxor-
tempel, Mainz 1992

Schmidt, Heike C./Willeitner,
Joachim: Nefertari. Ge-
mahlin Ramses' II., ANTI-
KE WELT, SNr. 1994

Seipel, Wilfried (Hg.): Ägyp-
tomanie. Europäische
Ägyptenimagination ...,
Wien 2000

Siebenmorgen, Harald: Die
Anfänge der »Beuroner
Kunstschule«, Sigmaringen
1983

Stadelmann, Rainer: Die
ägyptischen Pyramiden.
Vom Ziegelbau zum Welt-
wunder. Mainz 1991/92,
überarb. u. erweiterte Aufl.

Staehelin, Elisabeth/Jaeger,
Bertrand (Hgg.): Ägypten
Bilder (OBO 150), Fri-
bourg/Göttingen 1997

Stierlin, Henri/Ziegler, Chri-
stiane: Tanis. Vergessene
Schätze der Pharaonen,
München 1987

Vercoutter, Jean: Ägypten.
Entdeckung einer alten
Welt. Ravensburg 1990

Wolf, Walther: Funde in
Ägypten. Geschichte ihrer
Entdeckung. Göttingen
1966

Mnemosyne: Schriftkunst und Sprache

Betrò, Maria Carmela: Heilige Zeichen, Bergisch
Gladbach 1996

Davies, W. V.: Reading the
Past. Egyptian Hiero-
glyphs, London 1987

Fischer, Henry George: Ancient Egyptian calligraphy,
New York 1979/88

Hannig, Rainer: Großes
Handwörterbuch Ägyp-
tisch-Deutsch, 2800–950
v. Chr., Mainz 1995f.

Lichtheim, Miriam: Ancient
Egyptian Literature. 3
Bde., Berkeley/Los Ange-
les 1973–80

Loprieno, Antonio: Ancient
Egyptians, Cambridge
1996

Schenkel, Wolfgang: Einführung in die altägyptische
Sprachwissenschaft, Darm-
stadt 1990

Schlott, Adelheid: Schrift und
Schreiben im Alten Ägyp-
ten, München 1989

Zauzich, Karl-Theodor: Hieroglyphen ohne Geheim-
nis, Mainz 1980

Die »Schöne«. Ihre Stellung, ihr Einfluß, ihre Bedeutung

Bibliographische Notiz: Die
inzwischen sehr angewachse-
ne Literatur ist in ihrer Qualität
sehr unterschiedlich, was u. a.
der strapazierten Frauenpro-
blematik zu verdanken ist. Sie
ist komplex in einigen Ausstel-
lungskatalogen (z. B. »Nofret
– die Schöne«. Die Frau im Alten Ägypten. 2 Bde., Mainz
1985) erfaßt und mit weiter-
führender Literatur versehen.

Robins, Gay: Frauenleben im Alten Ägypten

Robins, Gay: Frauenleben im
Alten Ägypten, München
1996

Schulze, Peter H.: Frauen im
Alten Ägypten. Bergisch
Gladbach 1987

Tyldesley, Joyce: Daughters
of Isis. Women of Ancient
Egypt. London 1994

Die Amarna-Zeit und ihre Ikonizität

Hornung, Erik: Echnaton. Die
Religion des Lichtes, Zürich
1995

Jacq, Christian: Echnaton
und Nofretete. München
1978

Müller, Maya: Die Kunst
Amenophis' III. und Echn-
atons. Basel 1988

Schlögl, Hermann A.: Echnaton, Reinbek 1986

Tyldesley, Joyce: Ägyptens
Sonnenkönigin. Biogra-
phie der Nophretete, Mün-
chen 1999

»Film« im Alten Ägypten

Brunner, Hellmut: Illustrierte
Bücher im Alten Ägypten,
in: Ders., Kannicht, R. und
Schwager, K. (Hgg.):
Wort und Bild. Symposium
Tübingen 1977. München
1979, 201–218

Scholz, Piotr O.: »Film« im
Alten Ägypten. Kinetische
Elemente als Ausdruck der
Vergänglichkeit in der
sogenannten ägyptischen
Kunst, in NUBICA ET AETHIO-
PICA IV/V (1994–95)
1999, 25–38

Im Buch verwendete Abkürzungen

*   noch nicht abgeschlossen
AK   Ausstellungskatalog
ÄMB   Ägyptisches Museum, Berlin
ÄMK   Ägyptisches Museum, Kairo
AR   Altes Reich
ASB   Antikensammlung, Berlin
ÄSM   Ägyptologische Sammlung, München
Aufl.   Auflage
BM   British Museum, London
CAA   Corpus Antiquitatum Aegiptiacum
Gen   Genesis, Erstes Buch Moses
GRMA   Griechisch-römisches Museum, Alexandria
Hg./Hgg.   der bzw. die Herausgeber
Liv.   National Museum and Galleries of Art on Merseyside, Liverpool
LP   Musée du Louvre, Paris
MMA   Metropolitan Museum of Art, New York
MR   Mittleres Reich
N   Norden
NO   Nordosten
NR   Neues Reich
NW   Nordwesten
O   Osten
Rp   Reprint/Neudruck
S   Süden
SA   Sonderausgabe
SO   Südosten
s. S.   siehe Seite
s. u.   siehe unten
SW   Südwesten
u. ä.   und ähnliches
W   Westen

Sach- und Ortsregister

Abu Gurob 97, *219*
Abu Simbel 14, 23, 46, 78, 113, 140, *65, 194*
Abydos 92, 93, 139, *129, 138, 156, 192*
ACH 39
Achetaton (Tell el-Amarna) 110, 125, *187*
Ägäis 10, 104, 124, 164
Agilka *212*
Ägyptologie 160–162
Ägyptomanie 172–175, *300*
Alchemie 85, 158, 169
Alexandria, -iner 67, 150, 166, 167, 168, *70, 252*
Alltag 38, 57, 98, 130
Amarna 23, 62, 77, 104, 109, 110, 111, 124, 125, 141, 164, *185, 188, 227, 248, 275*
–Linie/weiche Linie 112, 125, 131, 141, *189, 228*
–Zeit 124f., 131, *139, 143*
Anachoreten, Einsiedler *278*
Architektur 135–141, *236*
Asien, Asiaten 77, 80, 108, 112, 125, *114*
Assiut *8, 164*
Assuan 13, 15, *160, 161, 162*
Assyrer 13, 56, 118, 119
Astronomie/Astrologie 35, 71, 150–152, *44, 108, 109, 251, 266, 267*
Atribis 151
Awaris 77, 78, 103, 125, *169*

BA 38, 39, 46, *52*
Babylon, -ier 108, 120, 151
Badari 92
Baharija, Oase 14
Bauern 63f.
Beamtentum 67–68, 74, 95, 97f.

Begräbnisstätten 38, 93, 131, 138–142, *246, 247*
Ben-Ben 31
Beni Hassan 18, 103, 130, 148, *13, 25, 91, 93, 117, 125, 223, 225, 226, 264, 265*
Berufe 64–67
Bibel 113, 162, 163f., 166, 167, 168, 173, *283, 294*
Bildprogramme 137, 141, 142f.
Bubastis 116, *20*

Charga, Oase 14, 119, 200
Christentum 122, 123, 163, 168, 169, *31, 295*

Dachla, Oase 14, 142, 151, *56, 251, 267*
Dahschur 103
Deir el-Bahari 81, 100, 107, 137, *16, 24, 30, 31, 44, 46, 162, 171, 174, 175, 177, 178, 254*
Deir el-Medina 62, 63, 66, 115, 141, *52, 89, 101, 105, 258*
Delgo *200, 203*
Delos 166
Dendera 122, *63, 73, 74, 211, 240, 241, 266*
Djet-Pfeiler 128, *220*
Dualität 30f., 42, 48, 93
Düfte 83f., *131*

Edfu 122, *51, 72, 211*
Ehe 58–60
Elephantine, Insel (griech. Syene) 14, 47, 78, 117, 118, 120, 136, *6, 160*
Elkab *51*
Erneuerungsidee 34f., 46, *35, 295*
Esna *9, 68*

Farafra, Oase 14
Fayum, Oase 62, 102, 103, 143, *165, 253, 278*

Sach- und Ortsregister

»Fest des schönen Wüsten-
  tals« 55, 81, *112*
Feste 81–83, 73, 90, 118,
  146, *125, 220*
Film 130, 148f.
Frau/Mutter 72, 76, 77, 80,
  81, 86–89, *82, 83, 111*
Fremde 13, 75–79, 129,
  274, 292
Fremdherrschaft 85, 104,
  120f.

Gebel Barkal (Karima, Su-
  dan) 140, *201, 204, 206*
Geburt, Kinder 57f., 86, *81*
Geographie/Karthographie
  153f., *270*
Getränke 83
Giza 62, 97, 126, *141,
  155, 158, 223*
Glas 84, 155, *132, 133*
Glaspyramide Louvre, Paris
  140, 175, *302*
Götterwelt 47–54
Gottesgemahlin 87f., 105,
  106, 117
Grabbeigaben 139, 141,
  144
Griechen 13, 47, 50, 120,
  121, 151, 165ff., *279,
  292*

Handwerk 64–67, 94,
  102, 134f., 141f., 154f.,
  96–101
Häuser des Westens 28,
  38f., 81
Häuser, Wohnungen, Paläste
  60–63, *84, 85, 86*
Hawara 103
Hebräer, s. Juden 113, 114
Heiliges Land 170
Heka 32, 48
Heliopolis *242*
Hellenen, s. Griechen 150,
  166, 167, *267, 288*
Herakleopolis 99
Herrschaftsinsignien 43,
  105, 142, *59, 68, 171*
Herz 31, 32, 41, *38*

Hethiter 108, 111, 112,
  113, 114, 125
Hibis 121, *207*
Hierakonpolis 99
Hieroglyphen/Schrift 22–25
  127, 135, 149, 160, 170,
  22–25, 146, 286
Hierophanie 27, 48
Hu 32, 48
Hyksos 18, *77*, 103, 104,
  125, *169*

Ikonizität 35, 49, 110,
  124f., 126, 127–135,
  139, 149, 169, 174, *143*
Illahun, Pyramide von 103
Ionier 78

Jenseitsführer/Totenbücher
  22, 28, 141, 166, *32*
Jenseitsgericht 40f., 56, *56*
Jenseitsmythos, -glaube 37–
  41, 69, 85, 103, 130,
  149, *48, 224*
Juden, auch Hapiru/Habiru,
  Hebräer *77*, 120, 163

Ka 10, 38, 39, 64, 81
Kadesch 112, *194*
Kalender 10, 50, 150
Kamutef-Prinzip 42, 50
Kanopen 54, *76, 77*
Karnak 10, 82, 101, 109,
  138, *11, 47, 61, 67, 78,
  167, 182, 189, 199, 201,
  222*
Karolinger 163, *293*
Kartusche 22, *23*
Kerma 103, 104
Khartoum, Sudan 13
Knossos (Kreta) 102
Kom el-Schuqafa 142, *252*
Kom Ombo *69, 277*
Königslisten 93, 99
Königtum, sakrales 41–47
Kopten 123, 171, *171,
  217, 294*
Kreta 10, 164
Krieg 79–81, 108
el-Kurru 140, *206*

Kusch (heute Sudan), -iten
  (Nehesju) 115, 117, 118,
  119, 129, 140, 160, *164,
  205, 206, 297*

Levante 102, 104, 164
Libyen, Libyer 14, 16, 101,
  113, 114, 116, 117, 118,
  120, 121, *8, 114, 200*
Lischt 102
Literatur s. Schrifttum
Lotos 19, *16, 37, 248, 249*
Luxor 82, 109, *14, 57, 124,
  260*

Mastaba 93, 95, 97, 139,
  141, 152, 255, 263
Mathematik/Geometrie
  152f., *268, 269*
Medinet Habu 115, 130,
  *39, 41, 46, 62, 66, 106,
  196, 197, 274*
Medizin 156f., 159, *277*
Meidum *231*
Memphis 10, 47, 101, 102,
  111, 112, 113, 116, 118,
  221, 228
Meroë, Meroiten 88, 123,
  118, 119, 297
Mesopotamien 93, 119, 153
Min-Fest 146
Minoer 78, 125, 164, *122*
Mitanni 108
Mitregent 101, 106, 114
Mnemosyne 22–25, 159
Moalla 99, *224*
Möbel 61, *87, 88*
Mode 84, *147*
Mons Claudianus *10*
Mumifizierung 54, 142,
  157, *75, 276*
Mundöffnungsritual 39
Musik 132, 146f., 148,
  260, 261

Nag Hammadi 23, 129,
  158
Napata 117, 118, *206*
Naqlun (Neklomi/Fayum)
  158

Narmer-Palette 94, *59*
Naukratis 78, 120
Neunheit 30f., *52, 34*
Nil 10, 13, 14, 15, 100,
  103, 119, 123, 153, *90*
Niltal 56, 57, 102, 139, *2*
Ninive 118, *205*
Nubien, Nubier 13, 80,
  100, 121
Nun, Urflut 30, 31, *34, 37*
Nurri 140, *206*
Nutzpflanzen 20f.

Ökologie 15
Opet-Fest 55, 82, 111, 146,
  260
Ornamentik 142, *250*
Orontes 107
Osirianischer Mythos 50f.,
  97, 102, 73, 74

Palästina 10, 13, 107, 170
Palestrina 168, *292*
Papyrus 19, *14, 18*
Paris 140, 175
Perser 13, 47, 78, 120,
  121, *120, 207*
Personifikation 48f.
Perspektive 133f.
Pfannengräberkultur 16
Pflanzen 15, 18–21, 155f.,
  17, 275
Philae 122, 123, *212*
Phöniker 13
Pitom 62
Plastik 143f.
Pluralität 30
Priesterschaft 55, 67–73,
  95, 75, 106, 107, 108
Ptolemäer 54, 122, 142,
  166, 167, *70, 209*
Punier 165
Punt 107, 137, *175*
Pyramiden 95, 96, 113,
  118, 127, 138–142, *158,
  206, 219*

Qena *91*
Qumran 23
Qurna 83, *96–98, 99, 131*

Raster 134, 152, *232, 235*
Rifeh *92*
Rohstoffe und Bodenschätze
  14, 16f., 102, 154f., *4,
  10, 271, 273*
Rom, Römer 13, 16, 47,
  123, 140, 165, 167f., *171*
Rosette 10, 167, *22*
–, Stein von 22, *22*
Rotes Meer 11, 14, 17

Sakrales Königtum 41–47,
  52, 70f., 92f., 98, 132,
  138
Sakrale Wirklichkeit 26
Saqqara 18, 78, 94, 95,
  97, 98, 109, 111, 121,
  130, 159, *100, 120, 153,
  244, 263, 279*
Scheidung 58–60
Schmuck 84
Schöpfungsmythen 29–32,
  49, 72, *36*
Schreiber 25, 68–70, 74,
  102, 103
Schrift 22–25, 120, 130
Schrifttum/Literatur 52, 69f.,
  71, 74, 75, 98, 99, 102,
  128, 145–147, 158, *114,
  115, 116*
Schulen 73f., *113*
Sed-Fest 46, 83, 93, 101,
  113, 137, 143, 146, *67,
  170*
Seevölker 13, 113, 114,
  164, *5, 15*
Semiten 113
Serabit el-Chadim *110*
Serdab 139, *245*
Sia 48
Siedlungen, Städte 61f., *88*
Simultaneität 48f.
Sinai, Halbinsel 14, 78, 170
»Sitz im Leben« 28, 126, 143
Siwa, Oase 14, 121
Skarabäus 29, 34, 90, 165,
  173, *33*
Skythen 120
Söldner 14–16, 79, 165,
  166, *8, 164*

Soleb 110, *170*
Sothis-/Sirius-Jahr 150
Sphinx 43, 96, *157, 168*
Spiele 82f., 147, *127, 128,
  129*
Sprache 22–25, 162
Südländer 13, 57, 76, *115*
Südvölker *7, 164*
Symmetrie 36, 134, *46, 47*
Syrien, Syrer 13, 104, 107,
  116

Tal der Könige *32, 48, 55,
  109, 138, 190, 198, 220*
Tanis 33, 116
Tebnutis (Fayum) 158
Tell el-Amarna 18, 124, *12,
  186*
Tell el-Dab'a (früher Awaris)
  62, 164
Teufels-/Höllenvorstellungen
  169f., *296*
Theben, Thebaner 99, 104,
  105, 109ff., 115ff., 140,
  1, 7, 82, 183
Thinis, Thiniten 92, 93
Tiere 15, 18–21, 155f.
Tivoli 168

Udjat-Auge 34f., 57, *43*
Uschebtis 40, 130, *53*

»Wege des Horus« 14

Personenregister

= Datierung unsicher

Aha, König (um 3000) 92,
  93, *144*
Ahmose I., König (1530–
  04) 44, 104, 105
Ahmose II. s. Amasis
Ahmose, Prinzessin 105

Personenregister

Aja, König (# um 1700) 111
Alara, König (# um
785-760) 117
Alexander der Große, make-
donischer König (356-
323) 121, 122
Alighieri, Dante (1265-
1321) 169, *296*
Amasis (= Ahmose II.), König
(570-526) 120
Amaunet, Göttin 48
Amenemhet I., König (#
1900) 100, 102
Amenemhet II., König (xxx)
102, *165, 168*
Amenemhet III., König (# um
1800) 103, 111, *64, 165*
Amenemhet IV. König (#
1790) 103
Amenhotep I. s. Amenophis I.
Amenirdis I., »Gottesgemahlin« (um 740-720) 117
Amenmesse, König (?, um
1200, umstritten) 114
Amenophis I. (= Amenhotep
I.), König (# 1504- 1483)
104, *231*
Amenophis II., König
(1427-01) 108, *179*
Amenophis III., König (#
1379-40) 108, 109,
114, *1, 57, 69, 95, 110,
111, 139, 170, 183, 218*
Amenophis IV. (= Echnaton),
König (# 1340- 24) 55,
109, 110, 111, 124, 125,
129, *134, 184, 188, 218*
Amseti, eines der vier Horuskinder 54, *137*
Amun, Gott 10, 27, 42, 48,
72, 81, 82, 99, 101, 106,
107, 110, 111, 114, 117,
118, 121, *30, 31, 57,
126, 189, 201*
Amyrtaios, König (404-
399) 121
Anastasi, Giovanni (1780-
1860) 160
Anchesneferibre, »Gottesgemahlin« (595-525) 120

Anch-Ma-Hor *100*
Anch-Scheschonki, Prinz,
Lehre des ... 145
Anchtifi, Gaufürst (1. Zwi-
schenzeit) 99
Anher-Khau *227*
Anubis, Gott 40, *56, 75,
288*
Anuket, Göttin 137
Aphrodite, griech. Göttin 50
Apis, Gott 120, 171
Apophis-Schlange, Gott 33,
34
Apriës, König (589-570)
120
Artatama, König von Mitanni
(# um 1400) 108
Artemidor aus Ephesos (# um
150 n.Chr.) 167
Asklepios, gr. Gott 159, *279*
Aspalta, König (ca. 593-
568) 119
Assarhaddon, assyr. König
(680-660) 118
Assmann, Jan 28
Assurbanipal, assyr. König
(668/631/627) 118
Athanasios, Patriarch
(328-373) 123, 170
Aton, Gott 109, 110, 111,
124, 125
Atum, Urgottheit 29, 30, 72,
34
Augustus, röm. Kaiser (27 v.
-14 n.Chr.) 67, 122, *242,
290*

Bai, Beamter (19. Dyn.) 114
Balsano, Giovanni (= A. Cag-
liostro, 1743-95) 172
Barthes, Roland (1915-80)
27
Bastet, Göttin 116, *20*
Belzoni, Giovanni Battista
(1778-1823) 160, *138*
Bes, Gott 65, *79, 80, 261*
Boeckel, Herbert (1894-
1966) 174
Borchardt, Ludwig (1863-
1938) 124, 161

Born, Ignaz Edler von
(1742-91) 172
Bosch, Hieronymus (ca.
1450-ca. 1516) 170
Boullée, Etienne-Louis
(1728-99) 174
Breasted, James Henry
(1865-1935) 161
Bruce, James (1730-94) 172
Brunner, Hellmut 159
Brunner-Traut, Emma 27,
148
Burckhardt, Johann Ludwig
(1784-1817) 160

Caesar, Caius Iulius (100-
44) 122
Carter, Howard (1874-
1939) 124, 161
Cassas, Louis-François
(1756-1827) 173
Cassirer, Ernst (1874-1945)
27
Černy, Jaroslav (1898-
1970) 161
Champollion, Jean François
(1790-1832) 22, 160,
84, 85, 282
Chasechemui, König (um
2740) 94
Chentkaus, Königin (um
2500) 97
Cheops (= Chufu), König (um
2620-2580) 96, 154,
155, 158
Chephren, König (um 2570-
30) 96, 97, 154, *155,
157, 158, 272*
Chnum, Gott 47, 118, 137, *6*
Chnumhotep II., Gaufürst (um
1850) 103, *117*
Chons, Gott 99

Dannaos, griech. Heros 165
Darius I., König (522-486)
121
Decius, röm. Kaiser (249-
251) 23
Den (= Dewen), König (um
2930) 87

Personenregister

Dinglinger, Johannes Melchior (1664–1731) 171
Diodor aus Sizilien (1. Jh.) 63
Dionysos, griech. Gott 168
Djedefhor, Prinz (um 2600), Lehre des ... 96
Djedefre, König (um 2580/70) 96, 145
Djer, König (um 2980) 93
Djoser, König (um 2700) 94, 95, 97, 139, 159, *153, 154, 279*
Drovetti, Bernardino Michele Maria (1776–1852) 160
du Camp, Maxime (1822–94) 173, *299*
Dwamutef, eines der vier Horuskinder 54, *76, 137*

Ebers, Georg M. (1854–98) 173
Echnaton s. Amenophis IV.
Eliade, Mircea (1907–86) 27
Erman, Adolf (1854–1937) 24, 161, *27*
Ezana, aksumitischer König (4. Jh. n.Chr.) 119

Ferdinand III., österr. Kaiser (1637–57) 164
Fischer von Erlach, Johann B. (1656–1723) 171
Flaubert, Gustave (1821–80) 173, *299*
Flinders Petrie, W.M. (1853–1942) 160, 161
Freud, Sigmund (1856–1949) 167, 173
Fürer von Haimendorf, Christoph 172

Galen aus Pergamon, Arzt (um 130–99) 157
Gardiner, Alan (1879–1963) 161
Garstang, John (1876–1956) 161
Gauguin, Paul (1848–1903) 174, *301*

Geb, Urgottheit 30, 31, 44, 47, 87, *28, 34*
Goethe, Johann Wolfgang v. (1749–1832) 172, *297*
Grapow, Hermann (1885–1934) 24, 161, *27*
Griffith, Francis Llewellyn (1862–1934) 161
Grünewald, Matthias (1460/70–1528) 170

Hakoris, König (392–380) 121
Hapi, Nilgott 45, 54, *64*
Hapi, eines der vier Horuskinder 54, *137*
Haremhab, König (# 1320) 80, 111, 112, 125, *190, 228*
Haruëris (= Haroëris), Gott 49, 50 s.a. Horus
Hathor, Göttin *57, 65, 72*, 81, 87, 94, 100, 122, *58, 110, 112, 128, 138, 174, 201, 256, 258, 260*
Hatschepsut, Königin (1477–59) 44, *67, 172, 174, 175, 181, 182, 222, 254*
Herchuf, Expeditionsleiter (um 2250) 56, 76, 98
Herder, Johann Gottfried, Philosoph (1744–1803) 172
Herkules, griech. Heros 14
Herodot, griech. Historiker (5. Jh.) 10, 14, 63, 70, 78, 163, 165, *108*
Hetepheres I., Königin (um 2650) 96
Hickmann, Hans, Musikologe (1908–68) 148
Hiob, bibl. Autor (um 6. Jh.?) 162
Hippokrates aus Kos (460–370) 157
Hoegel, Johann *300*
Horachbit, Hoherpriester (660–644) 119
Horapollon (»Hieroglyphika«, 5. Jh. n.Chr.) 170
Hornung, Erik 27

Horus 10, 30, 31, 32, 33, 34, 41, 43, 44, 45, 50, 51, 52, 53, 54, 78, 79, 80, 87, 88, 90, 93, 94, 116, 122, 143, 151, *29, 34, 40, 121, 144, 145, 209, 211, 254*
Hoskins, George Alexander (1802–63) *118, 203*

Imhotep (= Imuthes), Baumeister, in Spätzeit vergöttlicht 67, 95, 159, *153, 279*
Iput I., Königin (um 2350) 98
Isfet 32, 67, 91, 128
Isis, Göttin 30, 31, 32, 49, 50, 51, 52, 72, 76, 87, 120, 122, 123, 166, 167, 171, *34, 63, 71, 79, 212, 215, 257, 284*
Iti, Fürstin von Punt (um 1470) 107, *176*

Jesus Christus 44, 122
Jonas, Prophet (8. Jh.) *294*
Josef, bibl. Gestalt (# um 1600) 76, 77, 104, 163, *283, 285*
Justinian, byzant. Kaiser (527–565) *212*
Juvenal, Decimius, Junius (ca. 60–140) 168

Kafka, Franz (1883–1924) 173
Kagemni, königl. Beamter (um 2300) 98
Kambyses II., König (525–522) 120
Kamose, König (# 1550) 77, 104, 105
Kandinsky, Wassily (1866–1944) 174
Kaschta, König (um 760) 117
Kebehsnewef, eines der vier Horuskinder 54, *77, 137*
Keppler, Johannes (1571–1630) 71, 150

Personenregister

Kircher, Athanasius (1602 -80) 171, *286*

Klaudios Ptolemaios, Mathematiker (100-180) 167

Klee, Paul (1879-1940) 174, *303*

Klemens Alexandrinos (2. Jh. n.Chr.) 123

Kleopatra VII., Königin († 30 v.Chr.) 22, 122, 167, *214*

Konstantin, Flavius Valerius, Kaiser (312-337) 122

Kopernikus, Nikolaus (1473-1543) 10

Krump, Theodor, Missionar († 1724 n.Chr.) 172

Kyrill, alex. Patriarch (412-444) 87

Leemands, Conrad (1809-93) 160

Leibniz, Wilhelm (1646-1716) 171

Lepsius, Carl Friedrich (1810-84) 160, *264*

Lochner, Stefan (ca. 1405/ 15-51) 170

Loret, Victor (1859-1946) 161

Ma'at, Göttin 26, 31, 32, 33, 41, 47, 56, 67, 68, 72, 73, 74, 80, 88, 90, 91, 96, 125, 145, *28, 38, 39, 42, 110, 111*

Manetho, Priester (ca. 305-285) 92, 99, 117, 167

Mann, Thomas (1875-1955) 173

Marcus Antonius, röm. Konsul und Feldherr (82-30) *214*

Maria, Mutter Jesu Christi (um 15 v.-50 n.Chr.) 87, 137

Mariette, Auguste (1821-81) 160

Maspero, Gaston (1846-1916) 161

Maximinus Daia, Kaiser (305-313) 123

Meeks, Dimitri 25

Mencheperreseneb, Hoherpriester (um 1450) *122*

Menes, König (# um 2130) 92

Mentuhotep I., (Ahnherr) König (#2130) 99, 100, *162*

Mentuhotep II., König (2010 -1998) 81, 99, *162, 173*

Mentuhotep III., König (um 1957-45) 100

Merenptah, König (# um 1213-04) 113

Mereruka, Kanzler (um 2300) 98, 147, *263*

Meritneith, Königin (um 2910) 93

Mersuanch, Grabinhaber (um 2300) *141*

Messerschmidt, Franz Xaver (1736-83) 171

Min von Koptos, Gott 82, 83, 92, 99, *126, 151*

Möller, Georg Christian Julius (1876-1925) 161

Montemhet, Priester (7. Jh.) *84*

Montet, Pierre (1885-1966) 161

Month, Gott 101

Morenz, Siegfried (1914-70) 172

Morus, Thomas (1478-1535) 171

Moses, bibl. Gestalt (# 1200?) 114

Mozart, Wolfgang Amadeus (1749-87) 172, *298*

Mut, Göttin 72, 99

Mutemuja, Königin *41*

Mutnedjmet, Königin (um 1300) 111

Mykerinos (= Menkaure), König (um 2530-04) 97, *58, 158*

Nacht, Grabherr (NR) *96-98, 223*

Napoleon Bonaparte, franz. Kaiser (1769-1821) 160

Narmer, König 94, *61*

Natekamani, meroitischer König (um 0) *118, 119*

Nebamun, Grabherr (NR) *21, 103, 112*

Nebka, König (# 2740-20) 94

Nechbet, Göttin 42

Necho I., König (672-664) 14

Necho II., König (610-595) 14, 119, 153

Nefermaat, Prinz (um 2600) *233*

Nefertari, Königin 141, *247*

Neferti, Prophezeiung des ... (18. Dyn.) 45

Nefrure, Prinzessin (18. Dyn.) *222*

Nefrusobek/Sobeknefru, Königin (# 1780) 88, 103

Neithhotep, Königin (# um 3000) *144*

Nektanebos I., König (380-362) 121

Nektanebos II., König (360-343) 92, 121

Nepherites I., König (um 399-393) 121

Nephthys, Urgottheit 30, 31, 32, 50, *34, 71*

Nerval, Gerald de (1808-55) 173

Nespekaschuti (21. Dyn.) *28*

Nimaathapi, Königin (# 2760) 94

Ninetjer, König (um 2810) 93

Nitokris I., Königin (656-586) 119

Nitokris, legendäre Königin (# 2180) 87

Niuserre, König (# 2440) *97, 219*

Nofretete, Königin (#1350) 110, 124, *186, 218*

Nofrure, Prinzessin (um 1460) 106

Norden, Frederik Ludwig (1708-42) 172

Nut, Göttin 27, 30, 31, 87, *28, 34*

Personenregister

Origenes aus Alexandria, Kirchenvater (um 185-254) 123

Osiris, Gott 30, 31, 32, 33, 37, 40, 42, 44, 48, 49, 50, 51, 52, 53, 90, 92, 93, 97, 120, 142, 147, 167, *34, 35, 56, 59, 71, 116, 220, 254*

Osorkon III., König (787-759) 117

Ovid, Publius O. Naso (43 v.-17 n.Chr.) 168

Paramessu, General s. Ramses I.

Parehu aus Punt (um 1470) 107

Ped-en-Isis, Priester (26. Dyn.) *120*

Pei, I. M., Architekt *302*

Pepi I. (= Phiops), König (um 2295-50) 98, *159*

Pepi II., König (# 2245-2180) 76, 98

Peribsen (Seth-), König (# 2800) 93

Petosiris, Hoherpriester (um 300) 63, 142

Petrarca, Francesco (1304-74) 146

Pianchi (= Pije), König (747-716) 117

Pinturicchio, eigtl. Bernardino di Betto di Biagio (1454-1513) 171

Piranesi, Giovanni Battista (1720-78) 171, *280*

Plato (427-347) 29, 73, 165

Plutarch aus Chaironeia (46-120) 49, 51

Polotsky, Hans Jakob (1905-91) 161

Poncet, Charles Jacques 1650-1708/9) 172

Properz (= Propertius), Sextus (50-15) 168

Psammetich, Priester (26. Dyn.) *120*

Psammetich I., König (664-610) 78, 118, 119

Psammetich II., König (595-589) 119

Psammetich III., König (526-525) 120

Psenptah, Priester (um 30) 67

Ptah, Gott 10, 69, 101, *220, 221*

Ptahhotep, Lehre des ... 145

Ptolemaios (Epiphanes), König (204/196-180) 22

Ptolemaios IV. Philopatos, König (221-204) *213*

Pückler und Muskau, Hermann von, Fürst (1785-1871) 173

Pythagoras aus Samos (6. Jh. v.Chr.) 78

Ramose, Kanzler (1350-20) 132

Ramses I. (= Paramessu), König (# um 1295) 80, 112, 125

Ramses II., König (1279-13) 33, 109, 112, 113, 114, 125, *23, 48, 61, 65, 180, 193, 220, 242*

Ramses III., König (1187-56) 46, 52, 78, 114, 140, *5, 33, 65, 196, 197, 274*

Ramses VI., König (1145-37) *55, 116, 246*

Ramses IX., König *109*

Ramses XI., König (1105-1070) 114, 115

Re, Gott 27, 44, 45, 46, 81, 96, 97, 99, 101, 109, 118, 125, *23, 29*

Rechmire, Kanzler (1450-10) 67

Reisner, George Andrew (1867-1942) 161

Rifaud, Jean Jacques (1786-1852) 160

Rilke, Rainer Maria (1875-1926) 173, *7*

Roberts, David (1796-1864) 173, *155, 281*

Rosellini, Ippolito (1800-43) 160, *84, 85, 236*

Rouge, Emmanuel, Vicomte de (1811-72) 160

Rüppel, Eduard Wilhelm (1794-1884) 173

Salt, Henry (1780-1827) 160

Sarenput, Gaufürst um 1950) *161*

Satamun (II.), »Gottesgemahlin« (13?5-40) *95*

Satet, Göttin 47, 136, 137

Schäfer, Heinrich (1868-1957) 148

Schepenupet I., »Gottesgemahlin« (754-714) 117

Schepenupet II., »Gottesgemahlin« (710-650) 119

Schepseskaf I., König (# 2510-2500) 97

Scheschonq I., König (945-924) 116

Schikaneder, Erwin (1751-1812) 172

Schinkel, Karl Wilhelm (1781-1841) 174, *298*

Schlange, König (um 2850)

Schu, Urgottheit 31, *34*

Sechemib s. Ninetjer

Sechmet, Göttin *180, 230*

Semenchkare, König (1324-19) 111

Senenmut, Kanzler (18. Dyn.) 106, *44, 173, 222*

Sennedjem 63, *52, 90*

Seqenenre Taa, König (# 1540) 104

Serapis, Gott 48, 49, 85, 166, *70, 213*

Sesostris I., König (1971-26) 56, 101, 102, *161, 166, 169*

Sesostris II., König (1845-37) 62, 102

Sesostris III., König (1837-18) 80, 103, *123*

Seth (griech. Typhon), Gott 30, 31, 32, 33, 34, 42,

Personenregister ... Bildnachweise

45, 50ff., 89, 93, 104, *19, 31, 34, 40, 41, 71, 72, 83*

Sethe, Kurt (1869–1934) 161

Sethnacht, König (1190–87) 114

Sethos I., König (1290–79) 75, 92, 112, 140, *138, 191, 242*

Sethos II., König (# um 1200) 88, 114, *36*

Sinuhe, Reisebericht des ... 56, 145, 173

Siptah, König (1198–93) 114

Sixtus V., Papst (1585–90) *242*

Skorpion I., König (um 3150) 92

Smendes I., König (1069–43) 115

Snofru, König (um 2670–20) 96

Sobek, Gott 48, *69*

Sobekhotep, Schatzmeister Thutmosis' IV. 64, *7, 94*

Sokar, Gott *220*

Spiegelberg, Wilhelm (1870–1930) 101

Taharqa, König (690–664) 118, *199, 204*

Tamutnefret, Grabherrin *142*

Tanwetamani, König (664–653) 118

Tausret, Königin (um 1193–90) 88, 114

Tefnet, Göttin 30, 31, *34, 258*

Teje, Königin (um 1370–30) 109, *110, 111, 181*

Tentperet, Hofdame (Spätzeit) *29*

Teti, König (2318–2300) 98

Theodosius II., röm. Kaiser (408–450) 142

Thevenot, Jean de (1633–67) 172

Thoëris, Göttin 58, *83*

Thot, Gott 20, 34, 40, 67, 168, *56, 210*

Thutmosis I., König (1506–1499) 105

Thutmosis II., König (1499–93) 106, 107

Thutmosis III., König (1479–25) 18, 69, 81, 84, 106, 107, 108, 140, 151, 168, *11, 16, 24, 30, 31, 32, 132, 171, 172, 173, 178, 181, 222*

Thutmosis IV., König (1402–1397) 108, 109

Ti, Grabherr *244*

Tibull, Albius (†19 v.Chr.) 168

Tja-en-nehebu, Priester *120*

Tutanchamun, König (1332–23) 61, 65, 111, 124, 125, 126, *33, 37, 189, 190, 243*

Unas, König (um 2380/50) 78, *50, 120*

Uroboros-Schlange, Gott 33, 34, 42

Useramun, Kanzler (# 1450–25) 107

Userkaf, König (2500–2490) 97

Uto, Göttin 42

Vansleb, Johann Michael (1635–79)

Verdi, Giuseppe 8

Waltari, Mika (1908–79) 56, 173

Wen-Amun, Reisebericht des ... (22. Dyn.) 56

Werfel, Franz (1890–1945) 173

Wilder, Thornton (1897–1975) 173

Winckelmann, Johann Joachim (1717–68) 164

Zauzich, Karl-Theodor 22

Zeus, griech. Gott 48

Kursive Zahlen verweisen auf die Nummer der Bildlegende

Bildnachweise

ÄMB 111, 188, 222

ÄMK 8, 33, 37, 41, 50, 58, 60, 64, 95, 110, 141, 144, 154, 156, 159, 162, 164–166, 172, 180, 185, 188, 223a, 227, 233, 243, 258, 262, 272, 274

ASB 214

Ashmolean Museum, Oxford 151

ÄSM 173, 215

Bayerisches Kriegsarchiv, München 158

Bibliothèque nationale, Paris 296

Bietak, M. 169

BM 7, 21, 22, 35, 71, 94, 103, 112, 149, 150, 205, 231, 238

Brixen, Tirol 295

Brooklyn Museum 82

Freer Gallery of Art, Washington DC 146

GRMA 70, 92l

Kunstmuseum, Basel 301, 303

Lip. 16, 24, 30, 31, 171, 178

Liv. 15, 18, 20, 25, 26, 53, 59, 81, 93, 101o, 104, 105, 129, 132, 133, 136, 137, 147, 179, 223b, 225, 226, 230, 248, 249, 256, 276

LP 28, 29, 40, 102, 139, 140, 142??, 145, 168, 218, 294

Luxor-Museum 69, 123

MMA 181

Museo Egiziano, Turin 127

Museum Stuttgart 279

Nationalbibliothek Wien 283

Nationalmuseum Khartoum 204

Nationalmuseum Krakau 83

Nationalmuseum Warschau 87, 235, 253

PWG 117

Schimmel Collection 275

Scholz, Piotr O. 1–3, 5, 6, 9–14, 17, 23, 27, 32, 36, 39, 42–44, 46–48, 51, 52, 54–57, 61–63, 65–68, 72, 73, 78, 80, 84, 85, 89–92r, 96–101u, 106, 108, 109, 113–116, 119–122, 124, 131, 134, 138, 152, 153, 160, 161, 163, 167, 170, 174–177, 182, 184, 190–194, 196–202, 207–212, 220, 224, 228, 229, 232, 234, 237, 240–242, 244, 246, 247, 250–252, 254, 259–261, 263, 266, 267, 271, 273, 277, 278, 285, 302

University Museum, Philadelphia 216